W0094267

Weniger schlecht über IT schreiben

Die Schreibwerkstatt für IT-Erklärer

Christina Czeschik, Matthias Lindhorst

Christina Czeschik, Matthias Lindhorst

Lektorat: Ariane Hesse
Review: Corina Pahrmann, Jörg Staudemeyer, Wolfgang Stief, Moritz »mo.« Sauer
Korrektorat: Sibylle Feldmann, www.richtiger-text.de
Satz: III-satz, www.drei-satz.de
Herstellung: Stefanie Weidner
Umschlaggestaltung: Michael Oréal, www.oreal.de
Druck und Bindung: M.P. Media-Print Informationstechnologie GmbH, 33100 Paderborn

Bibliografische Information Der Deutschen Nationalbibliothek
Die Deutsche Nationalbibliothek verzeichnet diese Publikation in der Deutschen Nationalbibliografie;
detaillierte bibliografische Daten sind im Internet über *http://dnb.d-nb.de* abrufbar.

ISBN:
Print   978-3-96009-063-2
PDF   978-3-96010-129-1
ePub   978-3-96010-130-7
mobi   978-3-96010-131-4

Dieses Buch erscheint in Kooperation mit O'Reilly Media, Inc. unter dem Imprint »O'REILLY«.
O'REILLY ist ein Markenzeichen und eine eingetragene Marke von O'Reilly Media, Inc. und wird mit
Einwilligung des Eigentümers verwendet.

1. Auflage 2019
Copyright © 2019 dpunkt.verlag GmbH
Wieblinger Weg 17
69123 Heidelberg

Inhalt

KAPITEL 1

Ist dieses Buch das richtige für mich?

Liebe Leserin und lieber Leser – schön, dass Sie da sind!

Leider können wir uns gerade nicht persönlich unterhalten – aber wir haben uns, bevor und während wir dieses Buch schrieben, ein paar Gedanken dazu gemacht, wer Sie wohl sein könnten.

Finden Sie sich in einer der folgenden Beschreibungen wieder?

- Sie sind Softwareentwicklerin und haben nebenher eine nützliche App entwickelt, die nun so langsam das Licht der Öffentlichkeit erblicken soll. Jetzt stehen Sie vor der Herausforderung, auf Ihrer Website kurz und bündig zu erklären, was Ihre App tut und warum das nützlich ist.

- Sie machen IT-Support. Dabei fragen Sie sich, warum Ihre User so schwer von Begriff sind und Sie immer wieder vor Ort helfen müssen. Wollen oder können die Nutzer Ihre E-Mails nicht verstehen?

- Sie sind IT-Consultant und Spezialist für eine bestimmte Technologie. Jetzt wollen Sie ein Buch darüber schreiben – und zwar so, dass auch Manager ohne IT-Ahnung verstehen, worum es geht (und warum sie Sie in Zukunft für solche Projekte anheuern sollten).

- Sie sind im Freundeskreis immer diejenige, die anderen Leuten ihre Computer erklären muss. Ehrlich gesagt, macht es Ihnen sogar Spaß. Sie überlegen, ob Sie nicht ein Blog zu IT-Themen anfangen sollten – oder einem Nachrichtenportal Ihre Beiträge anbieten.

- Sie schreiben sowieso schon professionell – vielleicht über erneuerbare Energien, Craft Beer und den Nahostkonflikt. Jetzt würden Sie gern auch Digitales mit abdecken und fragen sich, ob man dazu Informatik studiert haben muss oder einen Mindestscore in Minecraft[1] braucht. (Spoiler: Nein.)

---

1 Computerspiel, in dem die Spieler Gebäude und Städte bauen und Monstern entkommen (oder auch nicht). Mehr unter *https://minecraft.gamepedia.com*.

Warum dieses Buch?

»Das Leben so kurz, das Handwerk so lang zu lernen.«

Geoffrey Chaucer

Wir haben dieses Buch geschrieben, weil IT in all ihren Ausprägungen unser Leben immer mehr bestimmt – aber immer weniger Menschen verstehen, wie sie funktioniert. Das brauchen sie oberflächlich betrachtet auch nicht mehr, denn Computer sind immer nutzerfreundlicher und intuitiver geworden. Und mit »Computer« meinen wir auch das Smartphone, den Bordcomputer Ihres Autos und die Rechenzentren, in denen Algorithmen darüber entscheiden, ob wir Werbung für Motorräder oder Inkontinenzeinlagen zu sehen kriegen.

Aber spätestens dann, wenn etwas nicht mehr funktioniert – oder wenn man eine fundierte Entscheidung darüber treffen muss, ob man in einer bestimmten Angelegenheit einem Computer vertraut oder nicht –, ist es doch ungemein nützlich, ein Grundverständnis davon zu haben, wie die digitale Welt um uns herum funktioniert.

Weil nun nicht jeder IT-Nutzer ein begabter Hacker ist, der ohne Hilfe und Anweisung die Funktionsweise eines Systems durch reines Herumspielen rekonstruieren kann, brauchen wir dazu:

Leute, die über IT schreiben.

Und zwar so interessant und verständlich wie möglich.

Denn was unser Verhältnis zur Technologie betrifft, gibt es in unserer Gesellschaft zwei Gruppen, die durch eine immer größer werdende Kluft getrennt sind: die Anwender und die Versteher.

Anwender sind wir am Anfang alle – wenn wir das erste Mal vor einer Tastatur sitzen oder mit einer neuen Technologie wie beispielsweise einem Hausassistenten mit Spracherkennung konfrontiert werden. Nur einige von uns machen allerdings – aus reinem Interesse oder aus beruflichen Gründen – den Schritt zum Versteher und finden heraus, nach welchen Prinzipien die Technologie in ihrem Inneren funktioniert. Nur wenn man das weiß, kann man eine vernünftige, auf dem Abwägen von Vor- und Nachteilen basierende Entscheidung darüber treffen, ob man sie einsetzen möchte oder nicht – ob man sich etwa ein Amazon Echo ins Wohnzimmer stellt oder ob man darauf vertrauen kann, dass das Smart Home das Fenster rechtzeitig vor dem heranziehenden Gewitter schließt. Oder ob man lieber schnell vom Italiener in der Stadt nach Hause fährt, um das Fenster selbst zu schließen – und ob das Fahrzeug, das man dazu benutzt, ein Infotainment-System haben soll oder nicht (oder ob es sich um ein Taxi handelt, das man mit einer App herbeigerufen hat).

Menschen, die nicht zumindest in Grundzügen verstehen, was unsere digitalisierte Welt in ihrem Inneren zusammenhält, müssen sich bei ihren Entscheidungen entweder auf die Marketingversprechen von Technologiekonzernen verlassen oder zu Technologieverweigerern werden, die keine E-Mail-Adresse haben und darauf hoffen, dass ihr altes Nokia 5110 sie überlebt.

Warum schreiben wir das alles im ersten Kapitel eines Buchs über das Schreiben?

Ganz einfach: Es werden heute viel mehr Texte über Computer und andere Erscheinungsformen der IT produziert als jemals zuvor:

- Bücher und E-Books,
- Artikel (online und offline) sowie Blogbeiträge,
- Gebrauchsanleitungen,
- technische Dokumentationen,
- Einträge in Foren,
- E-Mails an Einzelne und auf Mailinglisten,
- Uniskripten,
- Wikipedia-Einträge,
- Verkaufsbroschüren und Produktbeschreibungen
- und viele mehr!

Aber in den meisten dieser Texte bleiben die Fachleute unter sich – in ihrer ganz eigenen Blase: Sie werden von Experten für Experten geschrieben. Oder es handelt sich um Werbung, auch versteckte (mehr dazu in Kapitel 3, »Big und Little Data: Recherche und Quellenangabe«).

Klar, viele Expertinnen und Experten finden: Wer was über IT lernen will, soll doch einfach unsere Texte lesen. Da stehen alle Details drin. Frag mich nicht, was funktionale Programmierung ist oder wie eigentlich Machine Learning funktioniert – steht alles bei Wikipedia!

Das Problem dabei: So werden alle Menschen aus der Gruppe der Versteher ausgeschlossen, die nicht den größten Teil ihrer Zeit investieren können, um zuverlässige Quellen zu suchen und wichtige von unwichtigen Details zu trennen. Und das sind mehr, als wir denken: Dazu gehören fast alle Leute außerhalb von IT-lastigen Berufen, vom Sachbearbeiter in der Stadtverwaltung über die Ärztin und den Versicherungsvertreter bis hin zum Bäcker und zur Lehrerin.

Viele von ihnen würden sich unserer Erfahrung nach gern besser mit Technik auskennen – würden aber in einer Fachzeitschrift wie der c't nicht einmal die Artikelüberschriften verstehen und halten nach einem langen Arbeitstag auch die ersten zwei Absätze eines Wikipedia-Artikels oder einer ähnlich trockenen Materie nicht mehr durch.[2]

---

2 Wir auch nicht.

Wir finden daher: Unsere Gesellschaft braucht mehr Texte über IT, die für die unterschiedlichsten Zielgruppen geschrieben sind – und deren Lektüre Spaß macht! Wie unsere Laptops und Smartphones und bald auch unsere Häuser und Autos funktionieren, sollte kein elitäres Wissen sein, sondern etwas, das für jeden auf einem passenden Niveau frei zugänglich ist.

Und wer soll diese Texte schreiben?

Sie!

Was Sie in diesem Buch lernen

Jeder gute Text fängt bei der Leserin[3] an. Unser Buch daher auch. In Kapitel 2, »Mein Leser, das unbekannte Wesen«, überlegen wir, wie Sie den Bedürfnissen Ihrer Leserin auf die Spur kommen.

Nachdem Sie herausgefunden haben, was Ihre Leser interessiert, steht als Nächstes die Recherche an: In Kapitel 3, »Big und Little Data: Recherche und Quellenangabe«, schauen wir uns an, wie Sie seriöse Quellen finden und diese transparent zitieren. Kein Platz für Fake News!

Im nächsten Kapitel – »GOTO considered harmful« – befassen wir uns damit, wie Sie einen Text gut strukturieren und damit Ihre Leserin an die Hand nehmen, damit sie nicht die Orientierung (und das Interesse) verliert. Dazu gehört auch der kluge Einsatz von Bildern und Tabellen.

Dann geht es schließlich in Kapitel 5, »Ausdruck vor Eindruck: Verstanden statt gefürchtet werden«, ans Eingemachte: Wie schreibe ich denn nun was? Welche Wörter und Satzstrukturen verwende ich, welche besser nicht? Welche Ausdrücke sind überflüssig – und wann sollte man Überflüssiges trotzdem hinschreiben?

Anschließend widmen wir uns einer oft übersehenen, aber sehr wichtigen Frage – im sechsten Kapitel »Erzähl mir nix: Storytelling«: Wie kann man einen Text über Technologie menscheln lassen, und warum sollte man das überhaupt?

Schließlich geht es an die Überarbeitung – oder anders gesagt: »Auftragen, polieren, einatmen, ausatmen«(Kapitel 7). Denn in dem Moment, in dem Sie aufatmen, den Laptop zuklappen und sich im Stuhl zurücklehnen, ist der Text in Wirklichkeit noch gar nicht fertig. (Sorry.)

Was tun, wenn es mit dem Schreiben nicht so recht vorwärts geht? In Kapitel 8, »Prokrastination 101: (Un)produktiv sein«, teilen wir unsere geheimen und nicht

---

3 Ja, beim Leser natürlich auch. Zum Gendern von Texten – der Verwendung von männlichen, weiblichen und anderen Wortformen – haben wir im Abschnitt »Hacker und Haeckse? – Schöner gendern« in Kapitel 5 ein paar hoffentlich nützliche Anmerkungen.

so geheimen Rezepte[4] dazu, wie Sie schwierige Aufgaben noch besser vor sich herschieben (Bonusmaterial: die besten Videos von stolpernden Elefantenbabys und zwölf Gründe, warum Sie genau heute Ihre Garage aufräumen sollten).

Ihre bis hierhin neu erworbenen oder aufgefrischten Fähigkeiten können Sie nun auf ganz verschiedene Textsorten anwenden: von der schnellen E-Mail bis hin zum ausgewachsenen Buch. Wie Sie jede einzelne davon noch besser machen, erfahren Sie in Kapitel 9, »Press Any Key: Was möchten Sie schreiben? – E-Mail, Artikel, Buch & Co.«.

Und zum Schluss stellen Sie vielleicht fest, dass Sie auf den Geschmack gekommen sind – und noch viel mehr schreiben wollen. Wo Sie Ihre Texte nun am besten veröffentlicht bekommen, das erklären wir am Ende des Buchs in »Schöner leaken: Texte veröffentlichen«.

Wann ist dieses Buch nicht das richtige für Sie?

Sie werden weite Teile dieses Buchs wahrscheinlich nicht sehr nützlich finden, wenn Sie

- fiktionale Texte schreiben (Romane, Kurzgeschichten, Drehbücher),
- das wissenschaftliche Schreiben lernen (für Dissertationen, wissenschaftliche Artikel oder Fachbücher) oder
- Werbetexte schreiben wollen.

Für alle diese Bereiche sind viele Tipps, die wir in diesem Buch geben, etwa zu

- Zielgruppenorientierung,
- einer klaren Ausdrucksweise,
- Produktivität und
- der Überarbeitung von Texten

zwar auch wichtig und nützlich, aber Sie werden mit einem auf Ihren Arbeitsbereich spezialisierten Buch vielleicht glücklicher als mit unserem (auch wenn dessen Cover vielleicht nicht so schön ist). Blättern Sie doch jetzt einfach mal an den Anfang von Kapitel 9, »Press Any Key: Was möchten Sie schreiben? – E-Mail, Artikel, Buch & Co.« oder in unsere Literaturempfehlungen. Dort geben wir Ihnen ein paar Buchtipps. Vielleicht müssen Sie hierzu auch erst den Laptop ausschalten und die örtliche Buchhandlung aufsuchen, wo Sie unseren Anweisungen dann unter dem gestrengen Blick der Buchhändlerin Folge leisten können. Ist gerade Sonntag oder drei Uhr nachts, können Sie uns stattdessen auch eine E-Mail schreiben.

Außerdem raten wir vom Kauf dieses Buchs ab, wenn Sie Fußnoten hassen.

---

4 Denn auch dieses Buch ist das Resultat lang andauernder Schreibblockaden, die durch kurze Produktivitätsanfälle unterbrochen wurden.

Gute und schlechte Beispiele

Eichhörnchen-Icon:
Dieses Element kennzeichnet einen Hinweis oder Tipp.

Skorpion-Icon:
Dieses Element kennzeichnet eine Warnung.

Anhand guter Beispiele lernt man besser als anhand schlechter Beispiele. Deshalb werden wir in diesem Buch vor allem gute Beispiele zeigen. Diese sind entweder frei erfunden oder mit einer Quellenangabe versehen.

Gelegentlich müssen wir aber auch mal demonstrieren, wie man seine Ziele *nicht* erreicht. Da wir annehmen, dass jeder Autor sein Bestes gegeben hat, möchten wir niemanden an den Pranger stellen und haben daher alle schlechten Beispiele verfremdet oder ebenfalls frei erfunden.

Auch wir machen Feler

Weder Autorinnen und Autoren noch Lektorinnen und Lektoren sind immer inspiriert, ausgeschlafen und konzentriert. Und dann kommt auch noch das Muphry'sche Gesetz[5] ins Spiel. Dieses ist verwandt, aber nicht zu verwechseln mit dem berühmten Murphy'schen Gesetz[6]: »Alles, was schiefgehen kann, wird auch schiefgehen.«

Muphry'sches Gesetz
Jeder Text, in dem auf Fehler in Grammatik, Rechtschreibung oder Stil in anderen Texten hingewiesen oder vor diesen gewarnt wird, wird seinerseits wieder solche Fehler enthalten.

Daher unser Angebot:

Wenn wir uns in diesem Buch grobe Schnitzer geleistet haben, dann weisen Sie uns darauf hin, am besten per E-Mail an *schreiben@serapion.de*!

Wir werden diese Schnitzer dann als Negativbeispiele in die nächste Auflage[7] dieses Buchs mit aufnehmen.[8]

Und nun: Viel Spaß bei der Lektüre!

---

5   *https://en.wikipedia.org/wiki/Muphry%27s_law*
6   *https://en.wikipedia.org/wiki/Murphy%27s_law*
7   Dann sollten Sie dieses Buch aber auch sicherheitshalber mehrfach kaufen und an alle Ihre Freunde und Feinde verschenken, damit es eine nächste Auflage gibt.
8   Also eigentlich nur an eine andere Stelle im Buch verschieben und entsprechend hervorheben, denn enthalten sind sie ja offensichtlich schon in dieser Auflage.

KAPITEL 2

Mein Leser, das unbekannte Wesen

Den Leser kennenlernen – warum?

Wie würden Sie mit einem Außerirdischen kommunizieren?

Wenn es sich um ALF[1] oder einen Bürger der Vereinten Föderation der Planeten[2] handelt, klar: in amerikanischem Englisch (es sei denn, der Betreffende ist auf Deutsch synchronisiert).

Im Jahr 1977 stand ein Team von Wissenschaftlern um Astronom und Allround-Talent Carl Sagan aber vor einer größeren Herausforderung: Wie kann man sich anhand von Bildern und Tönen einem Wesen verständlich machen, das sich grundlegend von uns Menschen unterscheidet? Das vielleicht nicht einmal eine auf Kohlenstoff basierende Biologie hat – und mit Sicherheit andere Dinge unterhaltsam findet als Videos von Katzen, die gegen ihren Willen gebadet werden?[3]

Eine der möglichen Antworten sehen Sie in Abbildung 2-1. Mithilfe von zwei identischen Metallplaketten wurde die Zeichnung 1972 und 1973 mit den Raumsonden Pioneer 10 und 11 in die Tiefen des Weltalls geschickt.

Die Zeichnung enthält einige Informationen, von denen Sagan und Mitstreiter hofften, sie seien auch in außerirdischen Zivilisationen bekannt – unter anderem eine Schemazeichnung des Spin-Flips des Wasserstoffatoms[4] (Nummer 2 in Abbildung 2-1). Wasserstoffatome, so nahmen die Wissenschaftler an, seien überall im Weltall gleich, und eine ausreichend neugierige und fortgeschrittene Zivilisation habe sich dieses Atom sicher schon einmal näher angeschaut.

Die weiteren Inhalte der Zeichnung sind schon weniger übertragbar auf andere Zivilisationen: Das Schema von der Lage der Sonne im Verhältnis zu weiteren Ster-

---

1 NBC, 1986–1990.

2 »Star Trek«-Franchise, Paramount Pictures, 1966–heute.

3 YouTube, 2005–heute.

4 Der Übergang des Elektrons im Wasserstoffatom von einer magnetischen Einstellung zur anderen, bei dem Strahlung freigesetzt wird.

nen und zur Mitte des Sonnensystems erkennt offensichtlich nur ein weit gereister oder anderweitig gebildeter Außerirdischer.[5] Und der Pfeil in Teil 6 der Abbildung, der die ungefähre Route von Pioneer 10 angibt? Höchst missverständlich, sagten Kritiker der Grafik schon 1972. Den (übertragenen) Sinn eines Pfeils verstehe man nur in solchen Zivilisationen, die einmal Jäger und Sammler gewesen seien.

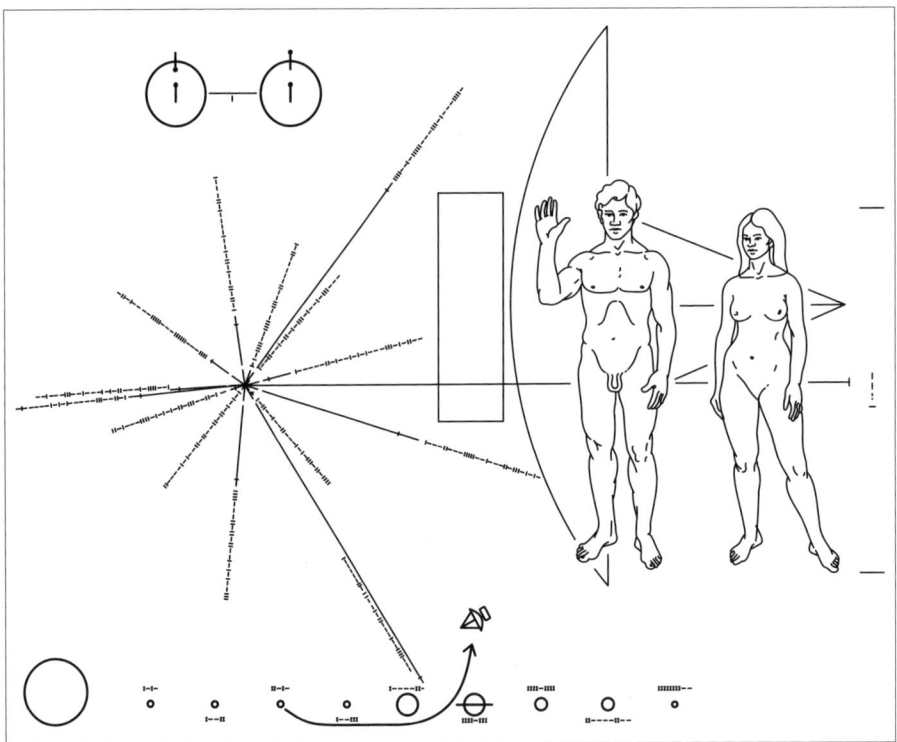

Abbildung 2-1: Schema der gravierten Platte (»Pioneer-Plakette«), die 1972 mit der Raumsonde Pioneer 10 in Richtung Jupiter geschickt wurde (Quelle: NASA; Public Domain)

Sagan und seine Kollegen hatten zweifellos ein Gefühl dafür, wie leicht man eigenes Wissen bei seinem Kommunikationspartner fälschlicherweise als selbstverständlich voraussetzt: Das Team hatte zuerst überlegt, Mann und Frau Hand in Hand darzustellen. Diese Idee war dann aber verworfen worden, denn Außerirdische hätten das Paar dann möglicherweise als einen einzigen Organismus interpretiert.

---

5 Glücklicherweise, sagen einige, und merken an, dass man einer potenziell feindlichen Macht besser keine Wegbeschreibung zu unserem Heimatplaneten liefern sollte.

An dieser Stelle haben wir zwei gute Nachrichten für Sie:

1. In diesem Buch wird es an keiner Stelle mehr um die Hyperfeinstruktur von Wasserstoff gehen (yay!).
2. Für Sie wird es wesentlich leichter werden, Ihre Leserschaft zu recherchieren, als für das Pioneer-Team.

Wie leicht – und wie überhaupt?

Darum geht es im Rest dieses Kapitels.

Der Wissensfluch

»Unverständliche Texte sind das Ergebnis einer freien Entscheidung. [...] Technikschreiber in Karohemden rächen sich damit an den Sportlertypen aus der Schule, die ihnen damals Sand ins Gesicht gekickt haben, und an den Mädchen, die ihnen Körbe gegeben haben.«[6]

Das schreibt Steven Pinker in seinem Buch »The Sense of Style«. Zu seiner Verteidigung muss gesagt werden, dass er selbst nicht dieser Meinung ist: Er stellt nur fest, dass Techniklaien absichtliche Unverständlichkeit oft denen unterstellen, die eigentlich die Aufgabe hätten, ihnen Technik verständlich zu machen, und daran gescheitert sind.

Pinker glaubt dagegen, dass unverständliche, mit Jargon und DBAs[7] gefüllte Texte einen anderen Grund haben: Der Autor leidet unter dem Fluch des Wissens.

Doch streng genommen leidet er nicht – das ist Teil des Problems: Dass wir alle von diesem Fluch befallen sind, ist den meisten von uns die meiste Zeit über nicht bewusst.

Der Fluch besagt, dass jeder von uns insgeheim davon ausgeht, dass andere all das wissen, was wir wissen. Je jünger wir sind, desto ausgeprägter ist er: Wenn Sie einem Kleinkind zeigen, dass in einer Schachtel auf dem Tisch Bonbons sind, wird es selbstverständlich davon ausgehen, dass das jeder weiß – auch alle, die erst nach ihm den Raum betreten und die Schachtel nur verschlossen sehen.

In einer milden Ausprägung bleibt uns allen dieser Irrtum bis ins hohe Alter erhalten. Das zeigte beispielsweise eine Studie[8], in der Versuchspersonen gebeten wurden, an ein bekanntes Lied zu denken und dessen Rhythmus mit der Hand zu klopfen. Eine andere Gruppe von Versuchspersonen sollte dieses Lied jeweils erraten. Keine leichte Aufgabe: Nur 3 von 120 Liedern wurden richtig geraten. Aber – und jetzt kommt der Fluch ins Spiel – die »Klopfer« schätzten zu Beginn des Experiments, dass 60 von den 120 Liedern richtig erraten werden würden!

---

6 2014; eigene Übersetzung des Zitats.
7 Drei-Buchstaben-Akronyme.
8 *https://hbr.org/2006/12/the-curse-of-knowledge*

Klar: Jeder der »Klopfer« stellte sich beim Klopfen des Lieds nicht nur den Rhythmus vor, sondern hörte im Geiste auch die anderen Instrumente, den Gesang, die Soundeffekte. Und obwohl es rational gesehen komplett unsinnig ist, anzunehmen, dass das Gegenüber diese Stimmen im Kopf ebenfalls wahrnimmt, waren die Versuchspersonen nicht in der Lage, sich von diesem Vorurteil ganz frei zu machen.

Es ist also keineswegs so, dass es umso leichter ist, ein Thema zu erklären, je mehr man selbst darüber weiß und je weniger die Leser wissen, sondern:

 Je unähnlicher Sie Ihren Lesern in Ihren Fähigkeiten, Meinungen und Kenntnissen sind, desto mehr Mühe müssen Sie aufwenden, um von diesen verstanden zu werden.

Anders gesagt: Sie als Verfasser müssen also die Kluft zu Ihrem Leser überbrücken. Die Herausforderung dabei ist, diese richtig einzuschätzen. Wenn Sie so schreiben, als hielten Sie Ihren Leser tatsächlich für einen Außerirdischen, wendet er sich gelangweilt oder befremdet ab. Schreiben Sie hingegen so, als säßen Sie seit 20 Jahren mit ihm im selben Büro und würden sich alle gleichermaßen mit den neuesten Insiderwitzen aus der Kaffeeküche auskennen, hängen Sie ihn wahrscheinlich ab.

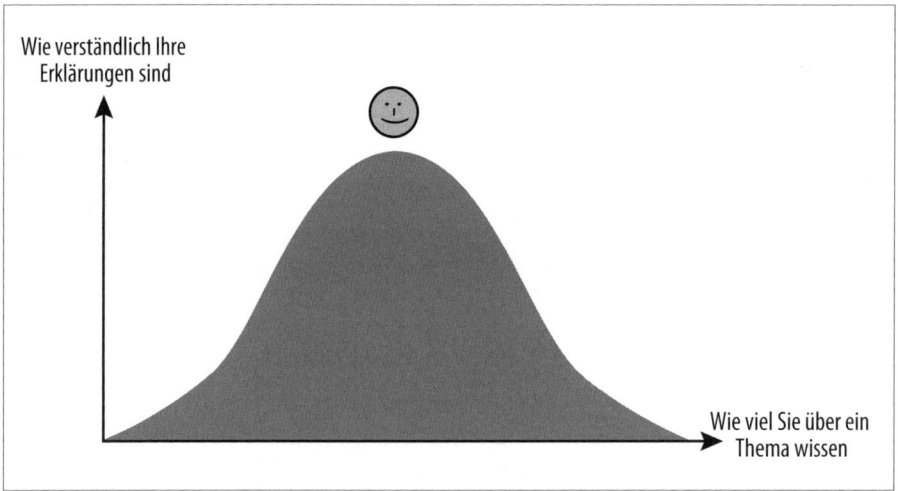

Abbildung 2-2: Je mehr Sie über ein Thema wissen, desto schwieriger wird es, darüber verständlich zu schreiben.[9] Keine Ahnung zu haben, ist, wie Sie aus dem Diagramm ablesen können, aber auch keine Lösung.

Häufig wird es also schwerer, ein Thema zu erklären, je mehr man darüber weiß. Und umgekehrt: Wenn Sie nur einen ganz kleinen Wissensvorsprung vor Ihren

---

9 Einer der Gründe, warum wir als Autoren uns auf dieses Buchprojekt eingelassen haben.

Lesern haben, sind Ihre Erklärungen oft ganz besonders gut verständlich, weil das Wissen für Sie noch nicht selbstverständlich geworden ist und Sie Ihre eigenen Verständnisschwierigkeiten vom Anfang noch gut im Gedächtnis haben. Daher sind Lehrbücher von Studenten für Studenten – was die Verständlichkeit betrifft – häufig besonders gut.[10] Abbildung 2-2 illustriert diesen Effekt.

Eine häufige Manifestation des Wissensfluchs ist übrigens die Aussage: »*Wenn man es einmal verstanden hat, ist es ganz einfach.*« Diese gilt für jedes Gebiet – vom Fahrradfahren bis zur Quantenphysik – und nützt demjenigen, an den sie gerichtet ist, wenig bis gar nicht. Wenn Sie also einmal in Versuchung kommen, diesen Satz in den Mund zu nehmen, seien Sie alarmiert: Hier ist wahrscheinlich der Wissensfluch am Werk!

Um dem Wissensfluch Einhalt zu gebieten, sollen Sie also möglichst weit in den Kopf Ihres Gegenübers schlüpfen. Das ist ungefähr genauso schwierig, wie es klingt. Und Sie können sich sicher sein: Wenn es eine exakte und zuverlässige Methode gäbe, um sich vollständig in die Vorstellungswelt eines anderen Menschen hineinzuversetzen, würden Werbefuzzis auf der ganzen Welt Millionen dafür ausgeben.

Aber Sie müssen Ihre Leser auch gar nicht so gut verstehen, dass Sie ihre intimsten Wünsche kennen und ihnen das dringende Bedürfnis nach Duschgel mit Vanille-Orangenblüten-Aroma oder Autositzen aus dem Leder von Babykrokodilen herbeimanipulieren können. Es reicht, wenn Sie sich Mühe geben, den geistigen Abstand zu ihnen zu verringern: Je mehr Mühe Sie sich geben, desto weniger Mühe hat Ihr Leser (und das wird er Ihnen danken).

whoami: Selbstfindung

Um Ihren Abstand zur Leserin zu messen, müssen Sie erst einmal feststellen, wo Sie selbst stehen. Ein gutes Gerüst, an dem Sie sich entlanghangeln können, liefert folgender Fragebogen[11]:

Tabelle 2-1: Ihr Autorenprofil

Ihre Charakteristika	Erklärung und Beispiele
Auf welchem Level sind Ihre technologischen Kenntnisse?	Geben Sie sich einfach eine Schulnote von 1 bis 6. Als Vergleichsstandard können Sie zum Beispiel Ihre Kollegen (auch in anderen Bereichen) heranziehen.
In welchen einzelnen Technologien oder Spezialgebieten kennen Sie sich aus?	Beispielsweise: Python, funktionale Programmierung, Netzwerkprotokolle, Content-Management-Systeme, 3-D-Grafik ...

---

10 Adaptiert von Elena Glassman, *https://medium.com/@roboticwrestler*.

11 Adaptiert von der kanadischen IT-Autorin Dawn Henwood, »A Writing Guide for IT Professionals«, 2007.

Tabelle 2-1: Ihr Autorenprofil (Fortsetzung)

Ihre Charakteristika	Erklärung und Beispiele
Kommunizieren Sie für gewöhnlich direkt oder indirekt?	Welcher Satz stammt von Ihnen: »Nehmen Sie nun ein Blatt Papier und notieren Sie Ihre Antworten auf die Fragen im Autorenprofil.« oder »Wenn Sie etwas Zeit haben, möchten Sie sich vielleicht mit dem Autorenprofil ein wenig näher beschäftigen.«?
Was für Vorlieben und Abneigungen haben Sie als Leser?	Gibt es Mails von bestimmten Absendern, von denen Sie sich immer »gegen den Strich gebürstet« fühlen? Woran liegt das konkret? Auf welche Lektüre freuen Sie sich dagegen?
Welche Lesegewohnheiten haben Sie?	Überfliegen Sie zuerst die Zwischenüberschriften, oder studieren Sie einen Text von vorn bis hinten? Bevorzugen Sie Fließtext, Abbildungen, Tabellen?
Welche Einflüsse haben Ihre Meinungen zu den Themen geformt, über die Sie schreiben (wollen)?	Beispielsweise: Gespräche mit Kollegen, praktische Erfahrungen, Blogs, Vorträge auf Konferenzen, bestimmte Bücher oder Zeitschriften ...

An den Antworten, die Sie auf diese Fragen gegeben haben, erkennen Sie Ihre eigenen Kenntnisse und Vorlieben. Sie sollten jedoch unbedingt darauf achten, sie nicht für selbstverständlich und allgemein bekannt anzusehen.

Halten Sie beispielsweise ein bestimmtes Betriebssystem oder eine gewisse Programmiersprache für die beste Erfindung, seit es geschnittenes Brot gibt? Das wird sich in Ihren Texten vermutlich deutlich widerspiegeln und könnte Andersdenkende abstoßen. Oder gehören die Abkürzungen Ihres Fachgebiets für Sie zum alltäglichen Wortschatz? Das kann bei Ihren Lesern anders sein.

Machen Sie sich Ihre eigenen Vorlieben bewusst!
Wenn Sie Ihren Lesern mit Ihren persönlichen Gewohnheiten auf den Keks gehen, dann bitte nur mit Absicht.

Keine Angst, Sie sollen Ihre schwer erarbeiteten Kenntnisse und Erfahrungen nicht vergessen – wir wollen Sie nicht »blitzdingsen«. Wenn Ihre Leserschaft den gleichen Hintergrund hat wie Sie, dann nutzen Sie diesen Vorteil unbedingt. Aber erst nachdem Sie einmal kritisch darüber nachgedacht haben, ob Sie tatsächlich im gleichen Rudel heulen wie Ihre Leser.

Und selbst dann teilen Ihre Leserinnen nicht unbedingt Ihre Gewohnheiten: Auch unter technischen Experten gibt es solche, die ihre Texte gern kurz und auf den Punkt haben wollen, und andere, die ausführliche Einleitungen und viele eingestreute Beispiele bevorzugen.

Wer sind also Ihre Leser? Das werden wir jetzt herausfinden.

Den Leser kennenlernen

Ein ungefähres Bild Ihres Lesers ergibt sich oft schon aus der Art des Texts, den Sie schreiben: Wenn Sie an einem Artikel für ein Technikblog arbeiten, erwarten Sie technikaffine Leserinnen, die vielleicht kurz in der Mittagspause vorbeisurfen. Wenn Sie den Text für einen Marketingflyer über das Content-Management-System Ihres Unternehmens schreiben, schweben Ihnen als Leser vielleicht Messebesucher vor, die einen Systemwechsel erwägen, und wenn Sie eine E-Mail an eine Mailingliste schreiben, kennen Sie einige der Leserinnen sicher auch persönlich.

Die Verständnislücke zu Ihren Lesern zu überbrücken, wird umso einfacher, je genauer Sie sie kennen. Daher sind wir an dieser Stelle noch nicht fertig mit der Recherche, sondern fangen erst an.

Top-down: von der Leserschaft zum Leser

Zuerst legen Sie fest, welche Zielgruppen – weiter gefasst – Ihr Text haben soll:

Beispielsweise: Blogleser, die sich für tragbare Technologien interessieren und das eine oder andere Gadget auch schon ausprobiert haben.

Oder: Inhaber kleiner Unternehmen, in denen die Unternehmenswebsite ohne Hilfe einer Agentur gepflegt wird und die sich für alternative Content-Management-Systeme interessieren.

Auch wir zwei Autoren dieses Buchs haben vor dem Schreiben überlegt, wer unsere Zielgruppen sind. Unser Ergebnis war: Entwickler und andere IT-Fachleute, die ihre Arbeit an andere ITler oder Laien kommunizieren wollen oder müssen. Und in zweiter Linie: Redakteure, Blogger und andere Schreibprofis, die auch Texte über IT schreiben wollen. (Gehören Sie zu einer davon – oder zu einer ganz anderen? Wir lernen gern dazu und freuen uns über eine Mail.)

Als Nächstes soll das Bild von der Zielgruppe farbig werden: Welche konkreten Eigenschaften haben Ihre Leser? Gehen Sie hierbei für jede Zielgruppe die folgenden Fragen durch:[12]

Tabelle 2-2: Das Profil Ihrer Zielgruppe.

Charakteristika Ihrer Zielgruppe	Beispiele
Wie alt sind Ihre Leser, welches Geschlecht und welche Nationalität haben sie?	Männer und Frauen zwischen 20 und 40, von denen die meisten, aber nicht alle, deutsche Muttersprachler sind.
Wie ist das soziale Umfeld Ihrer Leser?	Freundeskreise und Familien, die sich eher wenig für Technologie interessieren, sodass die Leser den Austausch online suchen.

---

12 Adaptiert von Janice Redish, »Letting Go of the Words«, 2007.

Tabelle 2-2: Das Profil Ihrer Zielgruppe. (Fortsetzung)

Charakteristika Ihrer Zielgruppe	Beispiele
Welche Ausbildung haben Ihre Leser? Wie viel verdienen sie? Wo stehen sie in der Unternehmenshierarchie?	Vorwiegend Studenten und Leute mit Studienabschluss oder abgeschlossener Ausbildung, die keine Führungspositionen haben, aber genug verdienen, um sich gelegentlich die neueste Technik zu kaufen.
Welche Werte sind Ihren Lesern wichtig, welche weniger wichtig?	Ausgeprägtes Gesundheitsbewusstsein, auch (weniger ausgeprägt) der Wunsch nach Wettbewerb mit anderen und Bewusstsein für Datenschutz und Privatsphäre. Eher kein Interesse an Open Source oder dem »Hacken« von Geräten und Daten.
Welche Technologien verwenden Ihre Leserinnen?	Neuere Smartphones, Fitnessuhren und -Apps.
Was löst bei Ihren Lesern starke Gefühle aus – Angst, Wut, Ungeduld, Vorfreude, Stolz?	Ungeduld beim Anblick vieler technischer Daten, deren Bedeutung ihnen unklar ist. Vorfreude auf das Testen neuer Funktionen einer neuen Hardware oder App und Stolz auf gutes Abschneiden in Online-Bestenlisten.
Welche wörtlichen Zitate könnten von Ihren Leserinnen stammen?	»Konnte den Artikel in der Mittagspause nicht ganz zu Ende lesen, es kamen schon wieder Anrufe rein.« »Gibt es auch eine iOS-App dafür?«

Teil I: Zielgruppenrecherche

Wie kommen Sie nun an die Informationen, um den Fragebogen in Tabelle 2-2 auszufüllen?

Das hängt davon ab, wie viel Zeit Sie investieren können (und wollen). Für einen einmaligen, kurzen Gastbeitrag im Blog eines Bekannten möchten Sie vielleicht nicht so viel Zeit in die Zielgruppenforschung investieren wie für den Text eines Flyers, den Sie in den nächsten zwei Jahren immer und immer wieder Ihren Kunden in die Hand drücken wollen.

Mit relativ geringem Aufwand können Sie aus folgenden Quellen im Netz bereits ziemlich interessante Informationen gewinnen:

1. Foren und Communitys, in denen sich Ihre Zielgruppe tummelt.
2. Kommentarspalten von Blogs und Onlinemagazinen.
3. Mailinglisten, auf denen Sie vielleicht gemeinsam mit Ihren Lesern angemeldet sind.
4. Profile von Leuten aus Ihrer Zielgruppe auf Facebook, Xing, LinkedIn oder Twitter.
5. Suche nach relevanten Stichwörtern für Ihre Zielgruppe oder deren Themen auf Twitter.
6. Wenn Sie bloggen oder eine andere Website betreiben: Auswertung der Analytics-Daten (z.B. Google Analytics, Piwik).

In den zuerst genannten Medien können Sie Ihre Leserinnen auch einfach direkt befragen, womit wir schon zum nächsten Punkt kommen.

Teil II: Feldforschung

Noch informativer, aber auch wesentlich zeitaufwendiger ist es, die Leser direkt zu fragen. Hier kommen zum Beispiel folgende Wege in Betracht:

1. Befragen Sie Freunde und Familienmitglieder, von denen Sie vermuten, dass sie zu Ihrer Zielgruppe gehören könnten.
2. Wenn Sie bloggen oder eine Website betreiben: Können Sie eine kurze Umfrage in Ihre Seite einbauen?
3. Wenn Sie Gastbeiträge für Blogs oder Onlinemagazine schreiben: Fragen Sie doch mal den Blogbetreiber oder die Chefredakteurin.
4. Wenn Sie beruflich schreiben und Kunden Ihre Zielgruppe sind: Befragen Sie die Marketing- oder Verkaufsabteilung. Die Kollegen dort haben wahrscheinlich alles, was wir hier an Maßnahmen vorschlagen, schon längst abgearbeitet – und noch mehr.

Teil III: Mit der Ente reden

Nachdem Sie auf diesen Wegen viele Einzelheiten über Ihre Leser gesammelt haben, setzen Sie sie im nächsten Schritt zu einem konkreten Bild zusammen: einem individuellen – wenn auch erfundenen – Leser.

In der Literatur[13] wird dieser erfundene Leser oft als »Persona« bezeichnet.

Was ist eine Persona?

Der Begriff der Persona[14] wurde 1998 vom Berater und Softwareentwickler Alan Cooper eingeführt in einem Buch mit dem sehr schönen Titel »The Inmates Are Running the Asylum« (Die Insassen leiten die Anstalt).

Cooper hatte sich damals bereits mehr als 20 Jahre lang mit der Entwicklung von Businesssoftware beschäftigt, insbesondere mit dem Problem der Benutzerfreundlichkeit. Während eines besonders herausfordernden Projekts, so berichtet er in seinem Blogeintrag, hatte er es sich angewöhnt, auf Spaziergängen lebhaft gestikulierend imaginäre Diskussionen mit einer Nutzerin zu führen, die vage auf einer echten Nutzerin basierte, die er im Projekt kennengelernt hatte. Er fand diese eingebildeten Dialoge so hilfreich bei der Entwicklung von neuen Features und dem Benutzer-Interface, dass er diese Technik von

---

13 Im Marketing und im User-Interface-Design: z.B. *http://contentmarketinginstitute.com/2016/05/ buyer-personas-essential-parts/, https://www.interaction-design.org/literature/article/personas-why-and-how-you-should-use-them.*

14 *https://www.cooper.com/journal/2008/05/the_origin_of_personas*

da an in seine Standardvorgehensweise beim Design von Software aufnahm und 1998 in oben genanntem Buch beschrieb – entgegen dem Rat von Geschäftsfreunden, die es für klüger hielten, wenn er diesen Wettbewerbsvorteil für sich behalten hätte.

Personas haben also schon eine jahrzehntelange Geschichte hinter sich, in deren Verlauf sie auch oft missverstanden wurden: So weisen einige Autoren[15] darauf hin, dass eine Persona, die nicht auf ordentlicher Recherche der Zielgruppe beruht, mehr schaden als nützen kann – im Sinne von gefährlichem Halbwissen.

Daher ist in diesem Kapitel die Erstellung der Persona, nach Zielgruppenrecherche und Feldforschung, erst der letzte Schritt: Die Persona soll auf möglichst soliden Daten beruhen, damit sie Ihnen wirklich hilft.

Da »Persona« nicht sehr persönlich klingt, verwenden wir lieber einen anderen Begriff:

Abbildung 2-3: Fabian (© iStock, clubfoto).

Kennen Sie das Konzept des Rubberducking[16]?

Wenn sich in Ihr Programm ein hartnäckiger Bug eingeschlichen hat, greifen Sie sich Ihr Quietscheentchen und schütten ihm Ihr Herz aus – so detailliert wie möglich! Wohlgemerkt, so detailliert wie möglich: Die Ente soll ganz genau und Schritt für Schritt erfahren, wo das Problem liegt. In den meisten Fällen, so werden Sie feststellen, geht Ihnen während des einseitigen Gesprächs ein Licht auf. Indem Sie Ihr Problem in Worte fassen, merken Sie, an welchen Stellen Sie falsche

---

15 *http://blog.doctima.de/2013/03/personas-ein-segen-und-ein-fluch, https://www.wuv.de/marketing/ warum_personas_oft_nicht_funktionieren*

16 Andrew Hunt, David Thomas, »The Pragmatic Programmer – From Journeyman to Master«, Addison-Wesley, 1999

Annahmen getroffen oder an welcher Stelle Sie vergessen haben könnten, die Netzwerkverbindung wieder abzubauen.

Warum brauchen Sie dazu eine Ente (wahlweise auch einen Plüschelefanten oder eine Topfpflanze von robuster Konstitution)? Wenn Sie ein Problem in Worte fassen müssen, werden dabei andere Gehirnbereiche angesprochen, als wenn Sie nur still darüber nachdenken. So rutscht oft jeder Teil des Problems von selbst an seinen Platz.

Was hat nun die Ente mit Ihrem Leser zu tun? Wenn Sie einen Text schreiben, hilft es, wenn Sie eine bestimmte Leserin vor Augen haben – nicht eine abstrakte Zielgruppe. Die Leserin muss nicht alle Eigenschaften haben, die Sie weiter oben in der Analyse Ihrer Zielgruppe erkannt haben. Sie hat nur einige davon, weil sie ein Individuum ist – so wie Sie ja auch nicht der Durchschnitt aller Ruby-Programmierer oder aller Technikblogger sind. Sie picken nun also bestimmte Ausprägungen der oben genannten Eigenschaften Ihrer Zielgruppe heraus und bauen daraus eine Person, beispielsweise: Fabian, 29 Jahre alt, arbeitet im Vertrieb eines Druckerherstellers und will nach stressigen Arbeitstagen regelmäßig noch ein Sportprogramm einschieben. Er hat ein Fitnessarmband vom Discounter, mit dessen Funktion er nicht zufrieden ist: Die Synchronisation mit dem Smartphone klappt nicht. Ein teureres Armband kann er sich eigentlich nicht leisten, deswegen liest er nun Artikel zum Thema Wearables, um herauszufinden, welches ihm die beste Leistung für sein Geld verspricht, falls er sich doch zu der Investition durchringen kann.

Denken Sie beim Verfassen Ihres Texts nun daran, dass Sie für Fabian schreiben, nicht für irgendeine Zielgruppe. Damit Ihnen das leichter fällt, kann es helfen, ihn als etwas Greifbares in der Hand zu halten. Sie können sich auch einen »Fabian« aus einer Zeitschrift ausschneiden (allerdings haben sich Zeitungsschnipsel bei der Erstellung dieses Buchs als zu zweidimensional und fragil herausgestellt).

Und wenn Sie Ihren Text fertig haben, kann Fabian Ihnen immer noch beim Debuggen helfen.

Zusammenfassung

Jeder Text sollte erst einmal Folgendes sein: eine Brücke zum Leser. Und die können Sie natürlich nur bauen, wenn Sie zwei Dinge wissen: wo Sie sich befinden – und wo die Leserin sich befindet.

In diesem Kapitel haben wir gezeigt, wie Sie feststellen, von welchem Ausgangspunkt Sie selbst Ihre Texte schreiben. Und wir haben ein paar Vorschläge dazu gemacht, wie Sie Ihren Leser kennenlernen.

Schließlich haben wir das Konzept der Persona eingeführt, damit Sie beim Schreiben Ihre Leser nicht aus den Augen verlieren.

Und jetzt setzen wir das Ganze in die Praxis um!

Ran an die Tastatur: Übungen

- Füllen Sie Ihr Autorenprofil aus (siehe Tabelle 2-1).
- Erklären Sie in etwa 200 Wörtern, warum es wichtig ist, regelmäßig Backups zu machen – für folgende Leser:
  - Lia aus der 4b.
  - Frau Professor Kahnemann, Lehrstuhlinhaberin für Geschichte des Klassischen Altertums.
  - Ihre Lebenspartnerin/Ihren Lebenspartner.
- Überlegen Sie sich die Zielgruppe für einen Text, den Sie aktuell schreiben möchten oder müssen. Füllen Sie den obigen Fragebogen aus und konstruieren Sie sich dann einen Fabian. Besorgen Sie sich eine Gummiente und platzieren Sie sie auf Ihrem Schreibtisch (oder in Reichweite, wenn Sie vom Sofa aus arbeiten). Nennen Sie die Ente Fabian. Schreiben Sie den Text für ihn.

KAPITEL 3

Big und Little Data: Recherche und Quellenangabe

Let me google that for you: die Recherche

Während sich Autorinnen und Autoren vergangener Zeiten noch über Nacht in Universitätsbibliotheken einschließen lassen mussten, sich undercover in Firmen eingeschlichen haben oder zum Äußersten gegangen sind und gar reale Menschen interviewt haben, ist die Recherche heutzutage wirklich einfach:

Man gibt ein paar für das Thema relevante Stichpunkte bei Google ein und – fertig.

Das geht sogar auf dem Smartphone, während man an der Bushaltestelle oder beim Bäcker in der Schlange wartet.

Und damit beenden wir dieses Kapitel und wenden uns wieder wichtigeren Themen zu.

Der Einstieg in ein Thema: ein kleiner Test

Wie? Nicht konkret genug?

Okay, dann gehen wir das Ganze mal anhand eines Beispiels durch. Angenommen, Sie möchten einen Blogartikel über Cloud-Automatisierung schreiben – was das ist und ob kleine Unternehmen es brauchen.

Sie geben in Googles Suchfeld die Stichwörter »cloud automatisierung« ein – Google erkennt automatisch, dass Sie damit auch Synonyme, andere Schreibweisen und fremdsprachliche Begriffe meinen wie »Cloud-Automatisierung«, »Cloud Automation«, »Automatisierung in der Cloud« und so weiter.

Dann spuckt Google eine Liste scheinbar hilfreicher Links aus (siehe Abbildung 3-1).

Etwas ernüchternd: Die ersten vier sowie die letzten drei (nicht mehr im Bild befindlichen) Links sind Anzeigen von Unternehmen, die Cloud-Technologien verkaufen, erkennbar an dem kleinen grünen *Anzeige*-Label vor der URL. Sie ignorieren diese erst einmal und schauen die »richtigen« Ergebnisse durch.

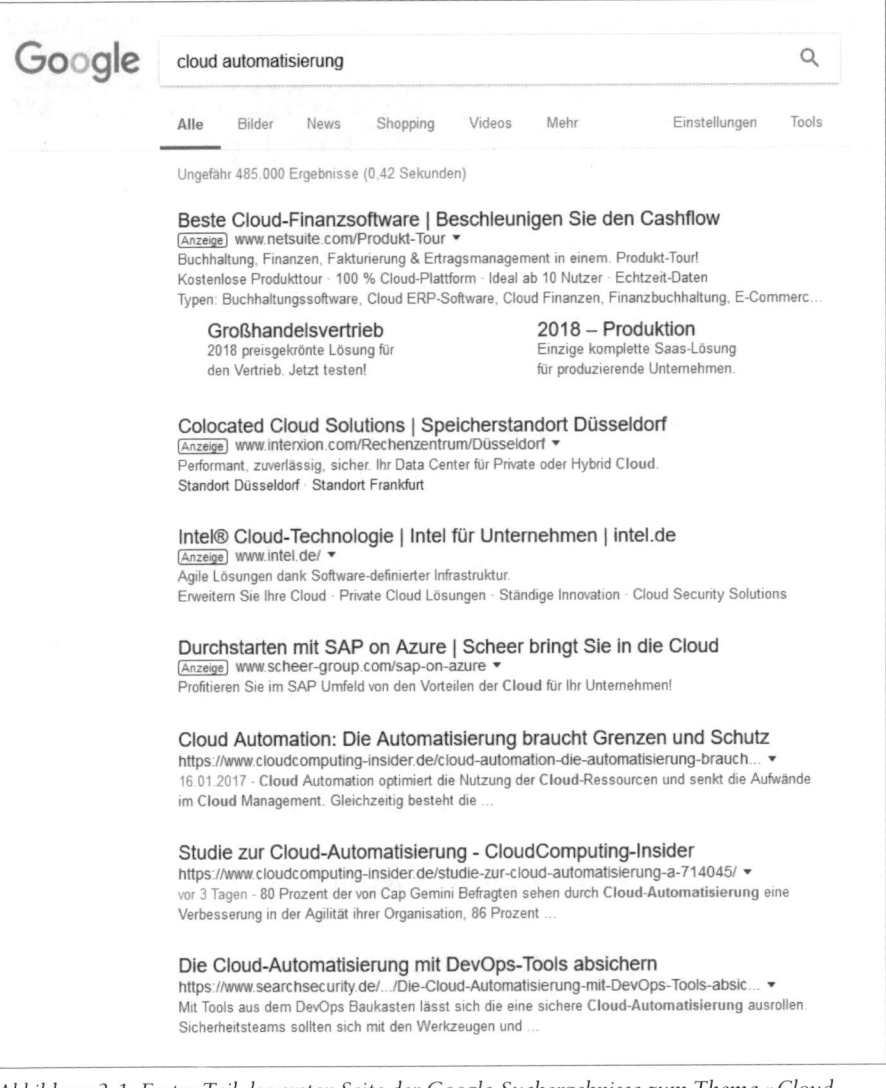

Abbildung 3-1: Erster Teil der ersten Seite der Google-Suchergebnisse zum Thema »Cloud-Automatisierung«

Aber: Auch unter den sogenannten organischen Suchergebnissen finden sich mehrere Einträge, die schon in der Übersicht klar als Werbung zu erkennen sind – zum Beispiel wird die Automation-Seite von Microsoft Azure gefunden. Wenn Sie von einem Thema zuvor gar keine Ahnung hatten, taugen durchaus auch kommerziell motivierte Seiten, um sich einen ersten Überblick zu verschaffen, denn gerade die Webpräsenzen großer Unternehmen bieten oft besonders verständlich aufbereitete Informationen – zur Kundengewinnung. Um objektive Fakten und unabhängige Meinungen zu finden, taugen solche Seiten dagegen kaum.

Ein anderer kommerzieller Fund auf der ersten Seite der Suchergebnisse: eine Seite der Beratungsfirma Capgemini, deren Fazit schon in der Überschrift steht: »Cloud-Automatisierung: Je umfassender, desto größer der Erfolg«. (Man darf annehmen, dass nach Meinung von Capgemini der Erfolg sogar noch größer wird, wenn man sich bei der Einführung von ihren Beratern unterstützen lässt.)

Aber vielleicht enthält die erste Seite der Suchergebnisse doch noch etwas Brauchbares: Drei Links verweisen jeweils zweimal auf eine Unterseite der Domain *cloudcomputing-insider.de* und einmal auf *searchsecurity.de*. Klingt das nicht so, als würden da unabhängige Experten schreiben?

Einer der Links von *cloudcomputing-insider.de* verspricht sogar eine »Studie«[1]. Das klingt doch sehr objektiv. Wir schauen nach:

Es handelt sich um die Zusammenfassung einer Untersuchung, die von den Unternehmen Capgemini (denen wir gerade schon begegnet sind) und Sogeti durchgeführt wurde.

Zusammenfassung im ersten Absatz: »Wer automatisiert, gewinnt: Denn drei von vier führenden Unternehmen steigern dadurch ihre Profitabilität, besagt ein Ergebnis der Studie, die das Beratungsunternehmen Cap Gemini und Sogeti zur Cloud-Automatisierung erhoben haben.«

Im nächsten Absatz findet sich ein Link zum Volltext der Studie – die vorliegende Seite bei *cloudcomputing-insider.de* ist ja nur ein Bericht über deren Ergebnisse. Wenn man diesem Link folgt, landet man, wenig überraschend, auf der Website von Capgemini[2] – darf aber noch nicht den versprochenen Volltext der Studie herunterladen. Diesen rückt Capgemini nämlich nur im Austausch gegen Informationen heraus: Name, E-Mail-Adresse, Position im Unternehmen, Name des Unternehmens, Branche und Land möchte Capgemini von jedem Interessenten erfahren, der die vollständige Studie herunterladen möchte (siehe Abbildung 3-2).

Hm. Das muss doch nicht sein – die Leute von *cloudcomputing-insider.de* haben diese Studie ja offensichtlich gelesen und zusammengefasst, daher müssen Sie sich die Arbeit ja nicht machen. Also zurück zum Artikel bei *cloudcomputing-insider.de*.

Dort werden zahlreiche Vorteile der Cloud-Automatisierung aufgezählt, und auch zwei Experten kommen zu Wort: ein Manager von Cisco und – Überraschung – der Leiter Cloud Practice DACH bei Capgemini. Beide, so das Fazit, finden Cloud-Automatisierung prima – sollte jeder machen. Sie sehen daneben im Artikel noch zwei schöne Infografiken, in denen übersichtlich dargestellt wird, wie viele Vorteile es hat, wenn man zu den Ersten gehört, die Cloud-Automatisierung umsetzen (als sogenannte »Fast Mover«), und in wie vielen Bereichen die Cloud-Automatisierung schon eingesetzt wird.

---

1 *https://www.cloudcomputing-insider.de/studie-zur-cloud-automatisierung-a-714045/*
2 *https://www.capgemini.com/service/cloud-services/the-automation-advantage/*

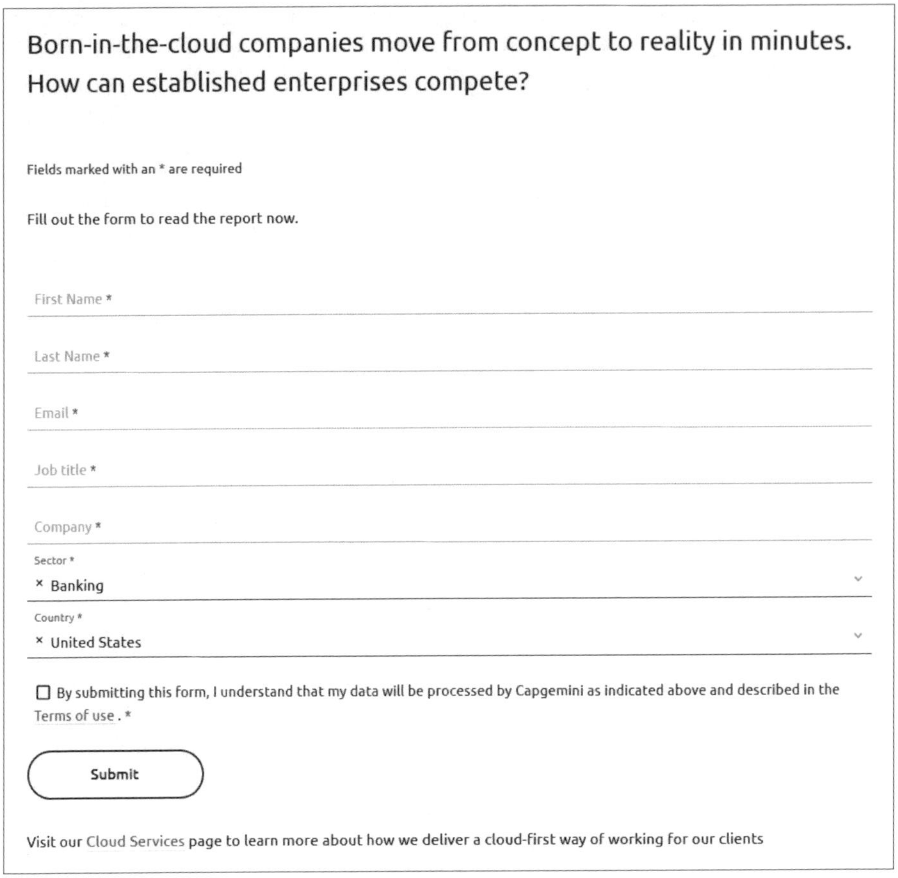

Born-in-the-cloud companies move from concept to reality in minutes. How can established enterprises compete?

Fields marked with an * are required

Fill out the form to read the report now.

First Name *

Last Name *

Email *

Job title *

Company *

Sector *
× Banking ⌄

Country *
× United States ⌄

☐ By submitting this form, I understand that my data will be processed by Capgemini as indicated above and described in the Terms of use . *

(Submit)

Visit our Cloud Services page to learn more about how we deliver a cloud-first way of working for our clients

Abbildung 3-2: Formular, das auf der Website von Capgemini ausgefüllt werden muss, um die Studie zum Thema Cloud-Automatisierung herunterzuladen

Hat die Cloud-Automatisierung auch Nachteile? Ja, diese werden im letzten Absatz des Artikels angesprochen: Sie liegen im Bereich Sicherheit und Datenschutz. Diesen Aspekten wird in dem insgesamt elf Absätze langen Text immerhin ein halber Absatz gewidmet, und sie werden auch noch so weit wie möglich relativiert: Der Autor formuliert es so, dass IT-Verantwortliche in diesen Bereichen »Hindernisse« für die Cloud-Automatisierung »sehen« – was ja nicht bedeuten muss, dass es tatsächlich welche gibt.

Im Vergleich: Wenn in diesem Artikel über die Vorteile der Cloud-Automatisierung berichtet wird, dann werden diese als Realität dargestellt: beispielsweise »Automatisierung verschafft Ingenieuren bei 59 Prozent der Fast Mover mehr Zeit, höherwertige Tätigkeiten wahrzunehmen«.

Etwas ernüchtert über die derart parteiische Berichterstattung scrollen Sie nach Ende des Artikels weiter nach unten. Sie finden ein Kommentarfeld, in dem Sie sich zum Artikel äußern können (das hat bisher niemand getan), und darunter werden Ihnen unter der Überschrift »Passende Firmen zum Thema«...

... ja, genau, die Kontaktdaten von Capgemini präsentiert.

Handelt es sich bei *cloudcomputing-insider.de* womöglich doch um ein Werbemedium? Sie scrollen noch weiter nach unten auf der Suche nach dem Impressum. Noch vor dem Impressum finden Sie einen Verweis darauf, dass Sie diesen Artikel bei *www.mycontentfactory.de* kaufen können (siehe Abbildung 3-3).

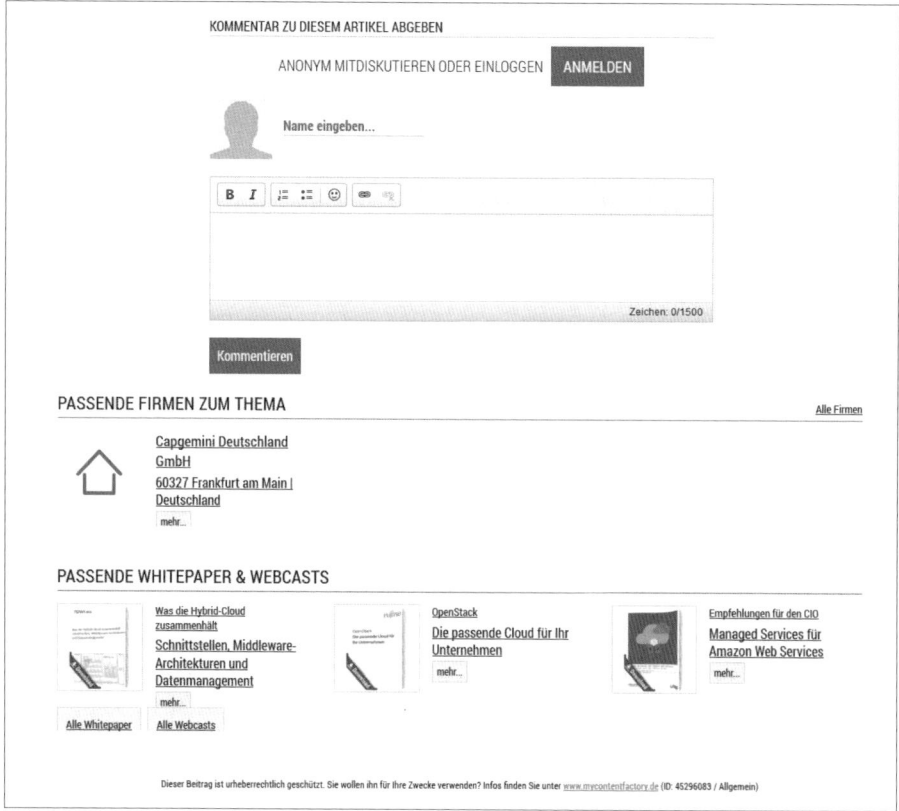

Abbildung 3-3: Werbliche Links unterhalb des Artikels zu Capgeminis Studie zur Cloud-Automation auf www.cloudcomputing-insider.de

Wenn man diesem Link folgt, erfährt man, wer myContentfactory ist: »Wir liefern **hochwertige Business-to-Business Contents** für Ihre Website und Ihr Intranet, bestücken Newsletter mit aktuellen Branchennachrichten und stellen Ihnen zielgruppenaffine Artikel für Ihre Firmen- oder Kundenzeitung zur Verfügung.« (Fettdruck wie im Original.)

Also, wie schon befürchtet: *cloudcomputing-insider.de* und *mycontentfactory.de* stellen keine objektiven Informationen zur Verfügung, sondern sind vielmehr im sogenannten Content Marketing aktiv: Sie helfen Unternehmen dabei, sich zu vermarkten, indem sie für sie Inhalte erstellen, die von den Kunden des Unternehmens als nützlich wahrgenommen werden. Im Gegenzug erhalten diese Firmen beispielsweise mehr Klicks auf ihre Webseite oder – wie im Beispiel der obigen Studie – wertvolle Kontaktdaten von potenziellen neuen Kunden.

Aber das waren ja noch nicht alle Ergebnisse, die Sie gefunden hatten. Sie gehen also zurück zur ursprünglichen Ergebnisseite in Google. Da war ja noch ein vielversprechender Link, und zwar auf das Portal *searchsecurity.de*.

Um es kurz zu machen: *searchsecurity.de* gehört zu TechTarget[3]. Deren Selbstbeschreibung lautet auf der Startseite:»Wir identifizieren und beeinflussen IT-Käufer, die an Ihren Produkten Interesse haben. So stärken wir entschlossenes Handeln und helfen Ihnen mit Ihrer Strategie und Umsetzung, um die Wirksamkeit zu erzielen, nach der Sie streben.«

Also das gleiche Geschäftsmodell wie *cloudcomputing-insider.de*.

Mittlerweile ist der Bus auch schon längst weggefahren, und die Frau in der Schlange vor Ihnen hat Ihnen die letzten Croissants weggekauft.

Offenbar müssen wir das Thema Recherche doch etwas gründlicher angehen.

Content, Marketing und Content Marketing

Eine verbreitete Binsenweisheit lautet: Seit es das Internet gibt, ist es viel einfacher geworden, Informationen zu finden und auch zu teilen.[4] Die Kosten, um die selbst produzierten Inhalte für mehrere Milliarden potenzielle Leserinnen und Leser zugänglich zu machen, sind im Vergleich zur vordigitalen Welt auf einen Bruchteil gesunken.

Das hat sich mittlerweile nicht nur bei Elternbloggern[5] und Bahnfans[6] herumgesprochen, sondern nicht zuletzt bei Unternehmen – für die das Netz ein großartiges Preis-Leistungs-Verhältnis bietet, wenn es darum geht, Kunden zu binden und neue Kunden zu identifizieren.

Kluge Unternehmen machen das seit einigen Jahren nicht mehr mit platter Werbung, sondern mit sogenanntem Content Marketing.

---

3 *https://www.techtarget.de/*

4 Darum, wie Sie selbst Ihre Texte an das Licht der Öffentlichkeit bringen, geht es übrigens später noch in diesem Buch im Kapitel 10, »Schöner leaken: Texte veröffentlichen«.

5 *https://www.brigitte.de/familie/mom-blogs/mom-blogs--alle-mamablogs-und-papablogs-im-ueberblick-10856294.html*

6 *https://www.youtube.com/watch?v=3INNgJEzVUg*

Content Marketing

Wenn Unternehmen (vor allem im Netz) nützliche und/oder unterhaltsame Inhalte zur Verfügung stellen, die von den Nutzer*innen gern konsumiert und nicht – wie traditionelle Werbung – gemieden werden, und wenn diese Inhalte dazu dienen, das Unternehmen oder seine Produkte und Dienstleistungen in günstigem Licht darzustellen, bezeichnet man das als Content Marketing.

Diese Definition haben wir übrigens selbst formuliert, statt sie aus einer Internetquelle zu übernehmen, denn wenn Sie »Content Marketing« googeln, ist das an sich schon ein gutes Beispiel für Content Marketing: Die ersten paar Ergebnisseiten enthalten fast nur Verweise auf Webseiten von Agenturen, die selbst Content-Marketing-Dienstleistungen anbieten ...

Ein wichtiger, verwandter Begriff in diesem Zusammenhang ist Native Advertising.

Native Advertising

Als Native Advertising (eingebettete Werbung) bezeichnet man die Präsentation von werblichen Inhalten auf einer Seite im gleichen Stil wie die redaktionellen, unparteilichen Inhalte dieser Seite, sodass die beiden Inhaltsarten nicht auf den ersten Blick voneinander zu unterscheiden sind.

Das Tückische am Content Marketing: Sie können ihm bei der Recherche mit Suchmaschinen praktisch nicht aus dem Weg gehen. Denn wenn Unternehmen viel Geld dafür bezahlen, ihre Inhalte attraktiv für die eigenen Zielgruppen aufbereiten und online stellen zu lassen, möchten sie natürlich auch, dass sie noch vor den Inhalten der Konkurrenz gefunden werden – und daher ist die Suchmaschinenoptimierung (*Search Engine Optimization*, SEO) ein wichtiger Teil jeder Content-Marketing-Strategie.

Search Engine Optimization (SEO)

Durch SEO wird sichergestellt, dass ein Text bzw. die Seite, auf der er steht, bei der Suche mithilfe von Suchmaschinen nach bestimmten Schlüsselwörtern möglichst weit oben auftaucht. Die Techniken ändern sich – es genügt zum Beispiel nicht mehr, die jeweiligen Schlüsselwörter möglichst oft im Text zu nennen – aber das Ziel bleibt das gleiche: höher zu »ranken« als andere Seiten zu ähnlichen Themen.

Zwischen Suchmaschinen und den Anbietern von Inhalten im Netz besteht also ein Wettlauf: Die Suchmaschinen verfeinern ihre Algorithmen immer weiter in die Richtung, dass für menschliche Leser*innen relevante Inhalte möglichst weit oben erscheinen – und Seitenanbieter finden immer neue Wege, um ihre kommerziellen Inhalte vor den Augen der Suchmaschinen möglichst relevant aussehen zu lassen.

Für Sie bedeutet das: Je mehr Geld Firmen mit einem bestimmten Thema (wie beispielsweise Cloud-Automatisierung) verdienen können, desto höher ist die Wahrscheinlichkeit, dass Sie bei Ihrer Recherche im Netz zunächst auf kommerziell motivierte Inhalte stoßen.

Gibt es überhaupt objektive Informationen?

Aber können kommerziell motivierte Inhalte nicht ebenso gut sein wie Inhalte von Menschen oder Organisationen, die keine finanziellen Interessen haben?

Auch der kleine Blogbetreiber muss keineswegs unparteiisch sein. Im Gegenteil: Viele Menschen nutzen ihr Blog als Möglichkeit, um ihre eigenen Meinungen endlich einmal in aller Ausführlichkeit zum Besten zu geben – und möglicherweise sogar auf ein interessiertes Publikum zu treffen, auch lange nachdem Freunde und Familie es leid geworden sind, über die Vor- und Nachteile des Lieblings-Smartphone-Herstellers belehrt zu werden.

Ein Vorteil großer Unternehmen kann die Datenbasis sein, die sie als Grundlage ihrer Entscheidungen und Veröffentlichungen nehmen: So hat ein großes Unternehmen sehr viel mehr Ressourcen, um eine ausführliche Marktstudie mit direkten Befragungen zahlreicher Teilnehmer durchzuführen als ein kleiner, unabhängiger freier Journalist.

Das Problem ist nur, dass profitorientierte Unternehmen sehr daran interessiert sind, nur solche Informationen nach außen zu tragen, die ihnen nützen – und sehr viel Zeit und Geld aufwenden, um über geschickte Kommunikation ihre Ziele zu erreichen. So viel, dass mit ziemlich hoher Wahrscheinlichkeit auch der Freizeitblogger auf die eine oder andere Weise von derartigem Content Marketing beeinflusst wird – oft ohne es zu wissen.

Unabhängigkeit und Objektivität ist also nicht etwas, das man als Autor*in automatisch mitbringt, wenn man nicht direkt finanziell mit der Industrie verbandelt ist. Im Gegenteil, es ist etwas, das man aktiv und unter Mühen herstellen muss – indem man nämlich die Beeinflussungsversuche durch Industrie und andere Parteien erkennt und auch bewusst seine eigenen Meinungen und Vorurteile hinterfragt.

Zugegeben: Die ganzen theoretischen Überlegungen bis hierhin helfen Ihnen nicht weiter, wenn es um eine konkrete Recherche geht. Für diese wollen Sie bestimmt wissen: Welcher Quelle kann ich überhaupt trauen?

Die schlechte Nachricht: keiner – außer Ihren eigenen Erfahrungen und Experimenten (manchmal).

Die gute Nachricht: Das ist aber auch nicht so schlimm.

Daten, Meinungen und stille Post

Ihre Chancen, ordentliche Recherchearbeit zu leisten, werden schon deutlich besser, wenn Sie folgende Faustregeln im Kopf behalten:

Objektive Informationen finden

Wenn Sie auf eine kostenlose Quelle stoßen, fragen Sie sich: Was verspricht sich der Autor oder die Herausgeberin davon, dass sie Ihnen diesen Text kostenlos zur Verfügung stellen?

Wenn Sie eine Quelle finden, in der die Autorin (ausdrücklich oder unterschwellig) ihre Meinung zum Ausdruck bringt, versuchen Sie zumindest, eine Quelle mit einer anderslautenden Meinung zu finden. (Sie müssen sie ja hinterher nicht verwenden.)

Wenn Sie eine Quelle finden, die weder über eigene Erfahrungen oder selbst erhobene Daten berichtet noch selbst Quellenangaben enthält, handelt es sich um einen reinen Meinungsartikel, aus dem Sie keine angeblichen Tatsachen verwenden sollten.

Als ungefähre Richtlinie kann man Quellen nach absteigender Objektivität und Zuverlässigkeit in folgende Reihenfolge bringen:

1. Studien von Universitäten und unabhängigen Forschungsinstituten.
2. Studien und Berichte von Nicht-Regierungsorganisationen und gemeinnützigen Organisationen.
3. Selbst recherchierte Artikel von Journalisten von Tages- und Wochenzeitungen sowie Zeitschriften.
4. Von der Industrie finanzierte Forschung, beispielsweise Marktanalysen.
5. Meinungsartikel von Journalisten oder freien Bloggern.
6. Quellen, die eindeutig dem Content Marketing (siehe oben) zuzuordnen sind.

Wikipedia – ja oder nein?

Wenn man im Netz nach einem Stichwort sucht, ist dessen Wikipedia-Eintrag oft einer der ersten Treffer. Aber sollte man Wikipedia überhaupt als Quelle verwenden?

Wikipedia lebt von der Schwarmintelligenz: Jeder kann Redakteurin oder Redakteur der Wikipedia werden (auch unter einem Pseudonym), und die Redakteure untereinander diskutieren oft hitzig über die Korrektheit und Objektivität einzelner Einträge. Jeder Leser kann diese Diskussionen mitverfolgen: einfach oben auf der Artikelseite auf den Tab Diskussion klicken (siehe Abbildung 3-4).

Während es also durchaus möglich ist, dass einzelne Personen Wikipedia-Einträge verfälschen, fällt das bei häufig betrachteten Artikeln schnell auf und wird von anderen korrigiert. Bei seltenen Stichwörtern kann es allerdings sein, dass sich niemand sonst genug für den Artikel interessiert, um ihn zu korrigieren. Daher kann man davon ausgehen, dass Wikipedia bei »Mainstream«-Stichwörtern zuverlässiger ist als bei Nischenbegriffen – bei Cloud Computing[7] also mehr als bei der LP »Only the Dead See the End of the War« einer irakischen Thrash-Metal-Band[8]. Hinzu kommt, dass die englischsprachige Wikipedia[9] mehr Nutzer hat als die deutschsprachige – es lohnt sich also immer, den deutschen Artikel auch einmal mit dem englischsprachigen zu vergleichen.

Da Tag und Nacht an der Wikipedia gearbeitet werden kann, können Sie sich nie sicher sein, dass der morgige Eintrag noch so aussehen wird wie der heutige. Gut recherchierte Artikel enthalten am Ende immer eine Liste mit Quellen, aus denen die Informationen im Wikipedia-Artikel stammen. Sie sind also besser damit beraten, diese Quellen für Ihren Artikel auszuwerten (auch die müssen natürlich nicht gut sein!), als den Wikipedia-Artikel selbst zu zitieren.

Um sich einen ersten Überblick über ein unbekanntes Thema zu verschaffen, ist Wikipedia oft eine gute Anlaufstelle. Vor allem die IT-Artikel leiden aber häufig darunter, dass technische Expert*innen ihre Detailverliebtheit schon vom ersten Absatz an ausleben[10] und ein Laie daher oft nach Lektüre des Artikels genauso schlau ist wie vorher.

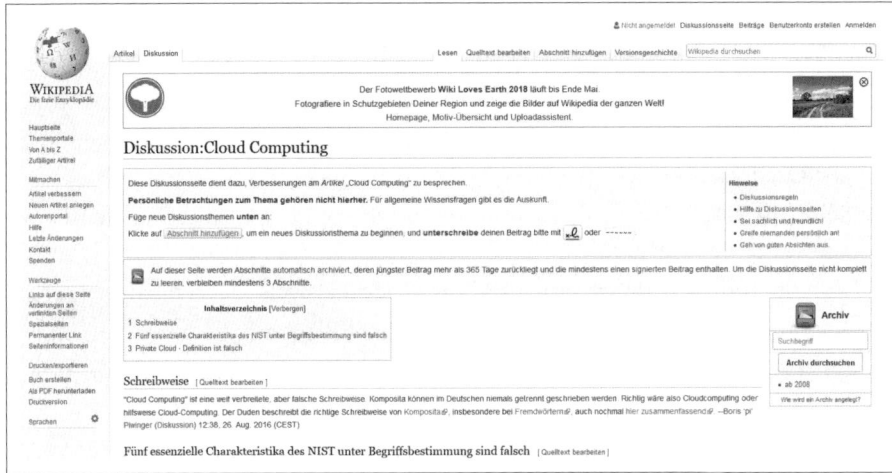

Abbildung 3-4: Tab Diskussion auf der Seite des Wikipedia-Artikels »Cloud Computing«

Dies ist aber tatsächlich nur ein grober Anhaltspunkt: So hat etwa kürzlich die Wirtschaftszeitschrift brand eins berichtet, dass mehrere scheinbar unabhängige Forschungsinstitute auf verschlungenen Wegen von Google oder dessen Mutterfirma Alphabet bezahlt worden sind und die dort angestellten Wissenschaftler in zahl-

---

7   *https://de.wikipedia.org/wiki/Cloud_Computing*

8   *https://de.wikipedia.org/wiki/Only_the_Dead_See_the_End_of_the_War*

9   *https://en.wikipedia.org*

10 Siehe auch unsere Wikipedia-Beispiele in Kapitel 5, »Ausdruck vor Eindruck: Verstanden statt gefürchtet werden«.

---

reichen Veröffentlichungen kritisiert haben, dass der EU-Datenschutz auch für Google gelten solle.[11]

Willkommen in der Filterblase?

Eine andere Art der Meinungsmanipulation, die man Google, Facebook und anderen Suchmaschinen und sozialen Netzwerken häufig nachsagt, ist die Schöpfung sogenannter *Filterblasen*. So bezeichnet man das Phänomen, dass dem einzelnen Nutzer in seinen Suchergebnissen oder Newsfeeds nur noch solche Informationen angezeigt werden, die seinen persönlichen Vorlieben entsprechen (die Google und Facebook natürlich kennen) – keine anderslautenden Meinungen mehr und keine Informationen, die nicht in sein Weltbild passen.

Der Begriff der Filterblase wurde 2011 vom Medienwissenschaftler Eli Pariser eingeführt. Seiner Meinung nach führen Filterblasen dazu, dass Grüppchen mit unterschiedlichen Meinungen im Netz voneinander isoliert würden und kein Kontakt zwischen Vertretern unterschiedlicher Meinungen mehr stattfände.

Mittlerweile wurden jedoch zahlreiche andere Stimmen laut, die einwenden, dass Pariser den Effekt von Filterblasen auf die Meinungsbildung im Netz wahrscheinlich überschätzt hat. So hat der deutsche Journalist Sebastian Meinecke 2017 in einer Studie herausgefunden,[12] dass die Ergebnisse von Internetsuchen, die aus verschiedenen Filterblasen heraus durchgeführt wurden, sich tatsächlich in fast allen Fällen nur minimal unterscheiden. Er weist darauf hin, dass beispielsweise die Bildung von politisch radikalen Gruppen auf Facebook kein technologisches Problem sei, das man durch »bessere« Algorithmen lösen könne, sondern nach wie vor ein gesellschaftliches.

Nichtsdestotrotz kann es aber sein, dass die Ergebnisse Ihrer Recherche im Netz davon mitgeprägt werden, von dem Google und Facebook annehmen, dass Sie es lesen möchten. Es schadet daher nicht, die Ergebnisse Ihrer Google-Suche im Netz einmal abzugleichen mit den Ergebnissen in Suchmaschinen, die mehr Respekt vor Ihrer Privatsphäre zeigen, wie beispielsweise DuckDuckGo[13] – oder ganz auf solche Suchmaschinen umzusteigen.

Mehr Tipps zur Privatsphäre im Netz geben wir in unserem 2015 erschienenen Buch »Gut gerüstet gegen Überwachung im Web« (Wiley-VCH).

Umgekehrt gibt es zahlreiche freie Blogger, die selbst sorgfältig und fundiert recherchieren und hohe Qualitätsansprüche an ihre Artikel stellen. Vor allem im Bereich der IT sind solche Blogger aber häufig auch beruflich in dem Gebiet aktiv,

---

11 Malcher, I. (2018) Google: Gute Beziehungen – brand eins online. Abgerufen am 24. Mai 2018 von *https://www.brandeins.de/magazine/brand-eins-wirtschaftsmagazin/2018/geduld/google-gute-beziehungen*

12 *https://media.ccc.de/v/34c3-9268-social_bots_fake_news_und_filterblasen*

13 *https://duckduckgo.com*

über das sie bloggen, und zeigen sich damit auch potenziellen Arbeit- oder Auftraggebern als Expert*in auf ihrem Gebiet – also wieder Content Marketing im weitesten Sinne.

Sie sehen: Es gibt bei der Beurteilung von Quellen kein Schwarz und Weiß, sondern nur viele Grautöne. Und hinzu kommt, dass Sie selbst ja auch nicht unbedingt investigativen Journalismus betreiben wollen oder können, sondern vielleicht ebenfalls in Ihrer Firma für das Content Marketing zuständig sind oder einfach Ihre Meinung zu aktuellen Technologien auf Ihrem privaten Blog loswerden wollen – also selbst auch nicht immer objektiv schreiben müssen oder wollen.

Das ist völlig legitim. Wir wollen Ihnen nur ermöglichen, dass Sie in diesen Fällen absichtlich subjektiv oder parteiisch sind – und nicht etwa aus Versehen!

Czeschik, Lindhorst (2018): die Quellenangabe

Sämtliche Quellen, die Sie bei der Arbeit an Ihrem Text recherchiert haben, sollten Sie nun auch mit Ihren Leserinnen und Lesern teilen.

Optimal wäre es, wenn die Leserin Ihres Blogartikels jede Angabe von Fakten und jede Schlussfolgerung anhand der Originalquellen nachvollziehen könnte. Aber diese Mühe möchte sich in der Regel weder Leser noch Autorin machen – es gilt, eine gute Balance zwischen zuverlässiger und detaillierter Quellenangabe auf der einen Seite und Lesbarkeit und Aufwand auf der anderen Seite zu finden.

Wie genau man Quellen so angibt, dass Leser sie wiederfinden können, daraus hat man im Umfeld von Universitäten und wissenschaftlichen Zeitschriften eine eigene Wissenschaft gemacht: Jedes Journal und jede Uni hat ihren eigenen Zitierstil, der sich – manchmal deutlich, manchmal nur in Details – von anderen unterscheidet.

Ordentliche Quellenangabe oder Pingeligkeit?
In der Geschichte der Wissenschaft sind bestimmt schon Millionen von Arbeitsstunden verschwendet worden, weil ein Doktorand damit beschäftigt war, die Punkte hinter der Abkürzung von Vornamen von Autoren in seinem Literaturverzeichnis zu entfernen, statt im Labor zu stehen und Experimente zu machen. Wenn es auf der ganzen Welt nur einen einheitlichen Zitierstil gäbe, dann hätten wir wahrscheinlich schon längst den Krebs besiegt und die Pille für den Mann erfunden.

Quellenangaben im akademischen Umfeld sind sogenannte bibliografische Angaben: Sie sind eigentlich dafür gemacht, Bücher, Buchkapitel, Dissertationen oder Artikel in wissenschaftlichen Zeitschriften eindeutig zu identifizieren und wiederzufinden. Erst vor einigen Jahren hat sich die Einsicht durchgesetzt, dass auch Onlinedokumente seriöse Quellen sein können, und so sind die meisten Zitierstile

---

dann auch um Richtlinien für Onlinequellen ergänzt worden. Hier werden neben Titel und Autoren auch die URL, das Veröffentlichungsdatum und der Zeitpunkt des letzten Zugriffs notiert – denn es kann ja sein, dass ein Artikel, der gestern noch online war, heute nicht mehr verfügbar ist.

Hier ein Beispiel:

> Bly, R. W. (1998). Avoid These Technical Writing Mistakes. *Chemical Engineering Progress.*
> Abgerufen am 24.05.2018 von *http://www.d.umn.edu/~dlong/writetips.pdf.*

Diese Referenz wurde beispielsweise nach der deutschen Version des Zitierstils der *American Psychological Association* (APA) formatiert und würde so im Literaturverzeichnis eines Manuskripts auftauchen. Im Fließtext zitiert man diese Quelle dann mit dem Hinweis (Bly, 1998).

Aber wenn Sie nicht für eine (wissenschaftliche oder andere) Zeitschrift schreiben, die darauf besteht, dass Ihre Quellenangaben eine ganz bestimmte Form aufweisen, haben Sie weitgehend freie Hand – nur einheitlich sollte es sein.

Bei Büchern gibt man in der Regel Autorin bzw. Autor, Titel, Erscheinungsjahr, eventuell auch noch Verlag und Erscheinungsort an, bei Zeitschriftenartikeln Autor*innen, Titel, Name der Zeitschrift, Ausgabe der Zeitschrift und Seitenzahl des Artikels (von … bis …). Bei Zeitungen genügt die Angabe des Zeitungsnamens und des Datums, eventuell noch der Seite oder des Zeitungsteils. Viele wissenschaftliche Publikationen haben mittlerweile auch einen sogenannten *Digital Object Identifier* (DOI): Das ist eine Zeichenkette, die durch einen Onlineservice der gemeinnützigen Organisation International DOI Foundation[14] eindeutig einer Publikation zugeordnet werden kann.

Ein DOI sieht beispielsweise so aus:

> *10.1109/5.771073*

Wenn Sie den Identifier über das Interface von *https://doi.org* abfragen, ergibt sich daraus folgende URL:

> *https://doi.org/10.1109/5.771073*

Über diese werden Sie direkt zur elektronischen Publikation weitergeleitet.

Außerhalb von wissenschaftlichen Publikationen reicht es im Netz in der Regel aus, wenn Sie die Quelle in Form einer URL angeben – etwa so:

> *https://www.reddit.com/r/technicalwriting/*

Wie bringt man die URL nun so im Text unter, dass sie möglichst wenig den Lesefluss stört?

---

14 *https://doi.org/*

Eine Art der Quellenangabe, die sich im Netz besonders anbietet, sind Hyperlinks: Sie verlinken in einem online stehenden Text einfach einen Satz oder den Teil eines Satzes mit dem relevanten Onlinedokument.

Nachteil: Wenn der Text gedruckt wird (auch das soll heutzutage noch gelegentlich vorkommen), gehen diese Angaben verloren. Außerdem können Sie so nicht auf Dokumente verweisen, die es nur offline gibt (z.B. Bücher, die nicht digitalisiert sind).

Andere Möglichkeiten:

- Fußnoten[15].
- Endnoten: wie Fußnoten, allerdings werden die URLs erst am Ende des Texts, nicht am Ende der Seite aufgeführt.
- In Klammern im Text: (*https://www.reddit.com/r/technicalwriting*).
- Als einfache URL-Sammlung am Ende des Texts unter der Überschrift »Literatur«, »Weitere Informationen« o.Ä. Das macht Ihnen das Leben etwas einfacher, dem Leser aber schwerer, da nicht mehr ersichtlich ist, welche der Quellen nun für welche Stelle des Texts relevant ist.

Wenn Sie mit vielen Quellen (online oder offline) arbeiten oder häufig Quellen in verschiedenen Texten wiederverwenden, lohnt es sich, sich in ein Literaturverwaltungsprogramm einzuarbeiten. Empfehlenswert ist etwa das quelloffene Zotero[16]. Die meisten Literaturverwaltungsprogramme helfen Ihnen nicht nur beim Formatieren von Verweisen und Literaturverzeichnissen, sondern ermöglichen es auch, die Metadaten[17] eines Dokuments aus dem Browser mit einem Klick direkt in die Literaturdatenbank zu übernehmen. Am liebsten sind den Programmen allerdings DOIs (siehe oben in diesem Abschnitt) und andere eindeutige Identifikatoren, wie sie in der wissenschaftlichen Literatur verwendet werden.

Don't be evil: Plagiate vermeiden

Schließlich, auch wenn Sie »nur« einen Blogartikel und keine Masterarbeit verfassen: Wann immer Sie Textstellen von anderen unverändert oder nur leicht verändert übernehmen, müssen Sie die Quelle angeben – fairerweise auch dann, wenn Sie zwar umformuliert, aber trotzdem wichtige Gedanken aus der Quelle übernommen haben.

---

15 Sie wissen schon.

16 *https://www.zotero.org/*

17 Alle Informationen, die benötigt werden, um das Dokument eindeutig zu identifizieren und wiederzufinden: also Titel, Autor, Erscheinungsjahr, Seite …

Alles andere ist nicht nur unfein dem Urheber gegenüber – und oft illegal –, sondern führt unter Umständen auch dazu, dass Ihr Text in Suchmaschinen schlechter platziert wird.[18]

Wenn Sie dagegen die Quelle ehrlich angeben, entwickelt sich im Netz vielleicht auch ein interessanter Austausch mit der ursprünglichen Autorin. So werden beispielsweise Betreiber von Blogs oft automatisch darüber informiert, wenn ein anderes Blog auf einen ihrer Artikel verlinkt.[19]

Zusammenfassung

Seit es das Internet gibt, ist es kein Problem mehr, Informationen zu finden – die Frage ist vielmehr, welche davon man besser ignorieren sollte, weil sie unzuverlässig sind oder ihre Urheber einen eigenen Zweck verfolgen. Bei der Recherche für einen Text sollten Sie sich ein möglichst umfassendes Bild machen und verschiedene Meinungen zu einem Thema kennen – auch wenn Ihr Text hinterher gar nicht unbedingt objektiv werden soll.

Wenn Sie sich die Mühe gemacht haben, Quellen zu recherchieren, sollten Sie sie auch mit Ihren Leserinnen und Lesern teilen – je mehr Sie aus diesen Quellen übernommen haben, desto wichtiger ist das!

Ran an die Tastatur: Übungen

- Versuchen Sie, mittels einer Internetrecherche herauszufinden, welche Vor- und Nachteile die Blockchain-Technologie als Datenbank hat. Versuchen Sie, zwei Extrembeispiele zu finden: einen Artikel, der den Standpunkt vertritt, dass in Zukunft jedes Unternehmen mit einer Blockchain arbeiten wird, und einen, der die Blockchain-Technologie als überflüssigen Hype betrachtet.
- Geben die beiden Artikel, die Sie gefunden haben, Quellen an? Wenn ja, in welcher Form?
- Prüfen Sie das Impressum der Seiten, auf denen Sie diese Artikel gefunden haben.
  - Wird die jeweilige Seite von einem Unternehmen betrieben?
  - Von einer Privatperson?
  - Wenn es ein Unternehmen ist: Womit verdient es sein Geld? Mit Berichterstattung (bzw. der Einblendung von Werbung in seine Artikel) oder dem Verkauf von Produkten oder Dienstleistungen?

---

18 Dies wird als »Duplicate Content« bezeichnet.
19 Das heißt dann »Pingback«.

- Rufen Sie den Wikipedia-Eintrag zu »Proprietäre Software«[20] auf.
  - Scrollen Sie nach unten zum Abschnitt »Einzelnachweise« und klicken Sie einige dieser Quellen an. Macht die Quelle einen zuverlässigen, unabhängigen Eindruck?
  - Scrollen Sie zurück nach oben und wechseln Sie in den Tab »Diskussion«. Lesen Sie die komplette Diskussionsseite.
  - Jetzt haben Sie sich eine Pause verdient.

---

20 https://de.wikipedia.org/wiki/Diskussion:Propriet%C3%A4re_Software

KAPITEL 4

GOTO considered harmful: Texte klar strukturieren

Mission Control: Was soll mein Text erreichen?

Wieso schreiben Sie überhaupt? Diese Frage stellt sich eigentlich noch vor den Fragen, mit denen sich die beiden vorangegangenen Kapiteln befasst haben: Wer Ihre Leserschaft ist und wie Sie zu Ihrem Thema recherchieren. Sicher hatten Sie sogar schon vor dem Kauf dieses Buchs eine zumindest vage Vorstellung davon, warum Sie schreiben möchten – mit anderen Worten: was Ihre Texte erreichen sollen.

Texte, die Sie noch aus Schule und Uni kennen, hatten vor allem ein Ziel: zu informieren. Wie funktioniert die Fotosynthese? Wie bilde ich die Vergangenheit von regelmäßigen Verben im Französischen?

Spätestens wenn Sie im Beruf stehen, kommt noch ein zweites Ziel hinzu: Ihren Leser und Ihre Leserin zu überzeugen.[1] So schreiben Sie vielleicht Texte, um die Besucherin Ihrer Website dazu zu bringen, Kundin zu werden – oder um Ihre Kollegen davon zu überzeugen, das Meeting nicht für Freitag, 18 Uhr, anzusetzen.

Ob der Schwerpunkt eines Textes auf dem Informieren oder dem Überzeugen liegt, wechselt abhängig von Text, Leserschaft und Autor. Meist ist eine Mischung von beidem gefragt. Jeder Text befindet sich also an einem bestimmten Punkt in diesem Spektrum (siehe Abbildung 4-1).

Das Schema ist natürlich grob verallgemeinernd: So kann eine Präsentation allein den Zweck verfolgen, die Zuhörer zu informieren – oder auch nur zu überzeugen, wie es bei einer politischen Rede der Fall ist. Letztere ist ja im Prinzip auch eine Präsentation, nur dass bei einer politischen Rede eher selten PowerPoint zum Einsatz kommt und eine Präsentation über die Vor- und Nachteile von MongoDB mit hoher Wahrscheinlichkeit nicht in einem Bierzelt stattfindet.

---

1 Viele verfassen diese Art von Texten aber auch schon in der Schule. »Willst du mit mir gehen? Kreuz bitte JA oder NEIN an.«

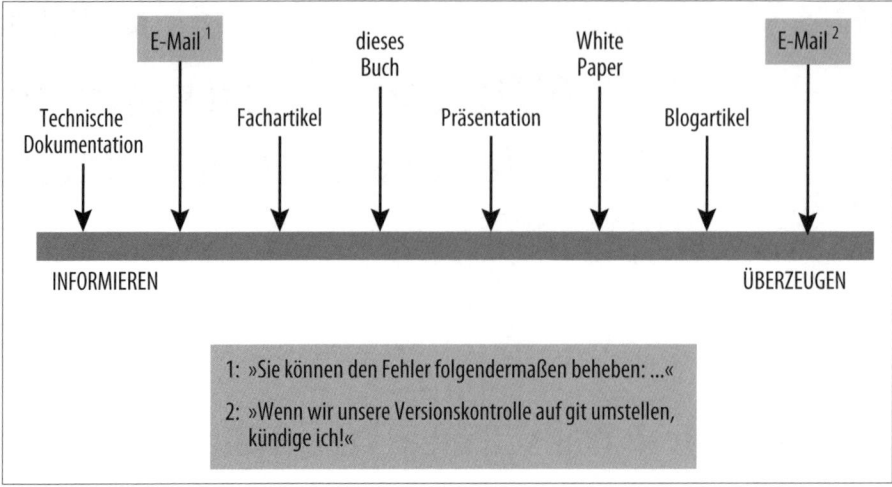

Abbildung 4-1: Texte sollen zu verschiedenen Anteilen informieren und/oder überzeugen.

Zurück zum Thema: Ist das wirklich alles? Informieren und überzeugen? Dann würde wahrscheinlich kaum jemand Texte über Computerthemen zum Spaß lesen, und Magazine wie WIRED[2] und TheVerge[3] müssten sich nach einem neuen Geschäftsmodell umschauen.

Wenn Sie die Wirklichkeit von Texten noch besser abbilden wollen, können Sie ein Drittes hinzunehmen: *Unterhalten.* Damit ergeben sich dann drei Pole, zwischen denen Ihr Text sich bewegen kann (siehe Abbildung 4-2).

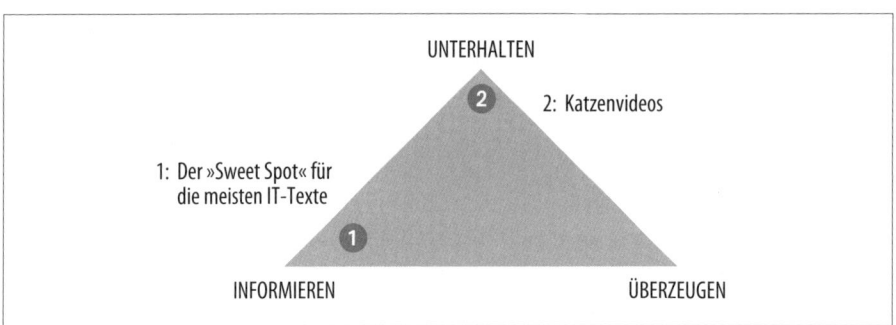

Abbildung 4-2: Wenn ein Text nicht nur informiert und/oder überzeugt, sondern außerdem noch unterhaltsam ist: umso besser. Der Schwerpunkt wird bei den meisten IT-Texten aber auf der Information liegen.

An diesen drei Zielen haben sich schon die Redner im antiken Rom orientiert. Wie der Rhetoriklehrer Quintilian[4] sagte:[5]

---

2 *https://www.wired.de*
3 *http://www.theverge.com*

»Drei Dinge sind es, die der Redner leisten muss:
Lehren – Antreiben – Erfreuen.«

Je nachdem, welche(s) der genannten Ziele in Ihrem Text im Vordergrund steht, können Sie beim Schreiben ein wenig vom Standardaufbau abweichen.

Aber wie sieht dieser Standardaufbau aus? Gibt es überhaupt einen?

Ein sinnvoller Aufbau eines Textes hängt nicht zuletzt von der Textform ab, die Sie gewählt haben. Daher schauen wir uns in Kapitel 9, »Press Any Key: Was möchten Sie schreiben? – E-Mail, Artikel, Buch & Co.«, die Textformen noch ausführlicher an. Hier haben wir aber versucht, Ihnen einen Überblick über den Aufbau eines Textes zu geben, der sich möglichst gut auf verschiedene Textformen verallgemeinern lässt.

Objektorientiertes Schreiben: die Bausteine

Ein Text ist kein Monolith wie Obelix' Hinkelstein, sondern eher wie Obelix selber, wenn man ihn als lebenden Gallier betrachtet und nicht als zweidimensionale Comicfigur: ein Organismus, in dem sich kleine Untereinheiten (Moleküle) zu größeren Untereinheiten (Zellen und schließlich Organe und Körperteile) zusammenfügen.

Die kleinsten Einheiten des Textes sind natürlich der Buchstabe und darauf aufbauend das Wort. Dann kommen:

- der Satz und
- der Absatz.

Im Fall von längeren Texten, wie etwa einem Buch, darüber hinaus auch noch:

- das Unterkapitel und
- das Kapitel.

Texte, die allein mit diesen Komponenten auskommen, sind aber selten – siehe das Buch, das Sie gerade in den Händen halten. Hinzu kommen oft noch einige der folgenden nützlichen Elemente:

- Überschriften und Zwischenüberschriften
- Infokästen
- Exkurse
- Listen
- Bildunterschriften
- Tabellenüberschriften

---

4 Besser bekannt für den Ausspruch »Kleider machen Leute«. Schade, dass es im alten Rom noch kein Twitter gab – Quintilian wäre gut zu retweeten gewesen.

5 Zitiert nach Wolfgang Mentzel, »Rhetorik: sicher und erfolgreich sprechen«, 2000.

Alle diese Elemente werden wir in diesem Unterkapitel anschauen und, je nach Wichtigkeit, kurz oder auch ausführlicher besprechen.

Satz

Wie man einen guten Satz aufbaut, hängt eng mit der Satzlänge und der Verwendung von Satzzeichen zusammen. Auf diese Themen gehen wir in Kapitel 5 im Abschnitt »Besser parsen: Satzlänge und Satzzeichen« näher ein.

Absatz

Der Absatz ist der wahrscheinlich wichtigste Baustein eines Textes, denn jeder Text ist aus Absätzen aufgebaut (es sei denn, Sie schreiben Haiku[6]).

Ein Absatz ist optisch dadurch hervorgehoben, dass er durch einen Absatzabstand (etwas weniger als eine Leerzeile) vom vorhergehenden Absatz getrennt wird oder dass der Beginn etwas nach rechts eingerückt ist.

Im englischsprachigen Raum wird ein streng definierter Aufbau für einen Absatz gelehrt:

Ein gelungener Absatz folgt stets einem bestimmten Aufbau. Er beginnt mit einem Themensatz (*Topic Sentence*), der die Hauptaussage des Absatzes vorwegnimmt. Es folgen dann mehrere Sätze, die logisch aufeinander aufbauend das Thema des Absatzes näher erläutern, Details beschreiben, Beispiele zitieren, Ursache und Wirkung analysieren und Ähnliches. Schließlich folgt ein Schlusssatz, in dem der Absatz noch einmal kurz zusammengefasst und eine Überleitung zum nächsten Absatz geschaffen wird. Mit diesem Aufbau wird sichergestellt, dass ein Absatz übersichtlich strukturiert ist und die Leserin das Thema des Absatzes nicht aus den Augen verliert.

(Der vorhergehende Absatz war selbst ein Beispiel für diesen Aufbau. Jetzt bitte wieder aufwachen, es geht weiter.)

Auch im deutschsprachigen Raum wird, vor allem im Bereich des akademischen Schreibens, diese Art des Aufbaus manchmal empfohlen. Er ist tatsächlich gut geeignet, wenn das Ziel eines Textes die reine Informationsvermittlung ist. Innerhalb eines Absatzes kann nach diesem Schema aber keine Spannung aufgebaut werden – im Gegenteil. Die Absätze werden maximal überraschungsfrei gestaltet, wie Sie an obigem Beispiel gesehen haben.

Oft reicht die Faustregel: ein Absatz, ein Aspekt des Themas, mit dem sich der Text befasst. Wenn ein neuer Aspekt behandelt wird, fängt auch ein neuer Absatz an. Und jeder einzelne Gedanke wird in einen separaten Satz gepackt – darauf

---

6 Mit zartem Säuseln, zieht sie vorbei, die Deadline.
Da, horch! Ein Kuckuck.

---

gehen wir später im Buch noch einmal ein. Das heißt auch: Ein Absatz darf gelegentlich auch nur einen Satz lang sein. Der Satz muss nicht einmal vollständig sein.

Doch, ehrlich.

Kapitel und Unterkapitel

Kapitel haben im Text selbst zwei Funktionen:

- Die Untergliederung eines langen Textes in mehrere abgeschlossene Einheiten macht ihn weniger einschüchternd für den Leser als ein Hunderte von Seiten langer Fließtext.[7]
- Die Überschrift hilft der Leserin, sich geistig auf den Inhalt des kommenden Textes einzustellen, und trägt damit zu einer schlüssigen und gedächtnisfreundlichen Struktur bei.

Kapitelüberschriften haben aber noch an anderer Stelle als im Kapitel selbst eine wichtige Funktion, nämlich im Inhaltsverzeichnis. Daher sollten sie das sein, was man oft als »sprechend« bezeichnet: Sie sollten den Inhalt des Kapitels möglichst genau ankündigen oder sogar zusammenfassen. So vermitteln sie einerseits eine Vorstellung vom Inhalt, auch wenn man das Buch noch nicht gelesen hat; andererseits ermöglichen sie es, eine Stelle wiederzufinden, die man nur noch vage im Gedächtnis hat.[8]

Je nach Länge Ihrer Kapitel kann es sinnvoll sein, das einzelne Kapitel weiter zu unterteilen – etwa in Unterkapitel der zweiten oder dritten Ebene. Das Unterkapitel der zweiten Ebene verhält sich dabei zum Kapitel wie das Kapitel zum Buch: Es stellt eine möglichst abgeschlossene Einheit dar, und aus mehreren davon ist die übergeordnete Einheit zusammengesetzt.

So haben wir hier im Buch drei Kapitelebenen verwendet, um sicherzustellen, dass Sie die für Sie interessanten Passagen schnell und unkompliziert wiederfinden können.

Je nach Vorliebe können Sie Ihre Kapitel und Unterkapitel auch durchnummerieren – wie, das zeigen wir im Kapitel »Prokrastination 101: (Un)produktiv sein« im Abschnitt »Outline oder Gliederung«.

Auch in Zeiten von E-Book-Reader und Volltextsuche ist das nützlich: Denn oft wissen Sie ja nicht mehr, wie eine Stelle, die Sie suchen, wörtlich formuliert war, und suchen dann womöglich nach einem Synonym, das an der Stelle gar nicht im Text vorkommt (wie etwa »Textprozessor« statt »Textverarbeitung« oder »soziales Medium« statt »sozialem Netzwerk«).

---

7 Für die Autoren übrigens auch.

8 »Es war irgendwas mit ALF und nackten Leuten, die winken.« – Finden Sie die Stelle wieder?

Überschrift und Zwischenüberschrift

In einem Artikel dienen Überschriften und Zwischenüberschriften, ähnlich wie Kapitel und Unterkapitel im Buch, dazu, den Inhalt schlüssig zu gliedern, sodass die Leserin sich gut im Text orientieren kann und der Inhalt besser im Gedächtnis bleibt.

Überschriften, die Leser lieben

Hier gilt das Gleiche wie für Kapitelüberschriften: Sie sollten »sprechend« sein, also Hinweise auf den Inhalt geben und diesen entweder zusammenfassen, zitieren oder auf ihn neugierig machen.

Gerade in Texten für das Web muss aber der Text zwischen zwei Überschriften nicht unbedingt eine abgeschlossene Einheit wie ein Kapitel darstellen:

Zwischenüberschriften: »Man kann nie zu viele haben«, behaupten diese beiden Fachbuchautoren[9].

Noch stärker als Kapitelüberschriften dienen die Überschriften hier nämlich dazu, die Aufmerksamkeit des Lesers zu fesseln, und werden aus diesem Grund großzügig eingestreut – gern auch mal dann, wenn ein Gedankengang noch gar nicht abgeschlossen ist.

Welche Wörter sollte ich in Überschriften verwenden?

Hinzu kommt für Webtexte, dass Suchmaschinen Überschriften, die im HTML-Code als solche ausgezeichnet sind (also mit <h1>, <h2> etc.), stärker gewichten als normalen Text. Wenn Sie also möchten, dass Ihr Artikel bei einer Suchmaschinensuche mit einer bestimmten Formulierung auftaucht, verwenden Sie diese am besten auch in einer der Überschriften.

Infokasten und Exkurs

Wenn Sie über IT-Themen schreiben, finden Sie sich häufig in einer der folgenden beiden Situationen wieder:

- Sie wissen nicht genau, ob Ihre Leser mit einem bestimmten Begriff schon vertraut sind.
- Sie finden, dass bestimmte Hintergrundinfos für Ihre Leserinnen interessant sein könnten, sind sich aber nicht sicher, ob diese das auch so sehen – und für das Verständnis des Haupttextes sind diese Infos nicht unbedingt notwendig.

In diesen Fällen kann Ihnen bzw. Ihren Leserinnen geholfen werden: mit Infokästen oder Exkursen, die grafisch vom Rest des Textes abgesetzt sind und als eigen-

---

9 Aber nicht wir.

---

ständige kleine Texte gelesen werden können, unabhängig vom Zusammenhang des Haupttextes.

Was ist ein Infokasten?

In einem Infokasten erklären Sie einen Fachbegriff und geben weitere Hintergrundinformationen. Er ist auf den ersten Blick als solcher erkennbar, sodass Leserinnen, die mit dem Begriff schon vertraut sind oder sich nicht für die Information interessieren, ihn ignorieren und einfach den Haupttext weiterlesen können.

Nützlich ist es für Ihre Leser auch, wenn Sie im Infokasten Quellen angeben, bei denen sie sich weiter informieren können. Eine interessante Übersicht zu den Funktionen des Infokastens finden Sie beispielsweise unter *https://www.themenmacher.de/text-content/infokasten-kleine-box-grosse-pr-wirkung/*.

Übrigens: Je mehr Sie sich für das Thema Ihres Textes begeistern und je länger Ihr Text ist, desto mehr helfen Ihnen Exkurse (oder Einschübe). Sie werden nämlich unweigerlich beim Recherchieren und Schreiben auf viele Sachverhalte stoßen, die Ihnen enorm spannend erscheinen und die Sie Ihren Lesern daher keinesfalls vorenthalten wollen – die aber mit dem eigentlichen Thema nur noch am Rande zu tun haben. All diese tollen kleinen Fundstücke können Sie in Exkurse packen. Allerdings werden Sie vermutlich einen Testleser brauchen, der Sie gelegentlich sanft darauf hinweist, dass eine bestimmte Abschweifung doch besser in einen Exkurs als in den Haupttext gehört.

Exkurs: Abnerden

Die Tätigkeit, der eine Autorin oder ein Autor in einem Exkurs nachgeht, wird umgangssprachlich auch als »abnerden« bezeichnet. Diese besteht darin, dass ein Begriff oder Thema so gründlich aufgearbeitet wird, dass Details zutage gefördert und ausgiebig diskutiert werden, für die sich im Durchschnitt maximal drei Menschen pro Bundesland interessieren.

Da es wahrscheinlicher ist, einen dieser drei Menschen unter den Lesern eines Textes anzutreffen, der zumindest am Rande mit dem Thema zu tun hat, als unter zufällig ausgewählten Passanten in der Fußgängerzone, Mitreisenden im ICE oder Anwesenden auf einer Studentenparty, gilt das schriftliche Abnerden als dessen sozialverträglichste Form.

Das Abnerden im direkten menschlichen Kontakt kann dagegen bei unzureichender Selektivität in der Wahl des Gegenübers menschliche Beziehungen stark strapazieren und zu einem hartnäckigen Vermeidungsverhalten seitens der sozialen Kontakte des Abnerders oder der Abnerderin führen.

Hinweise

Vor allem in Sach- und Fachbüchern mit praktischen Anleitungen ist ein weiteres Element sehr nützlich (und hat wahrscheinlich schon so manchem das Leben, den Tag oder zumindest die Selbstachtung gerettet): der Hinweis.

Hierbei handelt es sich um sehr kurze Textabschnitte, meist nur ein bis drei Sätze, die so wichtig sind, dass sie grafisch abgesetzt werden, um besonders im Gedächtnis haften zu bleiben.

Noch einprägsamer wird ein Hinweis, wenn Sie auch erwähnen, was im Fall der Nichtbeachtung blüht.

Schreiben Sie eine praktische Anleitung?
Dann vergessen Sie nicht, Ihre Leser mit Hinweisen auf häufige Fehlerquellen oder nützliche Tricks hinzuweisen!

Sonst werden Sie mit bösen Leserzuschriften überschüttet und beim Metzger nicht mehr gegrüßt.

Bildunterschriften und Tabellenüberschriften

Bildunterschriften und Tabellenüberschriften werden auch als Legenden bezeichnet[10] und erklären das, was in Abbildung oder Tabelle zu sehen ist. Sie sollten also alles enthalten, was notwendig ist, um das Bild oder die Tabelle zu verstehen.

Abbildung 4-3: Der Gelbwangenkakadu (Cacatua sulphurea) ist auf wenigen Inseln in Südostasien beheimatet. Er kann die menschliche Stimme nachahmen, lebt in monogamen Pärchen und frisst Früchte, Blüten, Samen, Nüsse, Knospen, Gartenmöbel und Stromkabel.

---

10 Haben aber in der Regel wenig mit Barbarossa, der Heiligen Elisabeth oder Chemtrails zu tun – das Wort »Legende« hat sich vielmehr aus dem lateinischen Begriff für »das, was zu lesen ist« entwickelt. Neben der Bildunterschrift kann das Wort »Legende« auch eine Erklärung von Symbolen etc. bezeichnen, die sich *innerhalb* der Abbildung befindet.

Wichtig: Die Leserinnen, die Ihren Text nur überfliegen – also beispielsweise nur Überschriften und Zwischenüberschriften lesen –, werden oft auch an den Legenden hängen bleiben. Das heißt, sie bilden sich eine Meinung über Ihren Text nur anhand der Überschriften und Legenden.

Legenden sollten daher für sich allein stehen können, also verständlich sein, ohne dass die Leserin den Fließtext gelesen hat. Eine Abbildung nur im Fließtext zu erklären, ist kein Ersatz für eine gute Bildunterschrift, denn viele eilige Leser werden eine Erklärung im Fließtext gar nicht zur Kenntnis nehmen. Und im besten Fall weckt die Legende auch noch Neugier auf den Rest des Textes.

Je nach Stil und Layout können Bildunterschriften übrigens über dem Bild stehen und Tabellenüberschriften unter der Tabelle. Am gebräuchlichsten sind jedoch tatsächlich Bildunter- und Tabellenüberschriften.

Einleitung, Hauptteil, Schluss: Mut zur Unoriginalität

Was man aus traditionellen Romanen und Kinofilmen kennt, gilt auch für informierende Sachtexte: Der Text fängt nicht irgendwo an und bricht irgendwo ab, sondern hat einen geordneten Aufbau aus Einleitung, Hauptteil und Schluss. Jeder dieser Teile hat einen bestimmten Zweck:

Einleitung

Die **Einleitung** »holt den Leser ab«, erklärt Fachbegriffe und andere Voraussetzungen für das Verständnis des Textes und sorgt somit dafür, dass alle Leser ungefähr mit dem gleichen Kenntnisstand in den Text starten.

Sie soll aber auch Interesse wecken und eine kurze Vorschau auf das Kommende liefern. Keiner von uns hat Zeit, Langweiliges oder Irrelevantes zu lesen, daher fragt sich der Leser: »Warum soll ich mich damit beschäftigen? Werde ich etwas Nützliches lernen? Wird der Text mich gut unterhalten?«

Die Einleitung liefert die Antworten auf diese Fragen (und als Autorin sollten Sie hierzu besser etwas Substanzielleres zu sagen haben als »Weiß nicht«, »Nein« und »Nein«).

Da kein Teil eines Textes so wichtig ist, um Leserinnen zu gewinnen und zu halten wie die Einleitung,[11] haben sich hier insbesondere im Journalismus einige Standardformen herausgebildet, die besonders gut funktionieren.

---

11 Das gilt auch für Bücher – denn wie Mickey Spillane, der Schöpfer des Krimihelden Mike Hammer, schon wusste: »Die erste Seite des Buchs verkauft das Buch, die letzte Seite verkauft das nächste Buch.« (*https://en.wikiquote.org/wiki/Mickey_Spillane*)

Einstieg mit einer Frage

Wie schreibe ich eine gute Einleitung? Um diese Frage zu beantworten, haben wir unter anderem auf die langjährige Erfahrung des Journalisten Alexander Florin[12] zurückgegriffen.

Dieser findet: Fragen, die sich mit »Ja« oder »Nein« beantworten lassen, sind schlechte Einstiege in einen Text, da es für die Leserin wenig interessant ist, auf sie eine lang ausformulierte Antwort zu erhalten. Gut seien dagegen offene Fragen wie die am Anfang dieses Abschnitts.

Eine Frage an den Anfang eines Textes zu stellen, macht es außerdem einfacher, einen runden Abschluss zu schaffen: Man kommt einfach noch einmal zur ursprünglich gestellten Frage zurück und beantwortet sie – oder erklärt, warum sie nicht zu beantworten ist.

Somit haben wir schon einmal eine Möglichkeit identifiziert, um in einen Text einzusteigen – um die Frage vollständig zu beantworten, müssen wir aber noch andere Möglichkeiten betrachten.

Erzählerischer Einstieg

Es war ein regnerischer Montagmorgen im Ruhrgebiet, als Bloggerin Frieda leicht übermüdet nach einem langen, aber produktiven Schreibabend in die Dusche stieg und beim Rasieren ihres rechten Unterschenkels das Gleichgewicht verlor. Als sie aus der Dusche fiel und mit dem Kopf auf die Fliesen stürzte, verlor sie sofort das Bewusstsein und wurde kam erst eine unbestimmte Zeit später durch das Geräusch der Türklingel wieder zu sich. Die Tür öffnete sie nicht, dazu schmerzte ihr Kopf zu sehr. Stattdessen begab sie sich in die örtliche Notaufnahme, sobald sie aufgehört hatte, ihre Umgebung doppelt zu sehen.

Nach einem fünftägigen Krankenhausaufenthalt wurde sie schließlich wieder nach Hause entlassen, setzte sich vor den Computer und hatte das erste Mal in ihrem Leben – eine Schreibblockade. Sie wusste einfach nicht mehr, wie sie einen Text anfangen sollte. Glücklicherweise hatte sie ein Buch im Schrank stehen, in dem ein paar gängige Arten, in einen Text einzusteigen, aufgelistet waren.

Szenischer Einstieg

Es riecht nach Kaffee, Schweiß und Tränen an diesem Nachmittag im Coworking-Space. Die Tür zum Workshop-Raum lässt sich nicht mehr vollständig öffnen, weil zusammengeknüllte Blätter nicht nur den Papierkorb bis zum Überquellen füllen, sondern sich auch über den angrenzenden Fußboden verteilt haben. Niemand weiß so recht, warum hier überhaupt Papier liegt – jeder der Anwesenden hat eigentlich einen Laptop vor der Nase, in den er seine Textanfänge eintippen soll.

---

12 *http://www.axin.de/Textanf%C3%A4nge*

Plötzlich ein Klirren und wütendes Hupen unten auf der Straße. Jemand hat seinen Laptop durch das geschlossene Fenster geworfen. Die Zugluft durch das Loch in der Scheibe bläht die Vorhänge auf. Irgendwo gurrt eine Taube.

»Intensiv-Workshop Textanfänge« – so steht es auf dem Ankündigungsplakat am Eingang. Jemand hat unter dem »W« seine Zigarette ausgedrückt.

Einstieg mit einer These

Wäre das Römische Reich nicht untergegangen, hätten wir nicht nur alle Fußbodenheizungen – wir würden auch viel bessere Textanfänge schreiben.

Denn die Redner, Politiker und Anwälte des alten Roms haben sich damals schon Gedanken darüber gemacht, wie man am besten in eine politische Rede einsteigt. Wenn das damalige Wissen bis heute durchgehend weitergegeben, verfeinert und angewandt worden wäre, hätten wir bis heute schon todsichere Methoden entwickelt, wie man durch geeignete Textanfänge Internettrolle zur Vernunft bringt, Schüler für die Geografie der sibirischen Steppe begeistert und Leserinnen, die in der Buchhandlung durch die ersten Seiten eines Buchs blättern, auf magische Weise dazu veranlasst, sich mit dem Buch zur Kasse zu begeben.

Hauptteil

Im **Hauptteil** sagen Sie dann, was Sie sagen wollen, und zwar in möglichst logischer und übersichtlicher Abfolge.

So könnten Sie in einem Tutorial zum Beispiel eine Ordnung von »einfach« hin zu »schwierig« wählen oder eine chronologische Ordnung: Welche Schritte muss die Leserin der Reihe nach gehen, um ein bestimmtes Ziel zu erreichen?

Sie können aus folgenden Möglichkeiten wählen, um Ihren Text zu strukturieren:[13]

- **Hierarchische Struktur**: von »wichtig« hin zu »unwichtig«.
- **Didaktische Struktur**: von »einfach« hin zu »schwierig«.
- **Chronologische Struktur**: von »zuerst« hin zu »später«.
- **Sachlogische Struktur**: von der Ursache zur Folge, vom Ziel hin zu den Mitteln, mit denen es erreicht wird, oder eine Abfolge von einzelnen Modulen, die besprochen werden.
- **Argumentative Struktur**: von Argumenten (mit Beispielen) bis hin zur Schlussfolgerung – oder umgekehrt.

Wenn Sie davon ausgehen, dass Ihre Leserinnen vielleicht nicht die Zeit oder Geduld haben, Ihren Text zu Ende zu lesen, Sie aber trotzdem einige Informationen unbedingt vermitteln wollen, dann ist die **hierarchische** Struktur die richtige: etwa für Pressemitteilungen, bei denen man jederzeit damit rechnen muss, dass sie bei der Veröffentlichung unten abgeschnitten werden. Das, was der Leser auf

---

13 Mehr dazu unter *http://www.schreibberater.info/schreib-tipps-tools/schreibprozess/text-strukturieren*.

jeden Fall zur Kenntnis nehmen soll, kommt ganz an den Anfang des Textes, Details werden später nachgereicht. (Dies ist übrigens auch eine gute Gliederung für längere E-Mails an Kollegen, von denen man weiß, dass sie lesefaul sind.)

Sie können auch zwei der oben genannten Gliederungsformen verknüpfen. Ein Beispiel für die Kombination aus **didaktischer** und **sachlogischer** Struktur aus dem WordPress-Handbuch der Elbnetz GmbH[14] (die Ziffern stehen hier für die Kapitel):

1. Erster Schritt: Eine WordPress-Website oder einen Blog anlegen
2. Mit dem Dashboard vertraut machen: Das Redaktionssystem der Website kennenlernen
3. Das Ziel bestimmen: Thema und Inhalt der Website planen
4. Individuelles Layout: Das Webdesign auswählen
5. Texte schreiben: Artikel und Seiten verfassen und bearbeiten
6. Benutzer führen: Inhalt und Navigation organisieren und optimieren
7. Gefunden werden: Ihren Webauftritt für Suchmaschinen optimieren
8. Inhalte optimieren: Bilder und Galerien einfügen, Videos & Co. einbinden
9. Sich verbinden: Die Website mit Facebook, Twitter & Co. verknüpfen

Und in einem Artikel über eine Technologie bietet es sich an, die Features nacheinander zu besprechen – auch dies eine **sachlogische** Struktur. Hierzu ein Beispiel aus dem Artikel »Ein liebenswerter Freak« – einer Rezension des Smartphones BlackBerry Priv[15] vom österreichischen Technologieportal futurezone[16]. Dieser spricht nach und nach die folgenden Eigenschaften des Handys durch:

- Äußere Erscheinung und Gehäuse
- Gewicht
- Hardware-Tastatur
- Touchscreen und Wischgesten
- Display und Sound
- Software
- Leistung und Akku
- Kamera

Die **chronologische** Struktur klingt einfach, hat aber genau deshalb ihre Tücken: Dies ist die ursprünglichste aller Strukturen, die wir schon seit Tausenden von Jahren beim Geschichtenerzählen verwenden (siehe dazu auch das Kapitel 6, »Erzähl mir nix: Storytelling«). Deshalb neigen wir dazu, auch dann auf sie zurückzufallen, wenn sie für die Art von Text, die wir schreiben wollen, nicht geeignet ist.

---

14 *https://wp-schulung.de/wordpress-handbuch/*

15 Als wir anfingen, dieses Kapitel zu schreiben, hat BlackBerry noch Smartphones hergestellt. So lange arbeiten wir schon für Sie …

16 *https://futurezone.at/produkte/blackberry-priv-im-test-ein-liebenswerter-freak/174.674.704*

Stellen Sie sich etwa vor, Sie sind Praktikant in der Redaktion der futurezone aus dem vorigen Beispiel. Sie haben dort angeheuert, weil Sie gern über Computerspiele schreiben wollten; jetzt hat der Redakteur Sie aber auf das Thema Smartphones angesetzt, von dem Sie leider keine Ahnung haben. Also fangen Sie an zu recherchieren – bei Adam und Eva: Was für Smartphone-Modelle gibt es? Aus welchen früheren Modellen haben sie sich entwickelt? Was sind die großen Player auf dem Markt? Welche Trends sind in den letzten Jahren gekommen und gegangen – etwa die Hardwaretastatur?

Nach zwei Tagen im Netz haben Sie den Kopf voller Informationen und einen Haufen Notizen. Sie fangen an zu schreiben und beginnen wo? Am Anfang. »Der Hersteller BlackBerry (früher RIM) hat 1999 das erste Smartphone auf den Markt gebracht, mit dem man unterwegs seine E-Mails abrufen konnte ...«

Das ist eine interessante Hintergrundinfo, die Sie irgendwo in Ihrem Text über das Priv unterbringen können, die aber als Einstieg kein Interesse weckt.

Lassen Sie sich also durch die Bezeichnung »chronologisch« nicht dazu verführen, diese Gliederung zu wählen, um Ihren Recherche- oder Erkenntnisprozess chronologisch nachzuerzählen. Aufschreiben dürfen Sie das zwar gern (unter Journalisten wird das auch als »Warmschreiben« bezeichnet), aber bevor Sie den Text veröffentlichen, sollten Sie ihn so umarbeiten, dass die Struktur wieder zum Inhalt passt – zum Inhalt des Textes, nicht zu dem Ihres Gehirns.

Fälle, in denen ein chronologischer Aufbau dagegen sehr gut passt:

Zum einen Texte, in denen es tatsächlich um eine Geschichte geht:

- Entwicklung der Smartphone-Designs von 1999 bis heute
- Die Geschichte der Gründung von Apple
- Die Geschichte einer Userin, die eines Morgens zur Arbeit kam und feststellte, dass ihr Rechner von einem Kryptotrojaner befallen war
- Zum anderen Texte, die eine zeitliche Abfolge erklären
- Schritt-für-Schritt-Anleitung, wie Ihre Leserin WordPress installieren kann

Bei Letzteren müssen Sie aber aufpassen, dass Sie nicht so viele Eventualitäten abdecken, dass sich die chronologische Struktur nicht mehr eignet (siehe auch den Titel dieses Kapitels): Wenn Sie nach jedem zweiten Absatz so etwas schreiben müssen wie »Wenn Sie schon eine SQL-Datenbank angelegt haben, dann springen Sie bitte zu Abschnitt x.x«, ist das ein deutlicher Hinweis darauf, dass eine sachlogische Struktur doch angemessener sein könnte als eine chronologische.

Eine **argumentative** Struktur schließlich kann entweder damit starten, dass Sie die Fakten und Argumente darlegen, die Sie zu einer bestimmten Schlussfolgerung führen. Sie kann aber auch genau umgekehrt aufgebaut sein: Sie starten mit einer Behauptung, die das Interesse Ihrer Leser weckt, und liefern dann Schritt für Schritt die Argumente und Beispiele nach, etwa so:

»Haben Sie versehentlich Kaffee auf die Tastatur Ihres Laptops gekippt? Was Sie nun brauchen, um ihn zu retten, ist noch mehr Flüssigkeit – und zwar destilliertes Wasser.« Anschließend erklären Sie, warum destilliertes Wasser unter Umständen das Mainboard rettet[17] und unter welchen Umständen es funktioniert. Am besten halten Sie auch noch ein bis zwei konkrete Beispiele von Fällen bereit, in denen diese Methode das Mainboard und damit einem User den Hintern gerettet hat.

Zumindest am Schluss sollten Sie aber auch bei dieser zweiten Variante noch einmal kurz auf Ihre anfängliche Behauptung zurückkommen, um diese besser im Gedächtnis der Leserin zu verankern und einen runden Abschluss zu schaffen.

Und damit wären wir auch schon beim letzten Punkt:

Schluss

Der **Schluss** schließlich dient dazu, das Gesagte noch einmal zusammenzufassen mit dem Ziel, dass es dem Leser besser im Gedächtnis bleibt.

Wenn Sie einen Text schreiben, um zu überzeugen, möchten Sie hier sicher auch noch einmal Ihre eigene Meinung kundtun – welchen Schluss ziehen Sie aus dem, was Sie bisher geschrieben haben? Soll man Flask zur Webentwicklung verwenden oder sich lieber ins Bein schießen?

Wenn Sie mit Ihrem Text Ihr Thema nicht erschöpfend behandelt haben – und das wird meist der Fall sein, selbst wenn Sie sich persönlich nach dem Schreiben erschöpft fühlen –, können Sie auch gut mit einem **Ausblick** schließen: Welche Aspekte des Themas sind auch interessant, kommen in Ihrem Text aber nicht vor (aus Platz- oder Zeitgründen oder weil Sie sich nicht besonders gut damit auskennen)? Welche Fragen sind noch offen, die vielleicht erst die Zukunft beantworten wird?

Guck, ein Eichhörnchen! – Der Kampf um Aufmerksamkeit

In den seltensten Fällen haben Sie als Autorin das zweifelhafte Glück, dass der Leser Ihren Text lesen *muss*. Je weiter man sich von den Jahren der Schulpflicht entfernt, desto mehr wird die Aufnahme von Informationen zu einer freiwilligen Veranstaltung. Das heißt, Sie sollten zu ein paar Tricks greifen, um Ihren Text interessant und einprägsam zu gestalten.

Dafür sind übrigens auch Leser dankbar, die ihren Text tatsächlich lesen müssen (statt nur zu dürfen).

---

17 Mehr dazu hier: *https://www.thesimpledollar.com/liquid-laptop-accident-9-steps-to-save-your-laptop.* Wir lehnen übrigens jede Haftung für diese Methode ab und empfehlen Becher mit Deckel am Arbeitsplatz und regelmäßige Backups.

Strukturieren, um im Gedächtnis zu bleiben

Aussagen, die Sie am Anfang und am Ende eines Textes machen, bleiben besser im Gedächtnis als die in der Mitte. Das gilt auch für Präsentationen und Vorträge.

Das Gleiche betrifft Informationen, die der Leser sofort logisch einordnen kann – noch ein Grund, um zu Beginn des Textes eine kurze Übersicht über das zu geben, was kommt.

> »Sag deinen Zuhörern, was du ihnen sagen wirst, dann sag es, dann sag ihnen, was du gesagt hast.«

Wer genau seinen Schülern diese Faustregel als Erstes mit auf den Weg gegeben hat, das weiß man nicht mehr (die Meinungen reichen von Aristoteles bis Dale Carnegie). Der- oder diejenige war aber auf der richtigen Fährte.

Wohlgemerkt, die Faustregel heißt nicht: »Sag deinen Zuhörern etwas, dann sag es ihnen noch mal, dann sag es ihnen noch mal.«

Sowohl in der Einleitung wie auch im Hauptteil und am Schluss des Textes sollte die Information daher jeweils anders aufbereitet sein: In der Einleitung liegt der Fokus darauf, sowohl Interesse zu wecken als auch eine ausreichende Orientierung zu geben, damit der Leser sich im folgenden Hauptteil nicht in den ganzen Details verliert. Dazu gehört auch, in der Einleitung keine Fachbegriffe zu verwenden oder aber sie direkt allgemeinverständlich zu erklären.

Denn Details sind das, was man im Hauptteil liefern darf – möglichst auch zusammen mit verschiedenen Blickwinkeln auf das Thema. Diese verschiedenen Blickwinkel können etwa aus verschiedenen Fachdisziplinen stammen: Was halten Entwicklerinnen von einer bestimmten Machine-Learning-Methode? Usability-Experten? Datenschützerinnen?

Sie können auch einfach verschiedene Meinungen abbilden: Wie sehen Google-Mitarbeiter die Zukunft des autonomen Fahrens? Mitarbeiterinnen der Deutschen Bahn? Dennis von nebenan mit dem aufgemotzten BMW?

Im Gegensatz zum Hauptteil wird der Inhalt des Textes im Schlussteil dann wieder kurz zusammengefasst – anders als in der Einleitung dürfen dabei auch ein paar Fachbegriffe verwendet werden, die die Leserin mittlerweile kennengelernt hat. Scheuen Sie nicht davor zurück, einige wenige wichtige Statements einfach zu wiederholen (wenn auch vielleicht nicht Wort für Wort). Lerntheoretisch sorgt eine solche Wiederholung dafür, dass die Inhalte besser im Gedächtnis haften bleiben.

Strukturieren, um Aufmerksamkeit zu wecken (und zu halten)

Wenn Ihr Text nicht nur informativ sein, sondern auch überzeugen oder unterhalten soll, kann es helfen, wenn Sie schon im ersten Absatz beim Leser ein Gefühl wecken.

Das kann Neugier, Erstaunen oder durchaus auch Missbilligung sein. Das einzige Gefühl, das Ihnen aufseiten der Leserin nicht weiterhilft, ist Langeweile.

Eine streng logisch aufgebaute Einleitung, in der Sie erst mal gemütlich ein paar Fachbegriffe erklären und dann die geschichtliche Entwicklung Ihres Themas seit dem 19. Jahrhundert darlegen, genügt da meist nicht.

Weil Sie aber auf die Informationen in der Einleitung meist nicht verzichten können oder wollen, ist es eine bewährte Technik, eine Aussage oder ein Zitat aus dem Hauptteil des Textes einfach nach vorne zu stellen. Wenn Sie am Anfang Ihres Textes schreiben: »›Freifunk hat mein Examen gerettet‹, sagt diese Studentin aus Bochum«, weckt das die Neugier des Lesers und hält ihn bei der Stange, während Sie darüber referieren, warum der deutsch-österreichische Telegrafenverein eine notwendige Voraussetzung der Freifunkbewegung war.

Wie gehen Sie praktisch vor?

- Schreiben Sie den Text erst einmal von Anfang bis Ende in der Abfolge, die sich für Sie logisch und natürlich anfühlt. Oft entsteht dabei ein Text, der eine etwas langwierige Einleitung hat. Das ist in Ordnung.
- Dann gehen Sie den Text noch mal durch. An welcher Stelle wird es spannend? Taucht irgendwo eine erstaunliche oder erschreckende Aussage oder Tatsache auf?
- Diese nehmen Sie jetzt und stellen Sie ganz an den Anfang.
- Aber der Leser weiß an der Stelle noch gar nicht, worum es geht, meinen Sie? Das ist auch nicht schlimm. Er soll am Anfang des Textes noch nichts verstehen, sondern nur neugierig werden. Denn wenn er eben diese Verständnislücke schließen möchte, ist er motiviert, Ihren Text zu lesen.

Als Beispiel der Wikipedia-Eintrag zum Begriff »Flakey Bit«[18] (Endnoten entfernt):

> Ein Flakey Bit (deutsch: flatterhaftes, unbeständiges Bit), auch bekannt als fuzzy bit oder weak bit, wird in der Informationstechnik eine binäre Speicherzelle genannt, die aufgrund einer Medieneigenschaft, Zugriffstechnik oder Codierung keinen eindeutigen digitalen Zustand besitzt. Dies kann sich bei mehrfachen Lesezugriffen als statistische Verteilung der beiden möglichen Zustände 0 oder 1 darstellen.
>
> *Erklärung und Anwendung*
>
> Ein Flakey Bit kann eine ungewollte Eigenschaft sein, z. B. als Folge eines mangelhaften Mediums (Materialfehler) oder Lesegeräts, aber auch eine gewollte, bewusst erzeugte Eigenschaft sein. Beispielsweise in den 1980ern und 1990ern wurden bei magnetischen Medien wie Disketten solche Bits

---

18 *https://de.wikipedia.org/wiki/Flakey_Bit*

bewusst durch mangelhaftes Formatieren erzeugt, um dann als Kopierschutzmechanismus zu dienen. Ein Beispiel hierfür ist das Computerspiel Dungeon Master, bei dem Inkonsistenz bei mehrfachen Lesezugriffen auf ein solches Bit beim Betrieb der Software geprüft wurde und Voraussetzung für den Betrieb war. Da übliche Diskettenlaufwerke solche Bits nicht erzeugen können, war das ein effektiver Mechanismus zur Verhinderung von illegalen digitalen Kopien. Da Hardware zur Generierung solcher Bits sehr teuer war, war einer der wenigen möglichen Ansätze zur Umgehung eines solchen Schutzes die Deaktivierung der Prüfroutine in der Software.

Artikel in der Wikipedia sind natürlich nicht mit dem Ziel geschrieben, schon im ersten Satz maximale Aufmerksamkeit zu wecken – das müssen sie auch nicht, denn die Leser der Wikipedia suchen ja in der Regel genau nach diesen Informationen. Aber angenommen, es handelte sich um einen Artikel über Flakey Bits – dann könnte man etwa folgenden Einstieg verwenden:

> Was ist ein Bit, das nicht den Wert 0 oder 1 hat? Kaputt. Doch auch ein kaputtes Bit war in den Frühzeiten der Softwareindustrie nützlich, und zwar als Kopierschutz. Diese Bits wurden als Flakey Bits bezeichnet.
>
> Ein Flakey Bit (deutsch: flatterhaftes, unbeständiges Bit), auch bekannt als fuzzy bit oder weak bit, wird in der Informationstechnik eine binäre Speicherzelle genannt, die aufgrund einer Medieneigenschaft, Zugriffstechnik oder Codierung keinen eindeutigen digitalen Zustand besitzt.
>
> …

Und so weiter.

Snackable Content: Noch 'n Keks?

Unsere Aufmerksamkeitsspanne verkürzt sich Jahr für Jahr – 2015 hatte uns bereits der Goldfisch überholt (behauptete Microsoft)[19].

Diese Meldung ist bereits ein Beispiel für sogenannten Snackable Content: besonders kurze Text- oder Text-Bild-Einheiten, die auch dann unterhaltsam sind und informativ wirken, wenn sie aus dem Zusammenhang gerissen sind. Sie eignen sich besonders gut dazu, in sozialen Netzwerken geteilt zu werden, und enthalten oft einen Link zu einem ausführlichen Text oder einer Webseite.

Die ganze oben genannte Studie von Microsoft war anscheinend darauf angelegt, als Informationssnack weitergereicht und konsumiert zu werden. Da fallen einem doch direkt ein paar Aussagen ein, mit denen man die Studie in den gängigen sozialen Netzwerken verbreiten könnte – alle prima zu illustrieren mit goldfischhaltigem Grafikmaterial:

---

19 *https://www.heise.de/tp/features/Goldfische-haben-bereits-eine-laengere-Aufmerksamkeitsspanne-als-Menschen-3232224.html*

Facebook – »Du hast 32 % im Goldfischtest erreicht. Nur Harald hat noch schlechter abgeschnitten!«

Twitter – »Bin heute Morgen im Bett geblieben und habe meinen Goldfisch zur Arbeit geschickt. Ist direkt befördert worden. #MondayMotivation«

Instagram – »Heutiges Tagesziel: Einfach mal treiben lassen. #goldfish #inspiration #metime #loveyourself«

LinkedIn – »Diversity: Würde Ihr Team von ein paar Goldfischen profitieren? Klicken Sie hier, um es herauszufinden.«

Klar ist aber: Auch wenn man es nicht übertreiben und eine ganze Studie auf ihre spätere Verwendung als Snackable Content auslegen muss, so ist diese Art von Inhalten doch ein guter Weg, um im Netz Aufmerksamkeit für Ihre eigentlichen Inhalte zu wecken. Ein, zwei griffige Sätze sind über die sozialen Medien viel leichter zu verbreiten als ein ganzer Artikel oder gar ein Buch.

Wie stellen Sie nun Snackable Content her? Gehen Sie durch die Langfassung Ihres Textes und suchen Sie nach einzelnen Stellen, die

- auch ohne Kontext gut verständlich sind und
- witzig oder provokant sind oder neugierig machen.

Welches Zitat würden wir als Snackable Content aus diesem Kapitel weiterverwenden? Zum Beispiel das hier:

- »Sag deinen Lesern etwas, dann sag es ihnen noch mal, dann sag es ihnen noch mal.« (Stimmt zwar nicht mit der Aussage dieses Kapitels überein, ist aber thematisch passend und weckt Neugier darauf, ob das eine ernst gemeinte Empfehlung ist.)

Ein eher mittelmäßiges Beispiel wäre:

- »Sag deinen Lesern, was du ihnen sagen willst, dann sag es ihnen, dann sag ihnen, was du gesagt hast.« (Halbwegs witzig, wenn man es zum ersten Mal liest, aber schon ziemlich abgegriffen und außerdem geklaut – wenn auch die ursprüngliche Quelle nicht mehr klar zuzuordnen ist, siehe den Abschnitt »Strukturieren, um im Gedächtnis zu bleiben« weiter oben in diesem Kapitel)

Und zwei schlechte Beispiele:

- »Unsere Aufmerksamkeitsspanne verkürzt sich Jahr für Jahr.« (Dieser Satz enthält nichts Neues, ist nicht witzig oder provokant und macht nicht neugierig.)
- »Soll man Flask zur Webentwicklung verwenden oder sich lieber ins Bein schießen?« (Könnte durchaus Neugier wecken, ist aber irreführend: Ohne Kontext könnte man glauben, dass es in diesem Kapitel um Webentwicklung geht.)

Die Textabschnitte müssen Sie übrigens nicht wörtlich verwenden – auch unsere Beispiele oben haben wir frei erfunden (Goldfisch-Studie) oder leicht umformuliert (dieses Kapitel). So können Sie auch flexibel auf die Eigenheiten des jeweiligen sozialen Netzwerks eingehen, in dem Sie den Content teilen wollen:

Abbildung 4-4: Snackable »Weniger schlecht über IT schreiben«

Spannungsbogen: Warum Sie dieses Buch zu Ende lesen sollten

Haben Sie schon einmal einen Roman gelesen, der Sie bereits nach der Hälfte der Handlung gelangweilt hat? Und, haben Sie ihn zu Ende gelesen? Weil Sie dann doch wissen wollten, ob der Kommissar seine Alkoholsucht überwindet und ob die zwielichtige Anwältin aus Kapitel 2 genauso schuldig war, wie es ihre nervösen Ticks vermuten ließen?

Die Neugier ist eine der stärksten Motivatoren des Menschen überhaupt. Sobald wir angefangen haben, an einer Sache Anteil zu nehmen, müssen wir wissen, wie sie ausgeht – auch wenn der Weg dahin steinig und schmerzhaft ist.[20]

Dies ist das »Phänomen des zweiten Schuhs«: Der Wohnungsnachbar über Ihnen lässt jeden Abend geräuschvoll seine Schuhe aufs Parkett fallen, bevor er zu Bett geht – so laut, dass Sie selbst fast aus dem Bett fallen. Eines Abends fällt ein Schuh ... und der zweite nicht. Sie fragen sich: Was ist passiert? Ist der Nachbar mit einem Schuh am Fuß ins Bett gegangen? Hat ihn beim Ausziehen ein Herzinfarkt ereilt? Ist ihm gar heute Vormittag das Bein amputiert worden? Oder sitzt er nun tief in Gedanken versunken da und ist sich des zweiten Schuhs überhaupt nicht mehr bewusst, weil er über die Frage grübelt, ob noch saure Gurken im Kühlschrank sind?

Verspüren Sie schon den Drang, nach oben zu gehen und nach dem Rechten zu sehen?

Wie ein solcher Spannungsbogen in Romanen und Filmen eingesetzt wird, um die Leserinnen oder Zuschauer bei der Stange zu halten, wissen wir alle. Doch auch einem Sachtext schadet es nicht, Neugier auf das, was noch kommt, zu erzeugen.

---

20 Auf diesem Prinzip ist praktisch die ganze langjährige »Tatort«-Reihe aufgebaut.

Wohlgemerkt: Der Unterschied zwischen einem Roman und einem Sachtext ist gar nicht so groß, wie Sie vielleicht meinen. Doch dazu mehr in Kapitel 6, »Erzähl mir nix: Storytelling«.

Little Bobby Tables: Bilder, Schemata, Tabellen

Um es vorwegzunehmen: Sie können durchaus ein Buch schreiben, das nur aus Text besteht. »Moby Dick« hat auch keine Infografiken. Aber während der längsten Zeit in der Geschichte des geschriebenen Worts hatte dieses auch nicht viel Konkurrenz durch andere Medien: Wenn jemand vor 100 Jahren Moby Dick gelesen hat, waren die Alternativen zum Buch nur, ins Kaminfeuer zu starren oder, Gott behüte, sich mit seinen Mitbewohnern zu unterhalten. Heute konkurriert das geschriebene Wort mit Podcasts, Katzenvideos, Netflix und Minecraft. Kann also nicht schaden, ein bisschen Farbe ins Spiel zu bringen.[21]

Hoodies in Space: der Fluch der Stockfotos

Ein Bild sagt mehr als tausend Worte? Nicht zwangsläufig.

Da immer mehr Text am Bildschirm gelesen wird und lange Texte ohne Unterbrechungen hier noch schwerer zu lesen sind als auf Papier, hat sich eine ganze Branche darauf spezialisiert, hierzu leicht verdauliches Popcorn fürs Auge zu liefern: die Stockfotos.

Abbildung 4-5: Hacker mit Hoodie vor »Cyberspace« (© iStock, BrianAJackson)

Zugegeben: Texte über IT sind schwieriger mit Bildern zu illustrieren als, sagen wir mal, ein Artikel über das neue Pandababy im örtlichen Zoo oder neue Täto-

---

21 Und nicht zu vergessen: Auch vor 100 Jahren haben Herausgeber ihre Romane schon mit Zeichnungen illustrieren lassen.

wiertrends.[22] Daher ist es halbwegs verständlich, dass Autorinnen und Redakteure auf der ganzen Welt bei IT-Themen gern auf folgende vier Motive zurückgreifen:

- Finster dreinschauende Hacker in schwarzen Hoodies mit Laptop.
- Ein schwarz oder blau hinterlegter »Cyberspace«, in dem weiße Lichter oder Kolumnen von Buchstaben oder Zahlen (gerne auch Einsen und Nullen) sinnfrei herumstehen.
- Großaufnahmen von Tastaturen, auf denen jeweils eine Taste hervorgehoben ist, auf der etwas besonders Tiefsinniges wie »Digital« steht.
- Wenn es um IT-Sicherheit geht: futuristisch designte Vorhängeschlösser in allen Variationen.

Wir verstehen die Zwangslage, in der sich die Grafikdesigner und Redakteure hier befinden. Aber wir glauben auch: Diese Erzeugnisse will keiner mehr sehen. Sie sehen zwar (meistens) hübsch aus, tragen aber nicht zur Aussagekraft des Artikels bei, den sie illustrieren sollen. Dasselbe würde auch für das Foto eines tätowierten Pandababys zutreffen. Warum nicht mal einen Artikel über Digitales damit illustrieren? (Aus Tierschutzgründen nicht, okay, sehen wir ein.)

Am besten ist es natürlich, wenn man einem Text ein Bild hinzufügen kann, das informativ ist: eine schicke Infografik oder die Abbildung dessen, was man in dem Text bespricht.

Für viele Themen lassen sich solche Grafiken aber nicht finden. Nicht immer gibt es so viele harte Fakten, dass sie sich in ein Diagramm oder eine Infografik packen lassen, und abstrakte Themen lassen sich schwer anschaulich machen.

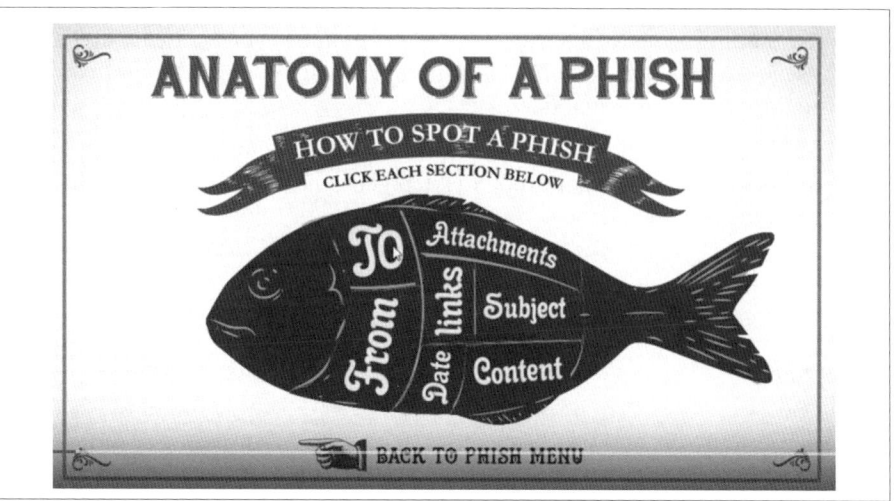

Abbildung 4-6: Schaubild »Anatomy of a Phish« (Anatomie eines Fischs/eines Phishing-Angriffs); Quelle: MetaCompliance Ltd., Großbritannien

---

22 Ein Kassenschlager wäre bestimmt auch eine Zeitschrift über tätowierte Pandababys.

Warum also nicht mal ein unerwartetes Bild finden, das nicht die Aussage des Textes langweilig unterstreicht, sondern sie vielmehr kommentiert? Vielleicht auch so, dass die Verbindung nicht auf den ersten Blick ersichtlich ist? Werfen Sie zum Beispiel mal einen Blick auf das Cover dieses Buchs. Hätte die Illustratorin das Thema wörtlich genommen, sähen Sie da jetzt eine Hand, die einen Text schreibt, und irgendwo einen Computer im Hintergrund. (Oder noch schlimmer – ein Stück »Cyberspace«.)

Ein anderes Beispiel: Das Bild des Angelns wird natürlich oft verwendet, wenn es in einem Text über Phishing[23] geht – ein böser Mensch im Hoodie hält eine Angel in der Hand, und der ahnungslose Computernutzer beißt an. Die Firma Meta-Compliance[24] hat diese Metapher aber noch weiter durchgezogen: Sie bietet Workshops an, in denen Nutzer lernen, Phishing-Attacken rechtzeitig zu durchschauen. Diese Workshops werden mit dem Schaubild »Anatomy of a Phish« beworben. Dieser »Phish«[25] hat verschiedene anatomische Teile: Absender und Adressat der E-Mail, Betreffzeile, Inhalt und Anhänge – und an jedem dieser Teile kann man den »Phish« erkennen.

Daten sichtbar machen: Tabellen, Diagramme und Infografiken

Wenn Sie irgendeine Art von Daten sichtbar machen wollen, haben Sie folgende Möglichkeiten zur Auswahl:

- Tabellen
- Diagramme
- Infografiken

Diese Aufzählung – Sie haben es gemerkt – ist in aufsteigender Reihenfolge, was die optische Attraktivität angeht. Das heißt aber nicht, dass die Infografik immer das beste Mittel ist, um Daten darzustellen.

Zunächst mal: die Tabelle. Unschlagbar sind Tabellen, wenn es um den übersichtlichen Vergleich von zwei oder drei Objekten geht, die jeweils eine überschaubare Anzahl an Eigenschaften haben.

Beispiel:

Tabelle 4-1: Und hier bekommt die Tabelle am besten noch eine aussagekräftige Unterschrift.

Programmiersprache	Paradigma	Subjektive Bewertung
C	prozedural	okay
Java	objektorientiert	mag ich nicht
Lisp	funktional	verstehe ich nicht

---

23 Das Abgreifen von persönlichen Log-in-Daten durch Angreifer, die gefälschte Webseiten aufsetzen und ihren Opfern dann Links auf diese Seiten per E-Mail schicken.

24 *http://www.metacompliance.com*

25 *http://www.metacompliance.com/products/elearning-cyber-and-compliance/essential-phishing-awareness/*

Oft werden Tabellen eingesetzt, um Zahlenwerte »übersichtlich« darzustellen, beispielsweise im Zeitverlauf. Wenn es aber nicht darauf ankommt, dass die Leserin jede Zahl bis auf das Dezimalkomma genau ablesen kann, ist die Tabelle die denkbar schlechteste Darstellung. Unser Hirn ist es gewohnt, in Bildern zu denken und nicht in Zahlen[26] – daher ist es nicht in der Lage, Zahlenkolonnen intuitiv zu verstehen.

Wenn es darum geht, einen Zeitverlauf oder einen anderen Trend überschaubar darzustellen, eignet sich ein einfaches Diagramm besser. Dieses hat normalerweise zwei Dimensionen, die den zwei Achsen entsprechen. Auf der waagerechten Achse (der x-Achse) steht klassischerweise die Zeit, also beispielsweise Jahreszahlen, auf der senkrechten (y-Achse) eine zweite Dimension: zum Beispiel die maximale Größe in GByte, die der Speicherplatz einer Festplatte in diesem Jahr hatte.

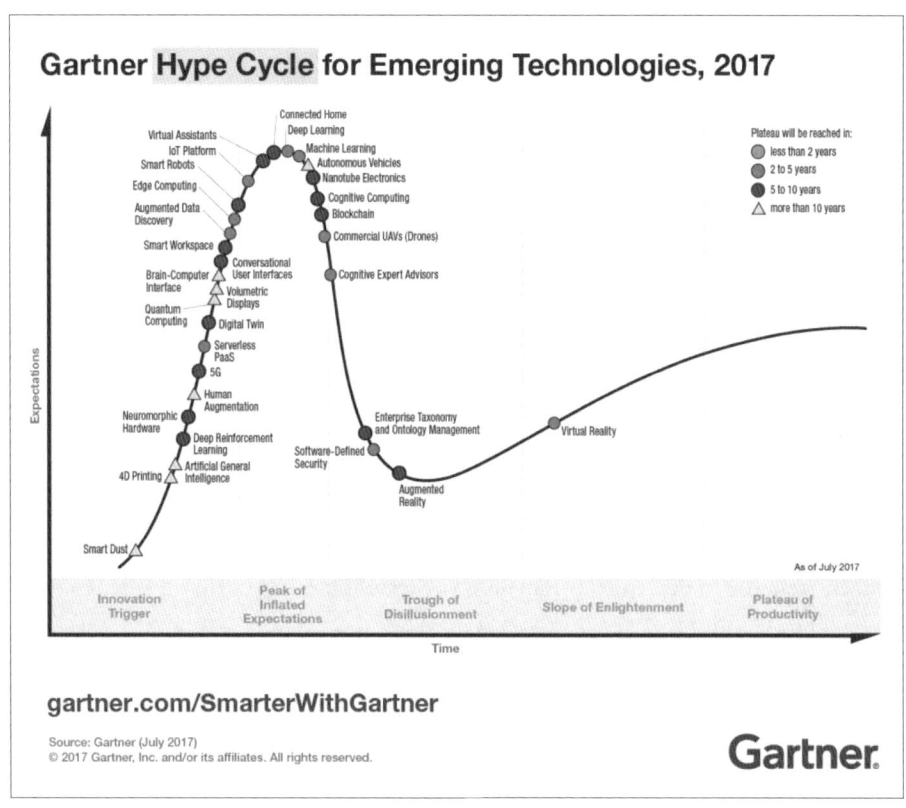

Abbildung 4-7: Gartner Hype Cycle 2017 (Quelle: Gartner via http://echtvirtuell.blogspot.de/ 2017/08/gartner-hype-cycle-report-2017.html)

---

26 Deswegen sind wir auch so schlecht darin, Statistik und Wahrscheinlichkeiten zu verstehen. Ein gutes Buch zum Thema: »How not to be wrong« von Jordan Ellenberg (ISBN 978-0718196042).

Es können auch weniger klar definierte Größen auf den Achsen dargestellt werden – je schwammiger die Dimensionen werden, desto näher kommt das Diagramm der Infografik.

Beispiel: Der Gartner Hype Cycle stellt auf der x-Achse verschiedene aktuelle Technologien dar und auf der y-Achse – ja, was eigentlich? Den »Hype« um die jeweilige Technologie, wie immer Gartner den auch messen will. Wohlgemerkt: Der Hype Cycle ist eine interessante Darstellung, die durchaus Informationen vermittelt. Sie ist aber nicht so hart wissenschaftlich, wie die Form es vermuten lässt.

Was ist überhaupt eine Infografik? Ein Bild, auf dem Informationen so dargestellt werden, dass sie mit wenigen Vorkenntnissen intuitiv einleuchtend sind. Auch herkömmliche Diagramme dienen ja dazu, ansonsten in Zahlen ausgedrückte Informationen intuitiv verständlich zu machen – allerdings der Wissenschaftlerin oder dem Statistiker. Infografiken sind so designt, dass sie als einfacher Einstieg in einen Sachverhalt dienen können.

Wer mehr über die gute Visualisierung von Daten erfahren möchte, dem empfehlen wir den Klassiker »The Visual Display of Quantitative Information« von Edward R. Tufte (ISBN 0-9613921-4-2).

Zusammenfassung

Wann ist ein Text gut strukturiert? Das hängt davon ab, welches Ziel Sie mit dem Text erreichen möchten und welche Textform Sie dazu gewählt haben (mehr zu den einzelnen Textformen finden Sie in Kapitel 9 »Press Any Key: Was möchten Sie schreiben? – E-Mail, Artikel, Buch & Co.«).

Damit die wichtigsten Aussagen und Inhalte gut im Gedächtnis der Leserin haften bleiben, sollte die Struktur des Textes klar und schlüssig sein, und die wichtigsten Punkte sollten mehr als einmal genannt werden. Um die Neugier der Leserin zu wecken, sie zu unterhalten und das Spannungslevel hoch zu halten, sollten Sie an einigen Stellen von der konventionellen, vorhersehbaren Struktur abweichen.

Tabellen und Abbildungen machen einen Text angenehmer zu lesen und können gewisse Arten von Informationen besser transportieren als ein langer Fließtext. Hierzu gehören beispielsweise numerische Angaben und ihre Verhältnisse zueinander bzw. ihr zeitlicher Verlauf oder auch Vergleiche zwischen verschiedenen Entitäten mit einer begrenzten Anzahl von Eigenschaften.

Abbildungen, die der reinen Dekoration und Auflockerung dienen, sind ebenfalls vertretbar – aber versuchen Sie, die tausendmal gesehenen »Hacker«- und »Cyberspace«-Klischees zu vermeiden.

Ran an die Tastatur: Übungen

- Zeichnen Sie das Dreieck »Unterhalten – Informieren – Überzeugen« aus Abbildung 4-2 auf ein leeres Blatt Papier. Blättern Sie eine Fachzeitschrift Ihrer Wahl durch und suchen Sie einen Artikel aus. Wo können Sie diesen Artikel im Diagramm einordnen? Machen Sie dort einen Punkt. Wiederholen Sie das Gleiche mit einem Artikel aus der BILD und einem Tweet von @iamdevloper[27].

- Rufen Sie einen Wikipedia[28]-Eintrag Ihrer Wahl auf. Stellen Sie sich vor, Sie müssten einen Artikel zu diesem Thema für ein Onlineportal mit Bezahlschranke schreiben: Nach drei Absätzen müssen die Leser zahlen, wenn sie weiterlesen wollen. Strukturieren Sie drei Absätze so, dass Sie als Leser dringend mehr über das Thema erfahren wollten.

- Durchsuchen Sie die Onlinebilderdatenbank Unsplash[29] und wählen Sie ein Foto aus, um den Abschnitt »Snackable Content: Noch 'n Keks?«dieses Kapitels auf eine nicht langweilige Art zu illustrieren.

---

27 Zum Beispiel mit diesem hier: *https://twitter.com/iamdevloper/status/918920230642094081.*

28 *https://de.wikipedia.org/*

29 *https://www.unsplash.com*

KAPITEL 5

Ausdruck vor Eindruck: Verstanden statt gefürchtet werden

Was macht einen Text verständlich? – Das Hamburger Modell

Das Problem, technische oder andere spezialisierte Inhalte für Laien verständlich zu machen, besteht nicht erst, seit Großeltern skypen und jeder Handwerksbetrieb seine eigene Webseite pflegen muss.

Schon in den 1970er-Jahren entwickelten daher drei Hamburger Psychologen, Inghard Langer, Friedemann Schulz von Thun und Reinhard Tausch, das sogenannte *Hamburger Modell* der Textverständlichkeit. Um nicht nur ein luftiges Konzept zu haben, sondern auch eine Verankerung in der Wirklichkeit, gingen sie das Problem empirisch an: Zunächst wurde eine Reihe von Lehrkräften gebeten, Anleitungen für Schüler zu schreiben: Sie sollten den Schülern beibringen, anhand der Infos in einer Rechnung eine Überweisung auszufüllen.[1]

Diese Anleitungen fielen naturgemäß sehr unterschiedlich aus, obwohl sie alle das gleiche Ziel hatten. Sie wurden den Schülern vorgelegt, und anschließend wurde abgefragt, wie viel vom Inhalt verstanden wurde. Die gut verständlichen Texte, ergab die folgende Analyse, unterschieden sich von den schlecht verständlichen in vier Dimensionen:

1. Einfachheit
2. Gliederung/Ordnung
3. Kürze/Prägnanz
4. Anregung

Die Psychologen ziehen daraus den Schluss, dass man einen schwer verständlichen Text zu einem gut verständlichen umarbeiten kann, indem man diese vier Dimensionen bearbeitet.

---

1 Dies war nicht die einzige Untersuchungsgruppe – auch andere Experten wurden darum gebeten, ähnliche Anleitungstexte für Laienzielgruppen zu schreiben.

Wichtig:
Ein nach den Hamburger Kriterien verständlicher Text ist für Leser jeder Bildungsstufe besser verständlich, vom Grundschüler bis zur Akademikerin.

Und: Die Texte, die nach dem Hamburger Modell gut verständlich waren, weckten auch mehr angenehme Gefühle und mehr Interesse bei den Lesern.

Dieses mittlerweile schon betagte Modell ist auch kritisiert worden – beispielsweise von Linguisten, die das Gefühl hatten, dass Psychologen in ihrem Revier wilderten. Das Modell ist sicher nicht perfekt, aber es ist sehr verbreitet, sodass Sie es vielleicht wiedererkennen werden, wenn Sie andere Bücher zum Thema »Verständliches Schreiben« lesen. Und nicht zuletzt ist es einfach genug, um es praktisch anzuwenden. Im Folgenden gehen wir also die vier Dimensionen der Verständlichkeit kurz durch und werden dann im Rest dieses Kapitels konkrete Vorschläge dazu machen, wie man mithilfe dieses Modells IT-Texte verbessern kann.

Einfachheit

Unter der Einfachheit eines Textes verstehen die Hamburger Psychologen vor allem zwei Merkmale:

- kurze Sätze und
- allgemein verständliche Wortwahl.

Komplizierte Texte dagegen zeichnen sich durch lange und verschachtelte Sätze sowie viele Fremd- und Fachwörter aus.

Diese Dimension ist nach Schulz von Thun[2] die wichtigste, um einen Text verständlich zu machen. Und: Ihr Gegenteil, die Kompliziertheit, wird seiner Meinung nach oft als Instrument eingesetzt, mit dem Laien und »Ungebildete« eingeschüchtert und von einer Materie ferngehalten werden sollen.

Das kennen Sie vielleicht selbst aus Gebieten, in denen Sie weniger sattelfest sind als in der IT. Lesen Sie beispielsweise mal den Wirtschaftsteil der Frankfurter Allgemeinen Zeitung – oder, schlimmer noch, das Feuilleton. Manche Autoren scheinen geradezu lustvoll ihre Expertenstellung mithilfe von möglichst viel Fachjargon gegen Außenstehende abzusichern. Als Leser fühlt man sich dann meist ein wenig ertappt: »Offenbar habe ich zu wenig Ahnung vom Thema, um Texte darüber zu verstehen. Besser, ich spare mir den Frust und halte mich an Themen, die ich schon kenne!«

Je früher das im Leben passiert, desto fataler. Wer weiß, wie viel mehr Schülerinnen und Schüler einen technischen Beruf ergreifen würden, wenn man sie nicht frühzeitig durch unverständliche Erklärungen frustriert hätte?

---

2 »Verständlich informieren«, 2015 (*http://www.tekom.de/fileadmin/Dokumente_tk/tk_3-2015/tk315-Verstaendlichinformieren.pdf*).

Allerdings: Diese Dimension ist mehr als die drei noch folgenden von der Zielgruppe abhängig. Ihr Ziel sollte nicht bei jedem Text sein, maximale Einfachheit zu erreichen, also nur kurze Sätze zu bilden und auf alle Fachwörter zu verzichten. Der Text sollte stattdessen so einfach sein, wie es für den Leser notwendig ist (siehe hierzu auch Kapitel 2, »Mein Leser, das unbekannte Wesen«). Das kann zugegebenermaßen auch bedeuten, dass er wirklich so einfach wie möglich sein muss – etwa wenn die Zielgruppe Menschen einschließt, die kognitive Einschränkungen haben oder nicht gut Deutsch sprechen. Für diese Zielgruppen wurden die Konzepte der »Leichten Sprache« bzw. »Einfachen Sprache«[3] entwickelt, die hier aber nicht im Mittelpunkt stehen sollen.

Der Flesch-Index

Ursprünglich für die englische Sprache entwickelt wurde der Test »Flesch Reading Ease«, auf Deutsch auch Flesch-Test oder Flesch-Index genannt. Je höher der Zahlenwert, den dieser Test ausspuckt, desto einfacher soll ein Text zu verstehen sein; so soll ein Text mit einem Flesch-Index von 90 für 11-Jährige verständlich sein, während ein Text mit einem Flesch-Index von 30 oder darunter nur für Akademiker verständlich ist.

Berechnet wird die an die deutsche Sprache angepasste Version des Index mit $180 - DSL - (58,5 * DWL)$. Dabei sind DSL und DWL die durchschnittliche Satz- bzw. durchschnittliche Wortlänge (in Wörtern bzw. Silben).

Da er also lediglich die Wort- und Satzlänge berücksichtigt, ist der Flesch-Index tatsächlich nur ein grober Anhaltspunkt für die Verständlichkeit eines Textes. Der logische Aufbau eines Textes wird beispielsweise gar nicht berücksichtigt. Dafür ist der Flesch-Index einfach zu berechnen, auch automatisiert[4]. Sie können ihn daher mit berücksichtigen und sollten vielleicht mal die eine oder andere Stichprobe aus Ihren Texten durch einen Flesch-Rechner jagen – aber nicht davon ausgehen, dass sich die Lesbarkeit automatisch verbessert, wenn Sie nur den Flesch-Index optimieren.

Übrigens: In Studien wurde festgestellt, dass Menschen solche Texte sorgfältiger und gründlicher lesen, die ihnen auf den ersten Blick schwieriger erscheinen – und mehr von ihrem Inhalt behalten.[5] So kann es also unterm Strich sein, dass mehr Inhalt von einem komplizierten Text im Gedächtnis der Leserin haften bleibt als von einem scheinbar einfachen Text.

---

3 https://de.wikipedia.org/wiki/Leichte_Sprache

4 Etwa auf der Seite https://fleschindex.de/ oder mit diversen Plug-ins für WordPress und andere Content-Management-Systeme.

5 Benedikt Lutz: »Verständlichkeitsforschung transdisziplinär: Plädoyer für eine anwenderfreundliche Wissensgesellschaft«, 2015.

Kurioserweise lässt sich diese erhöhte Aufmerksamkeit auch anders erzielen als durch lange Sätze und schwierige Wörter: *Schon die Verwendung einer schwer lesbaren Schriftart kann dazu führen, dass der Leser mehr Mühe auf die Lektüre eines Textes verwendet und seinen Inhalt damit besser versteht und behält.*

Gliederung und Ordnung

Mit dieser Dimension sind gleich zwei Eigenschaften eines Textes gemeint:

- die äußere Gliederung und
- die innere Folgerichtigkeit.

Zur *äußeren Gliederung* gehören Merkmale, die schon durch das Schriftbild hervorgehoben werden, wie Überschriften, Zwischenüberschriften, Aufzählungen und fett gedruckte Schlüsselbegriffe. Außerdem gehören hierzu sogenannte »strukturierende Bemerkungen« – das sind Hinweise, die sich nicht auf das Textthema selbst beziehen, sondern die Leserin wie Wegweiser durch den Text führen – beispielsweise: »Zunächst ein kurzer Überblick über die aktuelle Situation von ...« oder »Um diese Argumente noch einmal zusammenzufassen ...« oder, wie im vorigen Kapitel schon vorgeschlagen: »Sag deinen Lesern, was du sagen willst, dann sag es, dann sag ihnen, was du gesagt hast.«

Innere Folgerichtigkeit ist dagegen eine subtilere Angelegenheit: Sie besagt, dass Argumente tatsächlich logisch aufeinander aufbauen und Sätze nicht zusammenhanglos nebeneinanderstehen.

Wir hoffen zum Beispiel, dass die beiden vorausgegangenen Absätze auch für Ihr Empfinden logisch aufeinander aufbauen. Wenn wir es absichtlich hätten falsch machen wollen, hätten wir stattdessen vielleicht geschrieben: »Für die äußere Gliederung verwendet man Zwischenüberschriften, Aufzählungen und Überschriften. Die äußere Gliederung kann auch Fettdruck und Kursivdruck verwenden. Die innere Folgerichtigkeit ist ein wichtiger Bestandteil der Ordnung. Für die äußere Gliederung sind auch strukturierende Bemerkungen nützlich.«

Die Dimension der Gliederung und Ordnung ist natürlich umso wichtiger, je länger der Text ist. In einer Kurzmeldung im Blog ist die Gefahr nicht so groß, dass der Leser den Faden verliert, wie in einem zehnseitigen Artikel, der das Pro und Kontra einer bestimmten Technologie diskutiert.

Die Gliederung eines guten Textes haben wir schon im vorhergehenden Kapitel besprochen, und dort finden Sie auch Hinweise zu weiteren »Verständlichmachern« wie sprechende Überschriften, Exkurskästen und Infografiken.

Kürze und Prägnanz

Ein kurzer, prägnanter Text besteht aus genau so vielen Wörtern, wie minimal notwendig sind, um die Informationen zu transportieren.

Auch bei der Kürze und Prägnanz gilt es, wie bei der Einfachheit, eine goldene Mitte zu finden. Zu prägnante Texte können wegen ihrer Informationsdichte schwer verständlich sein. Die Wiederholung von Informationen ist in einem Text durchaus nützlich: Nicht jedes Wort wird vom Leser mit hundertprozentiger Aufmerksamkeit gelesen, und nicht jeder Satz wird verstanden. (Im ersten Satz dieses Abschnitts wäre beispielsweise das Wort »minimal« nicht notwendig gewesen – trägt aber, finden wir, zur Verständlichkeit auf den ersten Blick bei.)

Zu viel Redundanz langweilt dagegen Ihre Leserin, lenkt ihre Aufmerksamkeit in Randgebiete ab und schadet auch dem logischen Aufbau und der nachvollziehbaren Organisation der Inhalte.

Anregung

Anregende Zusätze in einem Text sind alle Stilmittel, die dazu dienen, die Aufmerksamkeit des Lesers zu erhöhen. Dazu zählen alle Arten von direkter Ansprache des Lesers, Fragen und wörtliche Zitate, Umgangssprache und auch Humor. Anders gesagt:

»Was zum Teufel sind eigentlich anregende Zusätze?«, fragen Sie sich vielleicht an dieser Stelle. Tja, mit diesem Anliegen sind Sie zufällig an der richtigen Stelle gelandet. Wollen wir doch mal sehen, ob wir Ihnen das Konzept der anregenden Zusätze begreiflich machen können!

Anders als die drei zuvor genannten Dimensionen gehen anregende Zusätze über den reinen Text hinaus: Auch Abbildungen oder ein besonderes Design des Textes gehören dazu (und werden zum Beispiel im Marketing oft überstrapaziert) sowie Tabellen und Infokästen. Mehr dazu finden Sie im vorhergehenden Kapitel.

Anregende Zusätze im Text sollten allerdings nicht zu sehr in den Vordergrund treten. Welche Stilmittel gut ankommen, hängt sehr von der Leserschaft ab. Im Zweifelsfall gilt: Sie müssen keine Witze erzählen, um einen anregenden und gut verständlichen Text zu schreiben.

Und nach dieser theoretischen Einleitung springen wir jetzt mit beiden Füßen ins Thema: Wie macht man einen Text verständlicher?

Besser parsen: Satzlänge und Satzzeichen

Der Satz ist die Grundeinheit des Textes – siehe dazu auch den Abschnitt »Objektorientiertes Schreiben: die Bausteine« in Kapitel 4. Das sagt allerdings noch nicht viel über die Länge eines Satzes aus – wenn Sie großzügig mit Kommas, Semikolons und Gedankenstrichen umgehen, können Sie einen Satz auch locker über mehrere Seiten ausdehnen (und vielleicht kann man ihn dann sogar noch verstehen).

Aber wollen Sie das auch?

Satzlänge

Kurze Sätze sind gut. Das sagen viele Schreibratgeber. Leser verstehen lange Sätze nicht. Sie können sich nicht lang genug konzentrieren. Also Vorsicht bei Kommas. Und bei anderen Satzzeichen erst recht. Sie machen Sätze länger. Das beste Satzzeichen ist der Punkt.

Finden Sie nicht? Finden wir auch nicht.[6]

Was halten Sie von folgendem Text?

»Wenn ich jedoch sagen soll, meine lieben Mitbürger, dass wir eine gigantische Rakete zum Mond schicken werden, 240.000 Meilen von der Kontrollstation in Houston entfernt, eine Rakete mit einer Länge von 300 Fuß, so lang wie ein Football-Feld; bestehend aus neuen Legierungen, von denen manche noch gar nicht erfunden sind; aus Materialien, die Hitze und Belastungen in einem bisher unbekannten Ausmaß aushalten müssen; zusammengesetzt mit größerer Präzision als die besten Uhren; ausgestattet mit der erforderlichen Ausrüstung für Antrieb, Steuerung, Kontrolle, Kommunikation, Nahrung und Lebenserhaltung; und wenn ich Ihnen sagen soll, dass wir sie sicher wieder zur Erde zurückholen, wobei sie mit einer Geschwindigkeit von über 25.000 Meilen pro Stunde in die Atmosphäre eintritt; unter Temperaturen, beinahe halb so heiß wie die Sonne ... und dass wir das alles machen werden und richtig machen werden und als Erste machen werden, noch vor Ende dieses Jahrzehnts – dann müssen wir kühn sein.«

Dies ist ein (!) Satz aus einer Rede von John F. Kennedy. Er ist zwar aus dem Englischen übersetzt,[7] illustriert aber auch in seiner deutschen Fassung gut, wie ein langer Satz einen Spannungsbogen aufbauen kann.

Wir Deutschsprachigen müssen aber ein wenig vorsichtiger mit solchen Satzabenteuern sein als JFK. Das liegt an einer Eigenheit des Deutschen:

Wir haben sogenannte trennbare zusammengesetzte Verben. Sie bestehen aus einem Präfix und dem eigentlichen Verb. Beispiel: Einkaufen, zusagen, abwinken. Sie werden nur in der Grundform zusammengeschrieben, sonst nicht: »Ich kaufe ein«, »sie sagte zu«, »wir winkten ab«.

> Sie nahmen ihn, nachdem er seinen Job gekündigt hatte, wieder zu seinen Eltern gezogen war, drei Programmiersprachen (und das korrekte Einräumen der Spülmaschine) gelernt hatte, vom Keller seines Elternhauses aus in den E-Mail-Server des Kreml eingedrungen war, das Konto von Präsident Putin gehackt und Spam mit einem Bild der tief dekolletierten Angela Merkel an AOL-Kunden in Baden-Württemberg verschickt hatte, vor der Tiefkühltheke des örtlichen Edeka, welches gerade für den Tag hatte schließen wollen, weil es schon fünf vor acht war, fest.

---

6 Und deswegen sollten Sie sich auch nicht auf den im ersten Abschnitt dieses Kapitels vorgestellten Flesch-Index verlassen.

7 Chris Anderson, »TED Talks: Die Kunst der öffentlichen Rede«, 2017.

Von Beginn des Satzes an fragt sich die Leserin: Was oder wie nehmen sie ihn denn jetzt? Mit auf eine lange Reise? In den Rotary Club auf? Nicht mehr ganz für voll? Das Rätsel wird erst mit dem letzten Wort des Satzes gelöst. In diesem Fall ist die Wirkung nicht spannungserzeugend, wie im Kennedy-Beispiel, sondern verwirrend.

Noch leichter kann einem so etwas passieren, wenn man im Perfekt[8] schreibt. Hier kann man zwischen dem Hilfsverb – also einer Form von »sein« oder »haben« – und dem Partizip des eigentlichen Verbs – also zum Beispiel »geschrieben« – ebenfalls mehrere Romane einfügen, wenn man will.

> Sie hatte sich, da der ICE bereits eine halbe Stunde zu spät war, was jedoch auf keinem der Displays angezeigt wurde und auch nicht durchgesagt worden war, und in Erwartung einer wichtigen E-Mail, die, wie sie später feststellte, noch nicht angekommen war, weshalb sie den Absender anrief, der ihr mitteilte, dass er offenbar die falsche Adresse von ihr hatte, da seine E-Mail mit einer Fehlermeldung zurückgekommen war, mit ihrem Laptop, dem neuen MacBook, das allerdings schon zwei Pixelfehler auf dem Bildschirm hatte, und ihrem Smartphone, dessen Akku nur noch zu 19 % geladen war, neben ein Frappuccino trinkendes Pärchen in die Starbucks-Filiale gesetzt.

Auch hier löst erst das letzte Wort des Satzes das Rätsel, was oder wie sie sich nun hatte: Ein Sandwich gekauft? Nach einer Toilette umgeschaut? Von der Deutschen Bahn schlecht behandelt gefühlt? Eine bessere Zukunft ohne Massentierhaltung ausgemalt?

Sie sollten also mit Rücksicht auf Ihre Leser vermeiden, zusammengehörige Bestandteile eines Verbs unüberschaubar weit auseinanderzuziehen. Das geht ganz einfach, indem Sie die Verbbestandteile oder Hilfsverb und Partizip zusammen platzieren – und danach, wenn Sie es unbedingt wollen, mit Ihren Nebensätzen fortfahren. Wenn Nebensätze sich dennoch hartnäckig in Ihr Verb drängen wollen, dann bringen Sie sie unter Kontrolle, indem Sie eigene Hauptsätze daraus machen:

> Sie **nahmen ihn fest**, nachdem er seinen Job gekündigt hatte, wieder zu seinen Eltern gezogen war, drei Programmiersprachen (und das korrekte Einräumen der Spülmaschine) gelernt hatte, vom Keller seines Elternhauses aus in den E-Mail-Server des Kreml eingedrungen war, das Konto von Präsident Putin gehackt und Spam mit einem Bild der tief dekolletierten Angela Merkel an AOL-Kunden in Baden-Württemberg verschickt hatte. **Er stand gerade vor der Tiefkühltheke des örtlichen Edeka**, als der Beamte die Handschellen zückte.

Und:

---

8 Vergangenheitsform mit »sein« oder »haben«, beispielsweise »ich habe geschrieben«.

Sie **hatte sich in die Starbucks-Filiale gesetzt,** neben ein Frappuccino trinkendes Pärchen, da der ICE bereits eine halbe Stunde zu spät war. **Die Verspätung wurde auf keinem der Displays angezeigt und war auch nicht durchgesagt worden.** [...]

Unsere beiden Beispiele hier sind natürlich keine Vorlagen, sondern Übertreibungen, die verdeutlichen sollen, welche Satzungetüme die deutsche Sprache produzieren kann.

Faustregel:
Wenn Sie lange Sätze schreiben, achten Sie darauf, dass Sie das Verb nicht auseinanderreißen und dass der Handelnde im Satz (das Subjekt) schon möglichst früh erkennbar ist.

Lange Sätze bleiben gut verständlich, wenn sie chronologisch aufgebaut sind, also eine zeitliche Abfolge wiedergeben.

Wie machen Sie es nun besser? Ein Text wird gut lesbar, wenn kurze und längere Sätze sich abwechseln. Dann hat Ihre Leserin nicht das Gefühl, dass Sie mit ihr wie mit einer Erstklässlerin sprechen. Sie muss aber auch nicht Ihrem umständlichen Gedankengang mit Mühe bis zum Ende zu folgen wie einer langen Nudel in einer Schüssel Spaghetti.

Faustregel:
Wenn Sie über einfache Dinge schreiben, können Sie ruhig auch mal längere Sätze verwenden. Wenn Sie über komplizierte Sachverhalte schreiben, dann halten Sie Ihre Sätze eher kurz.

Ein Beispiel aus der deutschsprachigen Wikipedia aus dem Eintrag »Obfuskation«[9]:

Obfuskation (engl. *obfuscate* »vernebeln«, »unklar machen«, »verwirren«) ist ein Begriff aus der Softwaretechnik und beschreibt die absichtliche Veränderung von Programmcode, sodass der Quelltext für Menschen schwer verständlich oder schwer rückgewinnbar wird. Ziel ist es, den Aufwand für Reverse Engineering stark zu erhöhen, um Veränderung oder Diebstahl von Programmteilen zu erschweren oder um die Funktionalität z. B. von Schadsoftware zu verschleiern.

Man sieht, bei diesem Thema, das den meisten Menschen wenig vertraut ist, sind schon mittellange Sätze zu lang für optimales Verständnis. Wie wäre es stattdessen damit:

Obfuskation (engl. *obfuscate* »vernebeln«, »unklar machen«, »verwirren«) ist ein Begriff aus der Softwaretechnik. Er beschreibt die absichtliche Veränderung von Programmcode, sodass er für Menschen schwer verständlich oder schwer rückgewinnbar wird. Damit soll der Aufwand für Reverse

---

9 *https://de.wikipedia.org/wiki/Obfuskation*

Engineering stark erhöht werden. Das erschwert Veränderung oder Diebstahl von Programmteilen. Außerdem kann Obfuskation die Funktionalität von Software (z. B. Schadsoftware) verschleiern.

Gut verständlich – klingt aber wie von einem Roboter geschrieben, oder?

Obfuskation (engl. *obfuscate* »vernebeln«, »unklar machen«, »verwirren«) ist ein Begriff aus der Softwaretechnik. Er beschreibt die absichtliche Veränderung von Programmcode, sodass er für Menschen schwer verständlich oder schwer rückgewinnbar wird. Damit soll der Aufwand für Reverse Engineering stark erhöht und so die Veränderung und der Diebstahl von Programmteilen erschwert werden. Außerdem kann Obfuskation die Funktionalität von Software (z.B. Schadsoftware) verschleiern.

Das klingt schon besser – oder was denken Sie?

Und noch eine Faustregel:
Besonders gut verständlich sind Texte, in denen jeder Satz *genau einen* Gedanken beinhaltet. Sie sind aber oft langweilig zu lesen und klingen unelegant.

Wieder ein Beispiel aus der Wikipedia:

JavaScript (kurz JS) ist eine Skriptsprache, die ursprünglich 1995 von Netscape für dynamisches HTML in Webbrowsern entwickelt wurde, um Benutzerinteraktionen auszuwerten, Inhalte zu verändern, nachzuladen oder zu generieren und so die Möglichkeiten von HTML und CSS zu erweitern.

Dieser Satz enthält gleich mehrere Gedanken:

1. JavaScript ist eine Skriptsprache.
2. JavaScript wurde 1995 von Netscape entwickelt.
3. JavaScript wurde entwickelt, um Benutzerinteraktionen auszuwerten und Inhalte zu verändern, nachzuladen oder zu generieren.
4. Mit JavaScript wurden die Möglichkeiten von HTML und CSS erweitert.
5. Am besten verständlich wäre der Text, wenn man tatsächlich jeden Gedanken in einen eigenen Satz packen würde. Da 1 und 2 aber doch recht überschaubare Gedanken sind, kann man sie auch gemeinsam servieren, damit sich der Text flüssiger liest.

JavaScript (kurz JS) ist eine 1995 von Netscape entwickelte Skriptsprache. Sie wurde entwickelt, um Benutzerinteraktionen auszuwerten und Inhalte zu verändern, nachzuladen oder zu generieren. Damit wurden die Möglichkeiten von HTML und CSS erweitert.

Merke:
Bei der Länge der Sätze sollten Sie einen Kompromiss suchen zwischen Lesefluss (lange Sätze) und Verständlichkeit (kurze Sätze).

Satzzeichen

Das wahrscheinlich am häufigsten verwendete (und am häufigsten falsch verwendete) Satzzeichen ist das **Komma**. Wohin man in einem deutschen Satz das Komma setzt, ist leider nicht immer intuitiv – und leider auch nur selten egal, genauso wenig wie in einer Programmiersprache. Unter Umständen verändert sich durch ein falsch gesetztes (oder nicht gesetztes) Komma der Sinn des Satzes dramatisch:

> Alice, sagt Bob, kann nicht Auto fahren.

oder:

> Alice sagt, Bob kann nicht Auto fahren.

Ein anderes wohlbekanntes Beispiel:

> Wir essen jetzt, Opa!

versus:

> Wir essen jetzt Opa!

Daher haben wir die wichtigsten Regeln zur Kommasetzung hier noch einmal zusammengefasst[10] (keine vollständige Aufzählung):

Wo müssen Kommas[11] gesetzt werden?

- In Aufzählungen statt »und«. Beispiel: Tick, Trick, Track und Onkel Dagobert.
- Vor nachgestellten Zusätzen. Beispiel: Das ist Hermann, unser Saugroboter.
- Wenn Angaben eingeschoben werden. Beispiel: Vue.js, ein angesagtes JavaScript-Framework, ist Thema des nächsten Webmontags.
- Vor Bindewörtern wie »aber«, »weil«, »nachdem«. Beispiel: Er kam, weil ich ihn angerufen hatte.
- Vor/nach sogenannten Infinitivgruppen, also einem eingeschobenen Verb. Beispiel: Wir haben die Anweisung, alles aufzuschreiben. Wir werden es also dokumentieren, ohne Dinge auszulassen.
- Um Nebensätze abzuteilen. Beispiel: Ich sehe, dass Hermann mit seiner Arbeit fertig ist. Der Laptop piepst, wenn der Akku leer ist.

Und dann gibt es auch noch einige Fälle, in denen man ein Komma setzen darf, aber nicht muss: beispielsweise wenn man zwei Hauptsätze mit einem »und« verbindet. Es kann also sowohl heißen:

> Hermann war fertig, und ich machte die Tür zu.

---

10 *http://www.duden.de/sprachwissen/rechtschreibregeln/komma*
11 Ja, »Kommata« geht auch.

---

als auch:

> Hermann war fertig und ich machte die Tür zu.

Wie sieht es mit anderen Satzzeichen aus?

- Wann Sie **Fragezeichen** einsetzen, ist ja klar. Und wenn Sie in einem Text etwas erklären, dann seien Sie mit Fragen an den Leser ruhig großzügig – sie helfen, den Text zu strukturieren, und regen zum Mitdenken an (siehe den Satz vor dieser Aufzählung). Aber denken Sie daran: Eine Frage, die Sie gestellt haben, müssen Sie auch beantworten – zumindest indirekt. Oder erklären, warum sie nicht zu beantworten ist.

- Mit dem **Ausrufezeichen** sollten Sie eher sparsam sein, denn seine Wirkung nutzt sich schnell ab. Faustregel: Nicht mehr als ein Ausrufezeichen pro Seite, besser weniger oder gar keine.

- Das **Semikolon** ist eine Art stärkere Variante des Kommas. Wenn Sie zwei Satzteile deutlicher voneinander absetzen wollen als mit dem Komma, aber nicht so deutlich wie mit einem Punkt, dann ist das Semikolon richtig.

  > Satzzeichen sind manchmal schwierig zu setzen; gar keine zu benutzen, ist aber auch keine Lösung.

- Der **Doppelpunkt** leitet üblicherweise eine Aufzählung ein. Sie können ihn aber auch verwenden, um die Schlussfolgerung eines Gedankengangs abzusetzen oder auf einen neuen Gedanken hinzuleiten.

  > Nachdem wir all dies gesagt haben, fehlt uns jetzt noch ein wichtiges Satzzeichen: der Gedankenstrich.

- Den **Gedankenstrich** können Sie verwenden – wenn es Ihnen gefällt –, um mitten im Satz einen Einschub zu machen. Vorsicht aber, dass so eine Konstruktion nicht unübersichtlich wird. Oder aber Sie verwenden ihn ähnlich wie den Doppelpunkt im vorhergehenden Beispiel – um die Schlussfolgerung oder einen neuen Gedanken vom vorhergehenden abzusetzen.

- Auch mit den **Klammern** können Sie etwas einschieben. Verwenden Sie die Klammern statt des Gedankenstrichs (den wir im vorherigen Punkt besprochen haben), wenn es ein weniger wichtiger Einschub ist. Aber vielleicht ist er dann auch so unwichtig, dass Sie ihn lieber weglassen möchten.

Anhäufungen von Satzzeichen sollte man übrigens (außerhalb von Instant Messaging – und eigentlich sogar da) sorgfältig meiden. Die aneinandergereihten Ausrufezeichen in Internetforen sind schon oft parodiert worden (!!!!11!1!einself!). Wie bei allen anderen hier besprochenen Regeln gilt aber auch: Als Stilmittel dürfen Sie Regeln bewusst brechen. Dann aber mit Absicht und Bedacht und nicht unbewusst oder aus Unwissenheit.

Auch die drei aufeinanderfolgenden Punkte dienen keinem bestimmten Zweck ... Sie machen den Eindruck, als käme da noch ein Gedanke, den der Autor aber nicht ausschreibt. Kein Leser hat gern das Gefühl, dass ihm etwas vorenthalten wird, und oft will der Autor auch bloß diesen Eindruck erwecken – eigentlich gibt es in Wirklichkeit dort gar nichts Unausgesprochenes. Also: besser einen Punkt machen.

Parallelisierung: gleiche Muster für ähnliche Gedanken

Im vorangegangenen Abschnitt haben wir gesehen, dass Sie am besten kurze und längere Sätze abwechselnd einsetzen, um einen guten Lesefluss und einen angenehmen Rhythmus zu erzielen. Apropos Rhythmus: Dieser spielt auch bei Texten, die nicht laut gelesen werden, eine Rolle – denn beim stillen Lesen »hören« wir den Rhythmus eines Textes im Kopf.

Besonders deutlich wird dieser Rhythmus, wenn aufeinanderfolgende Sätze oder Satzteile immer nach dem gleichen Muster aufgebaut sind. Hat sich dieser Rhythmus dem Leser erst einmal eingeprägt, können wir als Autoren ihn im letzten Teil unseres Satzes oder Textes wieder brechen – und damit noch einmal einen besonderen Schub an Aufmerksamkeit erzielen.

Ein Beispiel dafür aus einer – zugegeben nicht ganz ernsten – Kapiteleinleitung eines Programmierbuchs[12], »Vererbung und Polymorphie: Besser leben in Objekthausen«:

> Planen Sie Ihre Programme mit Blick auf die Zukunft. Wenn es eine Möglichkeit gäbe, Java-Code so zu schreiben, dass Sie mehr Urlaub machen könnten, was wäre die Ihnen wert? Was wäre, wenn Sie Code schrieben, den ein anderer problemlos erweitern könnte? Und was wäre, wenn Ihr Code flexibel genug für diese verfluchten Spezifikationsänderungen in letzter Minute wäre? Würde Sie das nicht brennend interessieren? Dann ist heute Ihr Glückstag.

Und weiter:

> Wenn Sie auf den Polymorphie-Zug aufspringen, lernen Sie die fünf Schritte zu besserem Klassen-Design, die drei Tricks der Polymorphie und die acht Wege, Code flexibel zu machen. Dazu, wenn Sie sofort zugreifen – eine Bonusstunde mit den vier Tipps zur Nutzung von Vererbung inklusive.

Ein paralleler Aufbau von aufeinanderfolgenden Sätzen oder Satzteilen dient nicht nur dazu, dass Sie den Rhythmus anschließend brechen und so Aufmerksamkeit erzeugen können. Wenn Sie über ein kompliziertes Thema schreiben, ist der parallele Aufbau vielmehr ein Handlauf, an dem der Leser sich festhalten kann, während Sie ihn durch unübersichtliches Gelände führen. Hier ein Beispiel aus dem Blog[13] der US-amerikanischen Firma Multichain, die Software anbietet, um private Blockchains zu betreiben.

---

12 Kathy Sierra und Bert Bates, »Java von Kopf bis Fuß«, O'Reilly, 2006, übersetzt von Elke Buchholz und Lars Schulten.

13 *http://www.multichain.com/blog/2015/11/avoiding-pointless-blockchain-project/*

Blockchains sind ein nicht ganz einfach zu verstehendes Thema, daher fängt der Autor Gideon Greenspan mehrere Absätze mit jeweils einer parallel angelegten Konstruktion an, um dem Leser Orientierung zu geben:[14]

> Blockchains sind eine Technologie für gemeinsam genutzte Datenbanken. [...] Blockchains sind eine Technologie für Datenbanken, in die mehrere Parteien schreiben können. [...] Blockchains sind eine Technologie für Datenbanken, in die verschiedene Parteien schreiben können, die einander nicht vertrauen. [...]

Merke:
Wenn Sie ähnliche Konzepte mit gleichem Satzbau ausdrücken, helfen Sie dem Leser, diese zu verstehen. Der vorhersehbare Rhythmus gibt dem Leser Halt.

Wenn Sie weniger das Verständnis unterstützen als vielmehr die Aufmerksamkeit des Lesers gewinnen wollen, brechen Sie den gleichartigen Rhythmus zum Schluss.

Die Notwendigkeit der Vermeidung des Nominalstils

Oder: Benutzen Sie lieber Verben als Substantive.

Natürlich lässt sich nicht jedes Substantiv (Hauptwort) durch ein Verb (Tätigkeitswort) ersetzen. Diese Regel bezieht sich vielmehr auf solche Substantive, deren Bedeutung der eines Verbs entspricht. Beispiele (mit den ursprünglichen Verben in Klammern):

- das Schreiben (schreiben)
- die Überlegung (überlegen)
- die Speicherung (speichern)
- die Nachverfolgung (nachverfolgen)
- die Verbindung (verbinden)
- die Einrichtung (einrichten)
- die Konfiguration (konfigurieren)
- die Erzeugung (erzeugen)

Die Verwendung der entsprechenden Verben führt zu einer Verbesserung der Verständlichkeit des Textes für den Leser.

Oder: Wenn Sie die entsprechenden Verben verwenden, wird Ihr Text für den Leser besser verständlich.

Warum?

---

14 Eigene Übersetzung.

Wir sind als Menschen darauf getrimmt, dass wir anderen Menschen (oder uns selbst) die größte Aufmerksamkeit schenken, nicht abstrakten Konzepten. Das ist auch der Grund dafür, dass Kriminalromane seit Jahrhunderten ein beliebtes Genre sind, während kaum jemand freiwillig eine juristische Abhandlung darüber lesen würde, wie man Mord, Totschlag und Notwehr voneinander abgrenzt.

Wenn Sie in einem Satz ein Verb verwenden, dann steht die handelnde Person im Vordergrund. Wenn Sie stattdessen ein Substantiv verwenden, steht ein abstraktes Konzept im Vordergrund.

Beispiel:

> Die Einrichtung des Servers erfolgt nach dem Log-in in die Benutzeroberfläche.

oder:

> Nachdem sich der User in die Benutzeroberfläche eingeloggt hat, kann er[15] den Server einrichten.

oder auch:

> Loggen Sie sich in die Benutzeroberfläche ein. Dann können Sie den Server einrichten.

Wir geben uns der Hoffnung hin, dass die Lektüre dieses Abschnitts zu einem Verständniszuwachs Ihrerseits geführt hat, und verbleiben mit freundlichen Grüßen.

Assimiliert werden: Passivsätze

Der Schriftsteller George Orwell hat einmal gesagt: Man soll nirgends das Passiv verwenden, wo man auch das Aktiv einsetzen kann.

Wie so viele einfache Regeln ist sie eindeutig, einprägsam – und manchmal falsch. Aber bevor wir diskutieren, warum, werfen wir erst einmal einen Blick darauf, was das Passiv überhaupt ist.

Passivsätze kommen in folgenden Geschmacksrichtungen vor:

- Mit Modalverb (»werden«), beispielsweise: »Das Buch wird gelesen.«
- Mit »sein zu«, beispielsweise: »Das Buch ist zu lesen.«
- Mit »-bar«, beispielsweise: »Das Buch ist lesbar.«
- Mit »gehören« oder »bekommen«, beispielsweise: »Das Buch gehört gelesen.«[16] oder »Ich bekomme das Buch vorgelesen.«

---

15 Er? Das diskutieren wir im Abschnitt »Hacker und Haeckse? – Schöner gendern« weiter hinten in diesem Kapitel.

16 Nicht allerdings: »Das Buch gehört in jeden Bücherschrank.« Diese Aussage ist zwar nicht sehr actiongeladen, aber kein Passivsatz, sondern beschreibt eine Eigenschaft des Buchs.

Die letzten drei sind sogenannte Passiversatzformen, was aber für unsere Zwecke hier keine große Rolle spielt: Wir meinen mit »Passiv« alle oben genannten Konstruktionen.

Allen diesen Formen ist gemeinsam, dass das Subjekt (hier das Buch) nichts aktiv tut. Vielmehr lässt es etwas mit sich machen – passiv eben.

Dabei zuzuschauen, wie jemandem eine Sache nach der anderen zustößt, wird schnell langweilig. Die meisten Romane haben Hauptpersonen – oder zumindest wichtige Nebenpersonen –, die entscheidungs- und tatkräftig sind und *Dinge tun*. Ein Text, der aus vielen Aktivsätzen besteht, hat Tempo und Dynamik – etwas, das auch einem Sachtext nicht schaden kann.

Allerdings: Das Subjekt in einem Aktivsatz schiebt sich selbst immer in den Vordergrund. Manchmal möchte man sich aber gar nicht auf den »Täter« konzentrieren, weil das, was passiert ist, viel interessanter ist.

Beispielsweise:

> Amazon wurde gehackt.

oder:

> Unbekannte Täter haben Amazon gehackt.

Wenn es Ihnen so geht wie uns, dann finden Sie die Tatsache, dass der E-Commerce-Riese Amazon betroffen ist, viel interessanter (und bedenklicher) als die vorhandenen Informationen über die Täter. Diese sind nämlich dürftig: Sie sind unbekannt.

Außerdem – und auch das sehen Sie am obigen Beispiel – entgehen Sie mit einem Passivsatz unter Umständen dem Gender-Dilemma im Deutschen. Denn wenn »unbekannte Täter« Amazon gehackt haben – heißt das, dass die Täter definitiv männlich sind? Oder dass der Autor (ha!) des Textes sich nicht festlegen wollte, ob sie männlich oder weiblich sind, und daher das generische Maskulinum[17] verwendet hat?

In der Aktiv-Formulierung des Satzes stehen die Täter also völlig unberechtigt im Vordergrund, während das Passiv die eigentlich interessante Information des Satzes in den Vordergrund rücken würde.

The Jargon File: Heute schon einen x86 emuliert?

In der IT passiert es besonders leicht: Man erklärt etwas, wirft dabei mit Fachwörtern um sich und freut sich, dass das Gegenüber so aufmerksam schweigend zuhört.

Dass der Zuhörer schon vor zehn Minuten komplett den Faden verloren hat, merkt man erst, als er nach dem Ende des Vortrags kurz ins Leere starrt – und dann das Thema wechselt.

---

17 Mehr dazu im Abschnitt »Hacker und Haeckse? – Schöner gendern« weiter hinten in diesem Kapitel.

Warum passiert so etwas? In unserer durchdigitalisierten Umgebung haben die meisten Nicht-IT-Experten ein latent schlechtes Gewissen, dass sie mit der modernen Technik nicht besser klarkommen. Statt sich die Blöße zu geben, bei jedem zweiten Wort nachzufragen, verdrängen sie das Problem daher lieber (oder googeln nachher heimlich).

Es kann daher nicht schaden, im Gespräch gelegentlich mal zu fragen: »Weißt du, was ein Log-in ist?«

Wenn Sie Texte schreiben, haben Sie diesen Luxus leider nicht. Dafür können Sie Ihrer Leserin auf anderen Wegen helfen:

indem Sie im Text öfter mal was erklären,

- indem Sie Fußnoten[18] mit Erklärungen einfügen
- und indem Sie ein Glossar erstellen.

Welche Begriffe sind jeweils eine Erklärung oder Fußnote wert? Das hängt – Sie haben es schon erraten – von der Zielgruppe ab (siehe dazu auch Kapitel 2, »Mein Leser, das unbekannte Wesen«). Sie können aber davon ausgehen, dass Ihre Zielgruppe weniger Fachbegriffe versteht, als Sie denken (siehe »Der Wissensfluch« – ebenfalls in Kapitel 2).

Greifen wir noch mal auf die Wikipedia zurück, und zwar auf den Artikel über die Software ownCloud:[19]

> ownCloud ist eine freie Software für das Speichern von Daten (Filehosting) auf einem eigenen Server. Bei Einsatz eines entsprechenden Clients wird dieser automatisch mit einem lokalen Verzeichnis synchronisiert. Dadurch kann von mehreren Rechnern auf einen konsistenten Datenbestand zugegriffen werden. Das Projekt wurde im Januar 2010 vom KDE-Entwickler Frank Karlitschek ins Leben gerufen, um eine freie Alternative zu kommerziellen Anbietern eines Cloud-Service zu schaffen. Im Gegensatz zu kommerziellen Speicherdiensten kann ownCloud auf einem privaten Server oder Webspace ohne Zusatzkosten installiert werden. Somit können gerade bei sensiblen Daten die Bedenken gegenüber einer Datenweitergabe und der damit einhergehenden Abgabe der Kontrolle über die Daten zerstreut werden.

Stellen Sie sich vor, dieser Text würde in einer Tages- oder Wochenzeitung veröffentlicht werden – sagen wir mal, der Süddeutschen oder der ZEIT. Welche Begriffe, denken Sie, wären erklärungswürdig?

Wenn Ihr Text mehr als drei, vier Seiten umfasst, profitiert er wahrscheinlich auch von einem Glossar. Hier fassen Sie einfach die Fachbegriffe noch einmal in Listenform zusammen und liefern eine kurze Erklärung zu jedem.

---

18 Fußnote, die (Substantiv): Eine Anmerkung zu einem bestimmten Ausdruck oder Textabschnitt am unteren Seitenrand.

19 *https://de.wikipedia.org/wiki/OwnCloud*

Wichtig: In den meisten Fällen ist es im IT-Bereich besser, Fachbegriffe zu erklären, statt sie ganz wegzulassen und zu umschreiben. In den letzten Jahrzehnten hat sich immer wieder gezeigt, wie Begriffe aus der IT in den allgemeinen Sprachgebrauch übergegangen sind: Maus, Diskette, Cloud, App, um nur einige zu nennen. Wenn Sie Fachbegriffe nur umschreiben, haben Ihre Leser später keinen »Aha!«-Moment, wenn sie dem Begriff in anderem Zusammenhang erneut begegnen.

Es gibt allerdings eine Unterart von »Fachbegriffen«, die Sie ruhig großzügig aus Ihren Texten streichen können – dazu mehr im nächsten Abschnitt.

Das Phrasenschwein

Man könnte annehmen, dass die menschliche Sprache – ob geschrieben oder gesprochen – hauptsächlich ein Werkzeug zur Informationsvermittlung ist. Ein ziemlich gutes noch dazu, das uns in der Evolution einen entscheidenden Wettbewerbsvorteil gegenüber, sagen wir mal, wohlschmeckenden Mitbewohnern der Steppe gegeben hat: Einige Wissenschaftler gehen nämlich davon aus, dass unsere Vorfahren sich das Sprechen beigebracht haben, um ihre Jagdzüge besser planen zu können.[20]

Aber manchmal möchten wir gar keine Informationen vermitteln, sondern unsere Ahnungslosigkeit kaschieren, unseren Hintern gegenüber potenziellen Kritikern absichern oder einfach zustimmende Geräusche machen, ohne darüber nachzudenken. Nichts davon ist verboten – aber wenn man es unbewusst in einem Text macht, der eigentlich Informationen transportieren soll, leidet der Text und in der Folge auch der Leser. Daher zeigen wir in den nächsten Abschnitten, welche Worthülsen man wachsam im Auge behalten sollte.

Abbildung 5-1: Tweet von @managerspeak (Quelle: https://twitter.com/managerspeak/status/922377289920401410)

---

20 Számadó, S. Biol Theory (2010) 5: 366. *https://doi.org/10.1162/BIOT_a_00064*

Buzzwords

Es gibt Ausdrücke, die sich innerhalb kürzester Zeit in den Wortschatz einschleichen und dann überall auftauchen, bis niemand mehr so genau weiß, was der Begriff eigentlich umfasst. Anders gesagt: Buzzword-Bingo[21] ist ein beliebter Zeitvertreib auf Hackathons, auf denen Visionäre und Global Quality Liaison Officers austüfteln, wie man testgetrieben prädiktive Analytik aus unstrukturierten Daten in der privaten Cloud entwickelt.

Natürlich spricht nichts dagegen, über prädiktive Analytik zu schreiben, wenn wirklich prädiktive Analytik gemeint ist, und über testgetriebene Entwicklung, wenn wirklich testgetriebene Entwicklung gemeint ist. Aber: Sobald Ihnen ein Ausdruck immer und immer wieder in Überschriften von Blogpostings und Titeln von Fachartikeln auffällt, steigt die Wahrscheinlichkeit, dass es sich um ein Buzzword handelt. Das heißt: Setzen Sie es ruhig weiter ein, wenn Sie es tatsächlich so meinen, aber denken Sie vorher ein paar Sekunden darüber nach, ob Ihre Wortwahl wirklich präzise ist. Oft greift man nur zu Buzzwords, weil man ein bisschen zu faul ist, um konkreter zu werden.

Wenn beispielsweise Experten ihren Senf zu einem Thema geben, müssen das dann immer »Impulse« von »Innovatoren« sein? Müssen »Lösungen« immer »flächendeckend ausgerollt« werden? Besser wäre es doch, wenn Dr. Frankenstein von der Uni Bielefeld einen Vortrag zum Thema private Blockchain hielte und wenn die neue Quanten-Firewall bis Ende des Jahres in 90 % der Niederlassungen der Murphy GmbH & Co. KG installiert wäre.

Wieselwörter

Apropos präzise und konkret: Eine andere Klasse von Wörtern verleiten Sie ebenso dazu, beim Nachdenken faul zu werden, nämlich die sogenannten Wieselwörter – im Englischen *Weasel Words* oder im Deutschen *Weichmacher*. Das sind Wörter, die die Bedeutung des Gesagten abschwächen. Der Sprecher oder Autor versucht sich damit gegen Widerspruch abzusichern und seine Aussagen möglichst allgemeingültig zu halten. (Im letzten Satz war »möglichst« übrigens ein Wieselwort.)

Weitere Beispiele für Wieselwörter und -ausdrücke, die Aussagen abschwächen:

> eigentlich
>
> man sagt, dass …
>
> einige finden, dass …

Es gibt auch Wieselwort-Konstruktionen, die eine Aussage glaubhafter machen sollen, als sie tatsächlich ist:

---

21 Auch als Bullshit-Bingo bekannt.

> Experten nehmen an, dass ...
>
> Studien haben gezeigt, dass ...
>
> es ist belegt, dass ...

Wenn Sie solche Redewendungen verwenden, dann geben Sie bitte auch die zugehörige Quelle an. Und wenn Sie das nicht möchten, weil es sich um eine triviale Aussage handelt – oder sie nur Ihre eigene Meinung wiedergibt –, lassen Sie die Worthülse einfach weg.

Beispiel:

> Es ist belegt, dass Unternehmen durch agile Entwicklung Zeit und Geld einsparen.

Daraus wird dann entweder:

> Es ist belegt, dass Unternehmen durch agile Entwicklung Zeit und Geld einsparen (Shore, 2007).

oder:

> Unternehmen sparen durch agile Entwicklung Zeit und Geld ein.

Und schließlich gibt es noch eine dritte Art von Ausdrücken, die Sie aus Ihren Texten besser streichen:

Klischees und Binsenweisheiten

Oder, wie ein bekannter US-amerikanischer Journalist[22] es formulierte (natürlich in seiner Muttersprache): »Meiden Sie Klischees wie die Pest.«

Dass wir dieses Zitat am Anfang unseres Abschnitts über Klischees und Binsenweisheiten bringen, ist auch schon wieder ein Klischee, weil Safire in diesem Zusammenhang ständig zitiert wird.

Klischees und Binsenweisheiten sind alle Feststellungen, die weder Interesse beim Leser wecken noch ihm irgendetwas Neues mitteilen.

Beispiel:

> IT-Sicherheit wird in der heutigen Zeit immer wichtiger.

Wer sagt das – und wer würde da jemals widersprechen? Wie lässt sich die Wichtigkeit von IT-Sicherheit überhaupt messen? Würde der Leser Ihren Artikel über IT-Sicherheit lesen, wenn er nicht schon wüsste, wie wichtig das Thema ist?

Besser:

> 87 % der vom Dingens-Institut befragten CIOs sagen, dass ihr Budget für IT-Sicherheit heute größer ist als vor zwei Jahren.

---

22 William Safire von der New York Times in seinen »Fumblerules« (*https://en.wikipedia.org/wiki/Fumblerules*).

Anderes Beispiel:

> Es ist schwierig, von Usern eine genaue Fehlerbeschreibung zu bekommen.

Nicht ganz so schlimm wie der vorhergehende Satz, aber zu wenig konkret, um für den Leser nützlich zu sein, und zu wenig übertrieben, um lustig zu sein.

> Die wenigsten User wissen, welche Angaben ein Administrator braucht, um einen Netzwerkfehler zu beheben. Um dieses Problem zu lösen, sollte die Fehlermeldung selbst darauf hinweisen, welche Angaben wichtig sind.

oder:

> Viele User würden sich eher einer Ganzkörper-Heißwachsbehandlung unterziehen als der Zumutung, einen Fehlercode abtippen zu müssen.

Weitere Beispiele für Klischees:

> Bürokratien sind lästig und schwerfällig.

> Start-ups machen viele Nachtschichten und haben ein hohes Pleite-Risiko.

> Mobile Technologien sind praktisch.

> Künstliche Intelligenz ist nicht wie menschliche Intelligenz.

> In der Softwareentwicklung gibt es jedes Jahr neue Trends.

> Versionsverwaltung ist notwendig.

> Es ist schwer, gute Angestellte zu finden.

> Es ist schwer, gute Chefs zu finden.

> Nanotechnologien werden immer kleiner.

> Datenbanken werden immer größer.

Faule Annahmen über den Leser

»Faul« verwenden wir hier in beiden möglichen Bedeutungen: Annahmen, mit denen etwas nicht stimmt, und Annahmen, die Sie aus Faulheit machen, was nämlich oft das Gleiche ist.

Diese Annahmen kommen oft in Form folgender Behauptung am Anfang eines Textes daher:

> Jedem ging es schon mal so, dass ...

Jedem Autor ging es schon mal so, dass er vor einer leeren Bildschirmseite saß und mit dem Verdacht kämpfte, dass sein Text hinterher möglicherweise kein Schwein interessieren würde. Was tun? Gleich wieder aufhören zu schreiben? Ja, manche entscheiden sich dafür.[23] Andere wiederum kommen zu dem Schluss, dass ihr Thema sehr wohl interessant für eine bestimmte Zielgruppe ist – machen aber den

---

23 Siehe hierzu auch unser achtes Kapitel, »Prokrastination 101: (Un)produktiv sein«.

Fehler, diese Ermutigung an sich selbst tatsächlich am Anfang des Textes niederzuschreiben.

Jeder Leserin der oben genannten Behauptung ging es schon mal so, dass sich ihr in diesem Moment unwillkürlich folgender Gedanke aufdrängte:

> Nö.

Denn egal, wie gut Sie Ihre Leserschaft kennen[24] – mit dem obigen Statement können Sie einfach nicht anders als Ihr Wissen über die einzelne Leserin maßlos zu überschätzen.

Generalisierungen wie »alle«, »jede«, »immer« oder »ausnahmslos« sind sowieso gefährlich, denn es reicht ein Gegenbeispiel, um Sie im Regen stehen zu lassen. Insbesondere wenn Sie für technisch oder wissenschaftlich gebildete Leute schreiben. Die kriegen alle Sodbrennen von unzulässigen Verallgemeinerungen. (Es sei denn, sie gehören zu denen, die eher zu hektischen rote Flecken im Gesicht neigen, oder zu denen, die Ihnen eh nicht zugehört haben. Sehen Sie? Wenn Sie Ihre Verallgemeinerungen einschränken, sind Sie schnell wieder auf der sicheren Seite.)

Wollen Sie sich nun in Ihrem Text auf Teufel komm raus mit der Leserin über gemeinsame Erfahrungen verbrüdern oder verschwestern, dann seien Sie doch einfach so höflich und fragen nach, ob Sie damit richtig liegen:

> Ging es Ihnen auch schon mal so, dass Sie gedacht haben, was Sie schreiben, das interessierte kein Schwein?

Das klingt immer noch nicht originell, erzeugt aber schon mal weniger Widerstand.

Oder:

> Wann haben Sie das letzte Mal den Verdacht gehabt, dass niemand lesen möchte, was Sie schreiben?

Klingt zwar ein bisschen nach Direktmarketing[25], bringt Ihre Leserin aber ernsthaft zum Nachdenken.

Oder Sie erzählen einfach von sich selbst:

> Gestern Nacht habe ich zwischen 0:21 und 4:34 Uhr über die Möglichkeit gegrübelt, dass mein Text niemanden interessieren könnte.

Die Wahrscheinlichkeit, dass Ihre Leserin in diesem Moment »So ein Zufall – ich auch!« denkt, ist ziemlich gering – aber trotzdem identifiziert sie sich so viel mehr mit Ihrem Text als mit dem klischeehaften »Jedem ging es schon mal so …«.

Finden Sie doch auch, oder? Nun geben Sie es schon zu.

---

24 Und nach Lektüre des Kapitels »Mein Leser das unbekannte Wesen« ist das hoffentlich ziemlich gut.

25 Überweisen Sie uns daher noch heute 24,90 EUR für das Buch, das Ihr Leben verändern wird! Über fünftausend glückliche Kunden und Horst aus Castrop-Rauxel sagen: »Vor 6 Monaten war ich noch völlig verzweifelt – aber nun habe ich den Grimmepreis gewonnen, einen aufgeräumten Keller und ein besseres Sexleben, als ich es mir je hätte träumen lassen!« Nur heute versandkostenfrei!

Lost in Translation: IT auf Deutsch und Englisch

Die mit Abstand wichtigste Sprache in der IT ist Englisch. Wie das Jargon File[26] sagt:

> »Hackers in Western Europe and (especially) Scandinavia report that they often use a mixture of English and their native languages for technical conversation.«

Deutschland ist hier keine Ausnahme. Auch wenn sich ein paar geläufige Begriffe gut haben eindeutschen lassen – Rechner, Maus, Papierkorb, Systemabsturz und andere Schönheiten –, so scheinen die englischen Begriffe doch in der Mehrheit zu sein.[27]

Ab einem gewissen Verbreitungsgrad des englischen Begriffs ist es auch nicht mehr sinnvoll, ihn zu übersetzen: Wenn wir plötzlich anfangen würden, von Käfern statt Bugs und von einer Verteilung in die Wolke statt einem Deployment in die Cloud zu sprechen, dann würden wir beim Leser nicht nur Verwirrung stiften, sondern ihm auch erschweren, diese Stichwörter in anderen Quellen oder bei einer Google-Suche wiederzufinden.

Wir haben zu diesem Thema auch mit den O'Reilly-Übersetzern Kristian Rother und Thomas Demmig gesprochen, und sie sind sich einig:

 Der Trend geht eher dahin, englischsprachige Fachbegriffe in deutschsprachige Texte für IT-Profis unverändert zu übernehmen.

Dass der Trend in diese Richtung geht, heißt allerdings nicht zwingend, dass Sie ihm folgen müssen. Ob das sinnvoll ist oder nicht, hängt nämlich (mal wieder) von Ihrer Zielgruppe ab. Wie hoch ist die Chance, dass sich der englische Fachbegriff dort schon herumgesprochen hat? Wenn Sie auch nur den leisesten Zweifel hegen, dann erklären Sie den Begriff beim ersten Auftauchen einmal auf Deutsch, etwa so:

> Deployment, also die Bereitstellung von Software in der Cloud, war das Thema des Symposiums am letzten Freitag.

Ein solcher Einschub ist so kurz, dass er diejenigen nicht langweilt, die den Begriff schon kennen, und alle anderen informiert er darüber oder erinnert er daran, was gemeint ist – denn viele Begriffe hat Ihr Leser vielleicht schon mal gehört oder gelesen, könnte sie aber trotzdem nicht definieren.

Ein besonderes Problem stellen Wortspiele dar – nur ein geringer Teil davon ist aus dem Englischen ins Deutsche übersetzbar.

Aber wie übersetzt man denn überhaupt ein Wortspiel?

---

26 http://catb.org/jargon/html/international-style.html
27 Wir geben aber zu: Wir haben nicht nachgezählt.

Am besten gar nicht, würden Puristen sagen. Auch Thomas und Kristian haben uns bestätigt, dass die Übersetzung von Wortspielen etwas ist, das man im Zweifelsfall – wenn man nicht wirklich eine gute Übersetzung zur Hand hat – lieber lässt.

Eines der wenigen Wortspiele aus dem englischen Hacker-Jargon, das sich unfallfrei ins Deutsche übersetzen lässt, ist »automagically«[28], eine Kombination aus »automatically« und »magic«.

Andere Redewendungen ließen sich durchaus ins Deutsche übersetzen – es macht nur keiner. Oder haben Sie schon mal von wütendem Obstsalat[29] gehört? Vielleicht ist er aber auch nur gemeinsam mit Geocities, Lauftextbannern und dem HTML-Tag `<blink>` ausgestorben.

Ganz selten hat ein Begriff den umgekehrten Weg genommen: vom Deutschen ins Englische. Ein Beispiel hierfür ist die teergrube[30] aus dem Jargon File. Ob diese Spam-Falle tatsächlich von deutschen Hackern erfunden wurde, lässt sich aus dem Eintrag nicht mehr nachvollziehen.

Und natürlich die berühmten blinkenlights[31] oder blinkenlichten, die genau genommen gar nicht aus dem Deutschen stammen, sondern aus einer Parodie des Deutschen, einem Warnschild bei IBM um 1955. Um noch einmal den Kurator des Jargon File zu zitieren:

> »Germans, then as now, had a reputation for being both good with precision machinery and prone to officious notices.«

Leider wird das Jargon File seit 2003 nicht mehr aktuell gehalten. Es existiert eine – viel weniger umfangreiche – deutsche Variante,[32] die vom Erfa[33] Dresden des Chaos Computer Club, dem c3d2[34], gepflegt wird. Oder wurde, denn auch dieses Dokument ist schon deutlich angestaubt, wie die vielen Referenzen aufs Usenet[35] zeigen: Hier wird noch geplenkt, geplonkt und die Ingrid gemacht.

Zwei obsolete Wörterbücher, die im Netz vor sich hingammeln – wen kümmert's? So könnte man denken. Tatsächlich wäre ein aktuelles Jargon File für die deutsche Sprache ein Hilfsmittel mehr, um die Kluft zwischen ITlern und Benutzern zu schließen. Denn das originale Jargon File ist nicht nur aufschlussreich, sondern auch eine überaus unterhaltsame Lektüre, die vielleicht den einen oder anderen Hacker zu dem gemacht hat, was er ist. Andererseits gibt es für junge (oder nicht mehr so junge) Menschen, die erstmals mit Computern und Digitalisierung in Kon-

---

28 *http://catb.org/jargon/html/A/automagically.html*
29 *http://catb.org/jargon/html/A/angry-fruit-salad.html*
30 *http://catb.org/jargon/html/T/teergrube.html*
31 *http://catb.org/jargon/html/B/blinkenlights.html*
32 *https://wiki.c3d2.de/Jargon-File/main.xml*
33 Erfahrungsaustauschkreis – ein gar entzückendes sprachliches Relikt aus den 1980er-Jahren.
34 *https://wiki.c3d2.de/*
35 *https://de.wikipedia.org/wiki/Usenet*

takt kommen, wenig, was so einschüchternd ist wie ein Haufen Fachbegriffe und Insiderwitze, die sie nicht verstehen – so wird IT tatsächlich zur Black Magic[36].

Hacker und Haeckse? – Schöner gendern

Erinnern Sie sich an den Abschnitt »Assimiliert werden: Passivsätze«?

> Unbekannte Täter haben Amazon gehackt.

Wie wir dort bereits besprochen haben, können Sie diesem Satz nicht entnehmen, ob wir bereits wissen, dass die Täter männlich waren, oder ob wir mit dem soge-nannten generischen Maskulinum sowohl Täterinnen als auch Täter einschließen wollten.

Das generische Maskulinum, liebe Leser, bedeutet nämlich genau das: dass weibli-che Individuen »mitgemeint« sind, wenn die männliche Form verwendet wird.

Was, wenn der Satz lauten würde:

> Unbekannte Täterinnen haben Amazon gehackt.

Sie würden wie wir davon ausgehen, dass die Täterinnen zwar unbekannt sind, aber zumindest einen Hinweis auf ihre weibliche Identität hinterlassen haben. (Was wäre in den Augen der Medien wohl ein Hinweis auf eine weibliche Identität eines Hackers? Ein rosa Hoodie wahrscheinlich.)

Um die Sachlage genau wiederzugeben, wenn man die Identität der angreifenden Personen absolut nicht kennt, müsste man also schreiben:

> Unbekannte Täterinnen oder Täter haben Amazon gehackt.

Insbesondere die Informatikerinnen unter Ihnen werden sich an dieser Stelle fra-gen, ob es sich um ein exklusives »oder« handelt, also eines, das nur eine der bei-den Optionen zulässt. Das ist dem Satz nicht anzusehen. Und es kann sein, dass die angreifenden Personen nicht nur Täter und nicht nur Täterinnen waren, son-dern beides: ein gemischt geschlechtliches Team. Um ganz genau zu sein, müsste man also schreiben:

> Unbekannte Täterinnen und Täter oder Täterinnen oder Täter haben Ama-zon gehackt.

Oder etwas abgekürzt:

> Unbekannte Täterinnen und/oder Täter haben Amazon gehackt.

Ist die deutsche Sprache nicht wunderbar?

Reichlich absurd ist es schon: dass man in einer Aussage, die rein gar nichts mit Sex zu tun hat, über die primären Geschlechtsmerkmale der Handelnden, also Täterinnen oder Täter, unterrichtet wird – ob man es nun wissen will oder nicht –,

---

36 *http://catb.org/jargon/html/B/black-magic.html*

und nicht etwa über deren Körpergröße, Haarfarbe oder die Eigenschaft, einen Witz erzählen zu können, ohne die Pointe zu vermasseln. Kritiker mögen einwenden, dass das grammatische Geschlecht im Deutschen vom biologischen Geschlecht unabhängig ist – siehe »der Tisch«, »die Uhr« und »das Mädchen«. Das ändert aber nichts daran, dass wir bei »der Täter« unweigerlich einen Mann vor Augen haben und umgekehrt kaum ein Mann sich gemeint fühlen würde, wenn von der »Täterin« die Rede ist.

Aber Jammern hilft nichts – als deutschsprachige Schreibende müssen wir mit dem arbeiten, was wir haben. Was sind also unsere Optionen, um dem oben gezeigten Dilemma zu entgehen und Texte so zu schreiben, dass sie für männliche und weibliche – und möglichst noch alle anderen – Individuen gültig sind?

Die erste Möglichkeit: das Gerundivum. »Die Studierenden« sind schon in den allgemeinen Sprachgebrauch übergegangen – siehe auch »die Schreibenden« im vorigen Absatz. So eine Form lässt sich aber bei Weitem nicht für alle Personen finden – so könnten wir den Täter zwar als »den Tuenden« bezeichnen, aber dann wüsste keine außer uns selbst mehr, wovon wir eigentlich reden. Außerdem ist diese Form nur dann geschlechtsneutral, wenn sie im Plural auftaucht. »Die Studierenden« können Männer oder Frauen sein, »der Studierende« klingt dagegen genauso männlich wie »der Student«.

Zweite Möglichkeit: Man nennt beide Formen – »Täterinnen und Täter« oder »Täter und Täterinnen«.

Zweieinhalbte Möglichkeit: das Binnen-I, der Gender-Gap und das Gender-Sternchen. Bei allen diesen Möglichkeiten wird die weibliche Endung an das generische Maskulinum angehängt und optisch abgesetzt: durch einen Großbuchstaben – TäterInnen –, einen Schrägstrich – Täter/-innen –, einen Unterstrich – Täter_innen – oder ein Sternchen – Täter*innen.

Das Ausschreiben beider Formen wie auch die Abkürzung haben die gleichen Vor- und Nachteile.

Vorteile: Sowohl männliche als auch weibliche Formen werden sichtbar. Anders als bei der mittlerweile veralteten Form mit Klammern – Täter(innen) – wird die weibliche Form nicht als Nebensache eingeklammert. Außerdem erinnert das Sternchen an die Wildcard bei Textsuchen, das für alle möglichen Werte stehen kann – lässt also die Möglichkeit offen, dass es für das Geschlecht noch andere Werte als männlich und weiblich gibt.

Nachteile: Der Text (bei den abgekürzten Formen nur der gesprochene Text) wird länger und unübersichtlicher, auch im weiteren Verlauf des Satzes. »Die Täterin oder der Täter hat in den angegriffenen Systemen seinen oder ihren Fußabdruck hinterlassen, und die forensischen Spezialistinnen und Spezialisten[37] sind auf seiner oder ihrer Spur.«

Und: Nicht alle Wörter sind für die abgekürzten Formen geeignet. Ärzt*in oder Arzt*in? In beiden Alternativen entsteht ein Wort, das es nicht gibt – Ärzt bzw. Arztin.

Und schließlich die dritte Möglichkeit – die weibliche und männliche Form abwechselnd zu nennen, wie auch in diesem Buch. Diese Idee stammt wahrscheinlich aus dem Englischen – dort ist den Substantiven zwar das biologische Geschlecht nicht anzusehen (»the reader«), aber den Pronomen natürlich (»he« oder »she«). Daher sind moderne englische Autorinnen dazu übergegangen, »he« und »she« in Texten abwechselnd zu verwenden. Das klappt im Deutschen ebenso gut und hat den Vorteil, dass sich so möglicherweise auch männliche Leser daran gewöhnen, dass sie gelegentlich von einer weiblichen Wortform mit gemeint sind. Ein Nachteil – den wir beim Schreiben dieses Buchs am eigenen Leib erfahren durften: Man vergisst den Wechsel anfangs oft – oder noch tückischer: Man verwendet weibliche Formen eher in einem Kontext, der an traditionell weibliche Eigenschaften denken lässt, beispielsweise: Eine Benutzerin bekommt etwas erklärt oder einer Benutzerin wird geholfen. Hier ist ein bisschen Selbstreflexion und Geistesgegenwart gefragt. Ein weiterer Nachteil: Es ist nicht immer erkennbar, ob in dem Zusammenhang wirklich nur Angehörige eines Geschlechts gemeint sind.

Wie gendert die Duden-Redaktion?

Wie ein Anruf bei der Duden-Redaktion während der Recherche zu diesem Buch ergab, empfehlen die dortigen Expert*innen (noch), sie als Expert/-innen oder Expert(inn)en zu bezeichnen – korrekt im Amtsdeutsch ist also die oben besprochene Form mit Schrägstrich oder Klammer.

Tatsächlich dazu verpflichtet, sich an die Empfehlungen der Duden-Redaktion zu halten, sind in Deutschland aber nur Schulen und Behörden – daher verwenden wir in diesem Buch die weibliche und männliche Form abwechselnd oder, wenn das zu Missverständnissen führen könnte, das Sternchen.

Fazit: Die perfekte Lösung für geschlechtsneutrale Sprache gibt es im Deutschen nicht. Man kann vielmehr unter mehreren Möglichkeiten[38] wählen, die jeweils interessante neue Probleme mit sich bringen.

Aber wer hat gesagt, Schreiben wäre einfach?

---

37 Hier wird gleich noch eine andere interessante Frage aufgeworfen: Ist es mit geschlechtergerechter Sprache noch vereinbar, immer die weibliche Form zuerst zu nennen? Wir denken: Auch das ist abhängig von der Zielgruppe des Textes und lässt sich noch nicht definitiv beantworten.

38 Gute Quellen dazu sind auch das Blog *Geschickt gendern* (*https://geschicktgendern.de/*) und das Sprachlog von Anatol Stefanowitsch, beispielsweise dieser Beitrag zu Gendersternchen und Gendergap: *http://www.sprachlog.de/2018/06/09/gendergap-und-gendersternchen-in-der-gesprochenen-sprache/*

Metaphern: tägliches Brot in der IT

Sobald Sie einen Computer anschalten, begegnen Ihnen Metaphern: Sie sehen auf dem »Bildschirm«, wohin Sie den Zeiger der »Maus« bewegen. Vielleicht zum »Papierkorb« auf dem »Arbeitsplatz«. Vielleicht nutzen Sie aber auch die »Konsole«, um einen Prozess zu »killen«. Oder – wenn Sie Zugang zum »Netz« haben – Sie schicken an jemanden aus Ihrem »Adressbuch« eine E-Mail in »CC«[39].

Apropos Netz: Bösewichte gehen dort »Phishing«[40] oder, wenn sie es auf jemand bestimmten abgesehen haben, »Spear-Phishing«[41]. Mit einem »Schlüssel« sichern Sie vertrauliche Informationen gegen Mitleser – aber wehe, die Software hat eine »Hintertür« oder der Verschlüsselungsalgorithmus wurde »gebrochen«. Und wenn Ihr Passwort zu kurz ist, kann es vielleicht schon durch »Brute Force«[42] geknackt werden.

Was ist eine Metapher? Eine übliche Definition ist:

Metapher
Ersetzung des eigentlichen Ausdrucks durch einen anderen Ausdruck, der dem ursprünglichen in manchen Aspekten ähnlich ist.

In der IT haben sich Metaphern dagegen schon weitgehend verselbstständigt: Einen »eigentlichen« oder »ursprünglichen« Ausdruck gibt es nicht mehr, nur eine ungelenke Umschreibung. Was ist eine Maus? Ein Eingabegerät (hauptsächlich) zur Nutzung in einer grafischen Benutzeroberfläche.

Ein Vergleich (eine Analogie) ist eine weiter ausgedehnte Metapher[43]: Hier wird nicht einfach ein Begriff für einen anderen eingesetzt, sondern es wird ein System durch ein anderes erklärt.

Vergleich (Analogie)
Übertragung eines Systems auf ein anderes.

Durch einen guten Vergleich werden also Aspekte eines Systems klar, die sonst schwer zu verstehen oder zu vermitteln wären.

---

39 »Carbon Copy«, also eigentlich »Durchschlag mit Kohlepapier«.

40 »Fischen« bzw. »Angeln«.

41 »Fischen mit der Harpune«.

42 »Rohe Gewalt«.

43 Sind Sie zufällig Sprachwissenschaftler und sehen das anders? Wir sind bei unseren Recherchen auf viele (nicht immer miteinander vereinbare) Definitionen gestoßen und haben beschlossen, diese pragmatisch so zusammenzufassen.

Beispiel: der Arbeitsplatz in Betriebssystemen mit grafischer Benutzeroberfläche. Wie an einem realen Arbeitsplatz können auch im virtuellen Arbeitsplatz Nachrichten geschrieben, Ordner durchsucht und Dokumente in den Papierkorb geworfen werden. Ursprünglich, auf Englisch, passt sogar die Datei in dieses Bild: Das englische »file« bezeichnet sowohl die Datei auf dem Computer als auch – im realen Büro – eine Akte, die man in einen Aktenschrank hängt.

Der Begriff »Datei« ist also eines der wenigen Beispiele, in denen tatsächlich ein neues Wort in der IT geschaffen und nicht auf bereits vorhandene anschauliche Begriffe zurückgegriffen wurde.

Warum drücken sich ITler so gern in Bildern aus? Es erleichtert definitiv die Kommunikation untereinander und mit Außenstehenden.

Ein anderer wichtiger Grund: Analogien haben ein nicht unerhebliches Unterhaltungspotenzial. Im Folgenden ein paar unserer persönlichen Highlights[44]:

> *»Die objektorientierte Version von Spaghetticode ist natürlich Lasagnecode – zu viele Schichten.«*
>
> Roberto Waltman

> *»FORTRAN ist keine Blume, sondern ein Unkraut – widerstandsfähig, blüht gelegentlich und wächst in jedem Computer.«*
>
> Alan J. Perlis

> *»Auf Wasser zu laufen und Software nach Spezifikation zu entwickeln, ist einfach – wenn beide eingefroren sind.«*
>
> Edward V. Berard

> *»Ein C-Programm ist wie ein schneller Tanz auf einem frisch gewachsten Boden – von Leuten, die Rasierklingen tragen.«*
>
> Waldi Ravens

> *»Python ist ein Ersatz für BASIC in dem gleichen Sinne, wie Optimus Prime[45] ein Ersatz für einen LKW ist.«*
>
> Cory Dodt

> *»Wenn McDonalds ein Softwareunternehmen wäre, würde einer von hundert BigMacs dir eine Lebensmittelvergiftung verursachen, und die Reaktion darauf wäre: ›Tut uns leid – aber hier ist ein Gutschein für zwei weitere‹.«*
>
> Mark Minasi

Die Frage, warum man in der IT gern in Bildern und Vergleichen spricht, ist vielleicht auch falsch gestellt: Die ganze Computertechnologie ist ja kein Biotop, das

---

44 Mehr unter: *http://www.junauza.com/2010/12/top-50-programming-quotes-of-all-time.html.*

45 Ein Charakter in einer Serie von Spielzeugen, Comics und schließlich aufwendig produzierten Filmen, deren Protagonisten sich von Fahrzeugen in Roboter und zurück verwandeln können (und dabei das Böse auf der Welt bekämpfen – das versteht sich ja von selbst).

irgendein Forscher einmal genau so vorgefunden hat, wie es ist. Vielmehr handelt es sich um einen Haufen menschengemachter Systeme – und was liegt näher, als ein System so zu entwerfen, wie man es aus anderem Zusammenhang schon kennt?

Kugelsichere (und andere) Metaphern

Von den zahlreichen Spezialfeldern in der IT, in denen mit Metaphern und Vergleichen gearbeitet wird, picken wir uns hier einmal eines heraus, in dem diese besonders anschaulich sind: die IT-Sicherheit[46].

Hinzu kommt, dass IT-Sicherheitsleute oft vor der Herausforderung stehen, die Konzepte ihrer Arbeit an Laien zu vermitteln. Denn: Die ausgeklügeltste Verschlüsselung nutzt nichts, wenn die Benutzer sie umgehen. Auch hier kommen Vergleiche zu Hilfe. Aber man kann in diesem Bereich auch beobachten, was passiert, wenn man einen Vergleich überstrapaziert.

Ein Beispiel für einen Vergleich, der bis zu einem gewissen Punkt prima funktioniert, aber dann zusammenbricht:

Die Burg

»Die IT-Sicherheit einer Organisation ist wie eine Burg.«

Sie ist dazu gedacht, gefährliche Eindringlinge abzuhalten. Dazu sollte sie möglichst an allen Stellen gleich stark sein und keine offensichtlichen Schwachstellen haben, die zum Angriff einladen. Nützlich ist es auch, wenn es einen oder mehrere Aussichtspunkte gibt, von denen aus Angreifer frühzeitig identifiziert werden können. Die Einwohner der Burg müssen wissen, dass von draußen die Gefahr von Angriffen besteht. Sie sollten wissen, dass sie bestimmte Sicherheitsmaßnahmen immer beachten müssen – nicht erst, wenn der Feind offensichtlich vor der Tür steht und die ersten brennenden Pfeile über die Mauern fliegen. Denn: Das Fehlverhalten eines einzigen Bewohners der Burg kann schon dazu führen, dass die Feinde leichtes Spiel haben und in die Burg eindringen können – beispielsweise wenn jemand aus Versehen die Tür offen lässt. Oder wenn jemand vermeintliche Freunde auf ein Fest einlädt, die sich im Nachhinein als gar nicht so freundlich erweisen.[47]

Hinzu kommt, dass kleine und eher wehrlose Burgen sich gern einem großen Feudalherrn anschließen und auf Schutz hoffen: Apple, IBM, Google oder auch IT-Security-Anbieter wie Symantec oder Sophos. Allerdings, darauf weist IT-Sicher-

---

46 Mehr zum Thema Vergleiche und Metaphern in der IT-Sicherheit finden Sie unter *https://www.tripwire.com/state-of-security/security-data-protection/32-of-the-best-and-worst-infosec-analogies/* und *https://theanalogiesproject.org/*.

47 Serienfans verweisen wir hier auf die Rote Hochzeit in Game of Thrones (3. Staffel, Folge 9 und 10).

heitsguru Bruce Schneier[48] hin, haben diese in der Regel nicht selten eher ihren eigenen Vorteil im Sinn.

Abbildung 5-2: »IT-Sicherheit ist wie eine Burg.«

Uns als Bewohner moderner Häuser mit Solarpanels und komfortabler Wohnungen mit Handtuchwärmern führt der Vergleich mit einer Burg jedoch leicht aufs Glatteis: Burgen, sind das nicht diese massigen, scheinbar unzerstörbaren Gebäude, die seit tausend Jahren an der gleichen Stelle stehen? Die wahrscheinlich immer noch unangreifbar wären, wenn nicht in den letzten zweihundert Jahren die Instandhaltung komplett vernachlässigt worden wäre?

Nein, sind sie nicht – insbesondere sehen wir heute nur noch die Exemplare herumstehen, die in den letzten tausend Jahren nicht zerbröselt oder von Feinden zerstört worden sind. Aber das ist vermutlich nicht jedem Empfänger dieses Vergleichs klar. Das Bild einer Burg vermittelt einen Eindruck von Beständigkeit und Zeitlosigkeit, der nicht gut auf IT-Sicherheitsmaßnahmen übertragen werden kann.

Vielmehr erinnert das immer neue Implementieren von Maßnahmen und Suchen von Sicherheitslücken an folgendes Konzept:

Das Hamsterrad

»IT-Sicherheit ist wie ein Hamsterrad«[49]: Man strampelt und strampelt, um immer noch die nächste und die übernächste Sicherheitslücke zu finden und zu schließen.

Während dieses Bild die ständig notwendige Aktivität besser wiedergibt als das Bild der Burg aus dem vorherigen Abschnitt, fehlt ein Aspekt: die Bewertung des Risikos und die Priorisierung der dringendsten und wichtigsten Sicherheitslücken

---

48 *https://www.schneier.com/*

49 Diese Analogie wurde von Andrew Jacquith erdacht, *http://twitter.com/arj.*

– denn nicht die sollten zuerst gestopft werden, die zufällig zuerst entdeckt wurden, sondern die, die für die Organisation am gefährlichsten sind.

Abbildung 5-3: »IT-Sicherheit ist wie ein Hamsterrad.«

Beispiel: Wenn durch ein falsch konfiguriertes Netzwerk eine vertrauliche Kundendatenbank plötzlich über das Internet sichtbar wird, muss dieses Problem dringend behoben werden – auch wenn auf der To-Do-Liste als Nächstes eigentlich eine Schulung der User zum Thema sichere Passwörter gestanden hätte.

The cake is a lie[50]

»IT-Sicherheit ist wie ein Kuchen«: Wenn man den Zucker vergisst, sieht er ganz normal aus – und wenn man reinbeißt, ist es zu spät.

Abbildung 5-4: »IT-Sicherheit ist wie ein Kuchen.«

---

50 *http://knowyourmeme.com/memes/the-cake-is-a-lie*

Eine Erweiterung dieses Vergleichs ist der Zuckerguss: Wenn einem das Fehlen des Zuckers im Teig aufgefallen ist, kann man den Guss hinterher draufklatschen – wie eine Firewall auf ein unsicheres System. Die beiden aber wieder voneinander zu trennen, das beherrschen schon Dreijährige.

Die Cloud

Bei unseren Recherchen haben wir nur eine Metapher gefunden, die vermutlich mehr Schlechtes als Gutes in den Köpfen von Usern angerichtet hat: die Cloud (zu Deutsch »Wolke«).

Während das Cloud Computing unzweifelhaft eine Reihe von technologischen Fortschritten möglich und uns allgemein das Leben viel leichter gemacht hat (kein Google Maps ohne Cloud), verrät das Bild an sich noch nicht, was tatsächlich mit den Daten passiert, die man hineinfüttert.

Um klarzustellen, dass die Cloud keine unangreifbare Entität ist, die weit über allen potenziellen Angreifern am Himmel schwebt, kursiert der Merkspruch: »Es gibt keine Cloud, nur die Computer anderer Leute.«

Böse Zungen behaupten zwar, der Vergleich des Cloud Computing mit einer Wolke sei insofern korrekt, als dass man nie wüsste, wo und wann die eigenen Daten unerwartet abregnen. Wir bezweifeln aber, dass diese Interpretation von den Erfindern des Begriffs gewollt war.

Abbildung 5-5: Eine der am weitesten verbreiteten Metaphern in der IT: die Cloud.

Ran an die Tastatur: Übungen

- Nachdem Sie »Was macht einen Text verständlich? – Das Hamburger Modell« am Anfang des Kapitels gelesen haben, lesen Sie ihn noch mal und notieren sich, wie Sie ihn nach dem Hamburger Modell mit Blick auf die Merkmale Einfachheit, Gliederung, Kürze und Anregung beurteilen würden. (Geben Sie ruhig auch schlechte Noten, wo es angebracht ist, wir sind nicht beleidigt.)

- Nehmen Sie einen Text aus Ihrem Fachgebiet, den Sie schwer verständlich finden. Formulieren Sie ihn so um, dass jeder Satz nur noch genau einen Gedanken enthält. Ist er nun besser verständlich? Langweiliger?

- Lesen Sie eine der Kolumnen »Leichte Sprache« aus der Wirtschaftszeitschrift brand eins[51]. Versuchen Sie, die Datenschutzrichtlinie Ihrer eigenen (persönlichen oder Firmen-)Webseite ebenfalls so zu formulieren.[52]

- Markieren Sie im Text aus dem ownCloud-Artikel der Wikipedia (siehe Abschnitt »The Jargon File: Heute schon einen x86 emuliert?« in diesem Kapitel) die Begriffe, die in einem Text für den Wirtschaftsteil einer Tageszeitung erklärungsbedürftig wären. (Unsere Lösung: siehe nächste Seite.)

---

51 Zum Beispiel diese hier: *https://www.brandeins.de/archiv/2016/vorbilder/apple-datenschutzrichtlinie-uebersetzt-2016/*.

52 Vorsicht: Wir empfehlen nicht, die unverständliche durch die verständliche Version zu ersetzen. Möglicherweise würden Sie damit nicht nur Ihre Webseitenbesucher, sondern auch einen Abmahnanwalt glücklich machen.

Lösung der letzten Übung von »Ran an die Tastatur: Übungen« auf S. 93.

ownCloud ist eine **freie Software** für das Speichern von Daten (Filehosting) auf einem eigenen **Server**. Bei Einsatz eines entsprechenden **Clients** wird dieser automatisch mit einem **lokalen** Verzeichnis **synchronisiert**. Dadurch kann von mehreren Rechnern auf einen **konsistenten Datenbestand** zugegriffen werden. Das Projekt wurde im Januar 2010 vom **KDE-Entwickler** Frank Karlitschek ins Leben gerufen, um eine freie Alternative zu kommerziellen Anbietern eines **Cloud-Service** zu schaffen. Im Gegensatz zu kommerziellen Speicherdiensten kann ownCloud auf einem **privaten Server** oder **Webspace** ohne Zusatzkosten installiert werden. Somit können gerade bei sensiblen Daten die Bedenken gegenüber einer Datenweitergabe und der damit einhergehenden Abgabe der Kontrolle über die Daten zerstreut werden.

KAPITEL 6

Erzähl mir nix: Storytelling

Der Mensch, das Geschichten erzählende Tier

An dieser Stelle möchten wir das Buch für einen kurzen Ausflug unterbrechen. (Geben Sie's zu, Sie brauchen jetzt mal eine Pause.)

Reiseziel ist die Düsseldorfer Altstadt vor 20.000 Jahren.

Ihr Ururur...großvater Frund, siebzehneinhalb Jahre alt, sitzt am Lagerfeuer am Rhein und ärgert sich darüber, dass der Stammesälteste Glok ihn von der heutigen Mammutjagd ausgeschlossen hat. Stattdessen ist er dazu verdammt worden, Speere auszubessern und das Feuer zu hüten. Langsam geht die Sonne über dem Rhein unter. Frund stellt sich vor, wie der Jagdtrupp, bestehend aus seinem großen Bruder Rosch, seiner sportlichen Cousine Glan und ein paar anderen jungen Leuten aus der Sippe unter der Leitung von Glok, später am Abend triumphierend mit Stücken eines fetten kleinen Mammutbabys über ihren Schultern zurück ins Lager kommen würden.

Und was hatte er an diesem Tag vorzuweisen?

Eine Blase am rechten Daumen vom Flicken der Speere.

Unter diesen Umständen würde Glan ihn niemals als gleichberechtigten Partner annehmen, geschweige denn viele kleine Babys von ihm bekommen, wie er es sich wünschte. Ha! Sie würde wahrscheinlich eher mit einem Neandertaler ins Bett gehen als mit ihm.

Und alles nur, weil er bei der letzten Jagd zu laut über einen von Roschs dummen Witzen gelacht und damit die Herde von Wildeseln verscheucht hatte, von denen einer ihr Abendessen hätte werden sollen.

Er schüttelte frustriert den Kopf und stand auf, um in den Rhein zu pinkeln.

Plötzlich hörte er Schritte und Stimmen hinter den Weidenbäumen zu seiner Linken. Er spähte gegen die untergehende Sonne und sah ein Grüppchen Menschen, die ihm entgegenkamen.

War das etwa der Jagdtrupp? Wenn, dann war die Jagd wohl nicht erfolgreich gewesen. Wenn sie fette Beute gemacht hatten, kamen sie mit triumphierend erhobenen Köpfen nach Hause und schubsten sich gegenseitig voll Übermut. Aber diese Truppe hier ließ die Köpfe hängen, obwohl sie offenbar schwer zu tragen hatte.

Die Gruppe kam näher. Da waren Glok, Glan ... und wo war Rosch?

Die anderen ließen sich am Lagerfeuer nieder, um zu berichten. Frund schrie auf, als er es hörte – sein Bruder, vom Mammut zertrampelt!

Nach und nach fanden sich die anderen Mitglieder der Sippe ein, und alle hingen gebannt an Glans Lippen – sie war die beste Erzählerin, obwohl sie von den Ereignissen des Tages sichtlich erschüttert war.

Glan berichtete, wie Rosch der Mutter des Mammutbabys heldenhaft den Speer in die Flanke gerammt hatte. Sie war zu Boden gestürzt und hatte sich nicht mehr aufrappeln können, nur noch wütend in den Sand trompetet. Auch das Trompeten verstummte nach ein paar Minuten.

Da hatte Rosch sich zu den anderen gesellt, die das Mammutbaby umzingelt hatten – anstatt, wie es seine Aufgabe gewesen wäre, ein Auge auf das verletzte Mammut zu haben. Unter dem verzweifelten Trompeten des kleinen Mammuts hatte die Gruppe nicht gehört, wie das große Mammut sich wieder aufgerappelt hatte ... und mit einer einzigen Bewegung seines großen Rüssels Rosch von den Füßen fegte und mit dem rechten Vorderfuß auf seine Brust stampfte.

An dieser Stelle lief es den Zuhörern kalt den Rücken herunter. Und zwar auch noch beim zweiten, dritten und zehnten Mal, als Glan die Geschichte in den folgenden Jahren erzählte. Dutzende von jungen Männern und Frauen am Ufer des Rheins lernten durch diese Geschichte, wie man lebend von einer Mammutjagd zurückkommt.

Unter ihnen auch Frund.

(Und da er Ihr Ururur...großvater war, hat diese Geschichte auch Ihr Leben gerettet.)

Was ist eine Geschichte?

Als Glan die Geschichte zum ersten Mal jungen Stammesmitgliedern erzählt hat, die Rosch nicht mehr persönlich gekannt haben, wird sie sich Gedanken darüber gemacht haben, wie sie sie am spannendsten präsentiert. Schließlich möchte man vor der jungen Generation nicht als alte Langweilerin dastehen.[1]

---

1 »Nein, ich will beim Fest der Sommersonnenwende nicht neben der alten Glan sitzen! Die erzählt immer die gleichen drei Geschichten, und außerdem riecht sie wie ein altes Wisent.«

Spätestens die alten Griechen machten daraus dann eine anständige Theorie, und seither ist die Definition einer Geschichte für die meisten Leute in der westlichen Welt ähnlich: Eine Geschichte ist etwas, das einen Spannungsbogen hat (siehe Abbildung 6-1).

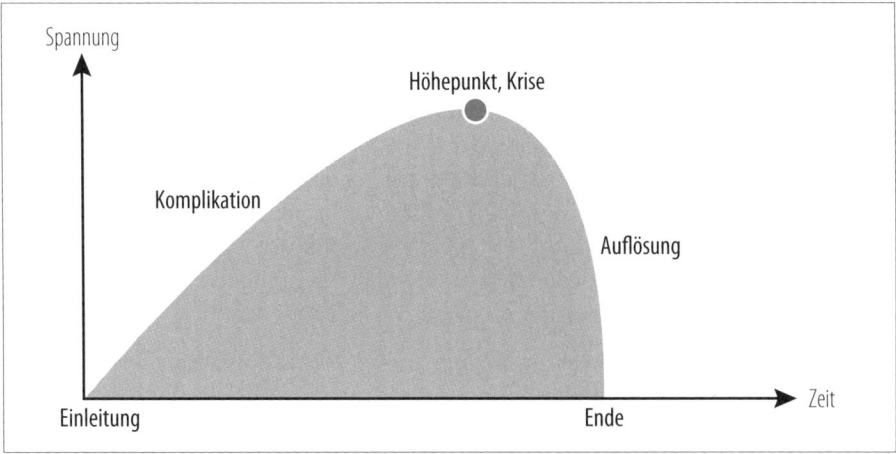

Abbildung 6-1: Spannungsbogen einer Geschichte

Wissenschaftler der US Air Force, die Geschichten zu Ausbildungszwecken einsetzen, haben vier verschiedene Typen von Geschichten definiert:

- Erzählungen
- Fallstudien
- Szenarien
- problembasiertes Lernen

Die letzten drei sind für unsere Zwecke hier nicht so interessant, denn sie erfordern direkte Interaktion zwischen Erzählerin und Zuhörern und sind daher schwierig mit statischen Texten umzusetzen: Selbst wenn Sie Ihre Texte online veröffentlichen und den Lesern damit Gelegenheit geben, den Text direkt zu kommentieren, erfolgt dieses Feedback ja nicht mitten in der Geschichte, sondern erst, wenn diese fertig ist. Es bleibt also die erste Art von Storytelling, die Erzählung (engl. »narrative«).

Interessant ist, dass für die oben genannten Wissenschaftler die Erzählung als einfachste Art von Geschichte nur eine einzige Eigenschaft aufweisen muss:

 Sie muss es der Leserin oder dem Zuhörer ermöglichen, sich emotional mit der Hauptperson zu identifizieren und die Ereignisse mit zu durchleben.

Die Hauptperson muss dazu nicht einmal ein Mensch sein – in Literatur und Film gibt es haufenweise Beispiele für Geschichten, in denen die Hauptpersonen Tiere oder fiktive Wesen sind. Oder Computerprogramme[2]. Die Hauptperson muss nur ausreichend menschlich erscheinen, um uns die Identifikation zu ermöglichen.

Das heißt auch: Ein klassischer Spannungsbogen wie der in Abbildung 6-1 gezeigte ist nicht notwendig. Klar, wenn Sie vorhaben, einen Roman zu schreiben, wäre ein Spannungsbogen nicht verkehrt. Aber wenn Sie einen Artikel für ein Fachmagazin über Go mit einer kleinen Anekdote über deren Schöpfer Ken Thompson[3] einleiten – der auch bei der Entwicklung des Betriebssystems UNIX die Finger im Spiel hatte, und zwar deshalb, weil er das Spiel »Space Travel« auf einen obskuren Minicomputer portieren wollte – oder mit einer kurzen Fallstudie darüber, wie ein Entwickler mithilfe von Go ein bestimmtes Problem gelöst hat, ist ein kompletter Spannungsbogen nicht notwendig. Sie brauchen nur ein menschliches Wesen, das irgendetwas tut oder dem etwas zustößt.

Je länger der Text ist, den Sie schreiben, desto länger dürfen dabei auch Ihre Geschichten sein: Während Sie sich bei einem kurzen Artikel wahrscheinlich auf zwei, drei Sätze für eine Anekdote beschränken wollen, haben Sie in einem Buch oder einem anderen langen Text mehr Freiheit, auch mal abzuschweifen:

> Pick-up-Trucks schieben sich in langen Reihen wie fette, schwarze Raupen über den Asphalt. Sie schwitzen, die Sonne brennt heiß über »Motor City«. Der Highway nach Detroit ist immer stark befahren und so voll, dass ich noch nirgendwo eine Möglichkeit gefunden habe, ihn von meinem Hotel aus zu überqueren. Dabei war Tim Cannon nur eine knappe Meile weiter in einem Hotel auf der anderen Straßenseite untergebracht. Ich hatte den Trip sorgfältig geplant und gedacht, einen solchen Katzensprung könnte man gut zu Fuß erledigen. Und nun waren da über 200 Dollar Taxikosten auf meiner Kreditkarte registriert – für zwei Tage.

Hierbei (dieser Prolog geht noch über mehrere Seiten) handelt es sich weder um einen Reiseroman noch um den Anfang eines Sachbuchs über das US-amerikanische Verkehrswesen, sondern um den Beginn des Buchs »Wir sind Cyborgs« von Alexander Krützfeldt (Aufbau-Verlag, 2015) über Implantate, Neuro-Enhancement und anderes Bio-Hacking. Taxis und Kreditkarten spielen im weiteren Verlauf eine sehr untergeordnete Rolle – nur Tim Cannon taucht noch häufiger auf.

Ob Sie sich einen solch weitschweifigen erzählerischen Einstieg leisten können und wollen, hängt nicht nur von der Länge Ihres Textes ab, sondern auch vom Ziel, das Sie erreichen wollen, und den Erwartungen der Leserinnen und Leser. Jemand, der nachschlagen will, in welchen Programmiersprachen er den Raspberry Pi programmieren kann, an den die Elektroden für sein Heim-EEG ange-

---

2 »Tron«, Walt Disney Pictures, 1982.

3 *https://web.archive.org/web/20070806110239/http://www.bell-labs.com/history/unix/pdp7.html*

---

schlossen sind, wird wenig Geduld für diesen Einstieg aufbringen, während ein anderer, der aus Neugier liest und ein Gefühl für die Biohacking-Szene und ihre Protagonisten bekommen will, sich von Anfang an in das Buch hineingesogen fühlen wird.

Die Wissenschaft des Storytelling

Das Geschichtenerzählen (Storytelling) dient nicht nur der reinen Unterhaltung, sondern ist die älteste und bewährteste Form der Fortbildung, die den Menschen zur Verfügung steht.

Wie der US-amerikanische Literaturwissenschaftler Jonathan Gottschall in seinem Buch »The Storytelling Animal«[4] erklärt, hat sich der menschliche Intellekt parallel zum und eng verbunden mit dem Geschichtenerzählen entwickelt: Solche Geschichten, die von Menschen als spannend wahrgenommen werden, sind für den Transport wichtiger Informationen optimiert. Und umgekehrt hat sich der menschliche Geist so entwickelt, dass spannende, gehaltvolle Geschichten seine Aufmerksamkeit unweigerlich auf sich ziehen.

Im IT-Bereich wurde schon in den 2000er-Jahren im amerikanischen Militär das Storytelling als Methode eingesetzt, um die Sensibilität der Soldaten für Cybersicherheit zu verbessern.[5]

Dabei wurden folgende Mechanismen identifiziert, die dazu beitragen, dass Menschen am besten aus Geschichten lernen: Aufmerksamkeit, vertiefende Codierung (Elaborative Encoding), Wissensorganisation, Selbstbezug und Emotion.

Aufmerksamkeit

Eine Geschichte hat eine typische Struktur: Ausgangssituation, Konflikt, teilweise Auflösung, dann wieder Verdichtung des Konflikts, Höhepunkt, Auflösung und Nachspann. Mithilfe dieser Struktur kann der Geschichtenerzähler die Aufmerksamkeit der Zuhörerin oder des Lesers genau auf das lenken, was wichtig ist. Auf ganz natürliche Weise zieht der Hauptkonflikt unsere Aufmerksamkeit auf sich, Nebenstränge der Handlung erhalten weniger Aufmerksamkeit, und Irrelevantes geht uns auf die Nerven, weil wir wissen wollen, wie es mit der Hauptgeschichte weitergeht.

---

4 Gottschall J. The Storytelling Animal: How Stories Make Us Human. Boston: Houghton Mifflin Harcourt; 2012.

5 Andrews DH, Hull T, DeMeester K. Storytelling as an Instructional Method: Research Perspectives. Rotterdam; Boston: Sense Publishers; 2010.

Vertiefende Codierung

Mit Codierung ist hier die Übertragung von Informationen aus dem Arbeitsgedächtnis in das Langzeitgedächtnis gemeint. Um das zu erreichen, muss man ein Material oft zwei-, dreimal oder öfter präsentieren. Nicht alle Arten von Wiederholung sind hierbei gleich nützlich: Bei der vertiefenden Wiederholung wird das Gelernte nicht nur wiederholt, sondern zu anderen Gedächtnisinhalten in Verbindung gesetzt und mit ihnen verknüpft. So ist das Gelernte in Zukunft leichter abrufbar.

Innerhalb einer Geschichte bieten sich zahlreiche Möglichkeiten, um neue Fakten mit anderen zu verknüpfen. Statt auswendig zu lernen, dass Verfügbarkeit eines der Ziele der Informationssicherheit ist, kann man den realen Fall eines Ransomware-Angriffs betrachten: Wie sieht es konkret aus, wenn der Nutzer den Rechner hochfährt und nicht mehr auf die Daten auf seiner Festplatte zugreifen kann? Wie wirkt es sich auf seine Arbeit aus, wenn dort vielleicht unfertige Arbeitsdokumente gespeichert waren? Wie auf seine emotionale Verfassung, wenn die Bilder des letzten Urlaubs weg sind?

Wissensorganisation

Hier greift gleich der nächste Punkt aus dem vorhergehenden Fall: Welche anderen Schutzziele können durch einen Ransomware-Angriff in Mitleidenschaft gezogen werden – vielleicht die Vertraulichkeit? Werden die Daten also nur verschlüsselt oder auch zum Angreifer übertragen? So werden die Konzepte – die Schutzziele Verfügbarkeit und Vertraulichkeit – miteinander wie Knoten in einem Netzwerk verbunden.

Auch wenn Lernende untereinander Geschichten diskutieren, verbessert das die Wissensorganisation: So werden sie sich nur klarer darüber, wie sie selbst die Konzepte in Relation zueinander sehen, sondern auch, in welcher Form sie beim Gegenüber abgespeichert sind – möglicherweise nämlich ganz anders. Und das muss nicht bedeuten, dass eine der beiden Versionen falsch ist.

Selbstbezug

Das fragen Schüler sich (und ihre Lehrer) seit Jahrhunderten: »Und wofür brauch ich das?«

Geschichten liefern die Antwort gleich mit: Sie brauchen dieses Wissen, wenn Sie sich einmal in dieser oder einer ähnlichen Situation befinden. Und selbst wenn das komplett unrealistisch sein sollte, so identifiziert sich eine Leserin oder ein Zuhörer doch unweigerlich immer zu einem gewissen Grad mit dem Protagonisten einer Geschichte. Der Grund dafür:

Emotion

Sachverhalte, die eine emotionale Reaktion hervorrufen, werden besser im Gedächtnis gespeichert. Verantwortlich dafür ist die Amygdala, der sogenannte Mandelkern des Gehirns, die auch für körperliche Reaktionen auf Emotionen – beispielsweise Schweißausbrüche – zuständig ist. Am besten werden Inhalte abgespeichert, wenn der Lernende dabei mäßig emotional beteiligt ist – weder bei völligem Desinteresse noch in größter Panik lernt es sich gut. Diese mittelstarke Aktivierung kann gut durch Geschichten hervorgerufen werden: Man leidet und fiebert mit, kann sich aber, wenn die Emotionen zu stark werden, jederzeit wieder darauf besinnen, dass es ja nur eine Geschichte ist.

Beispiel: The Analogies Project

Dass es nichts gibt, wodurch Menschen so gut lernen wie durch eine Geschichte, diese Erfahrung hat auch der britische Sicherheitsberater Bruce Hallas in seiner Berufspraxis gemacht.

Mit einem Ausbildungshintergrund in Jura und Marketing hat ihn nach Gründung seiner Beratungsfirma Marmalade Box lange die Frage umgetrieben, wie man die Informationssicherheit für IT-Laien attraktiv gestalten könnte. Eines der Ergebnisse ist *The Analogies Project*, ein von ihm ins Leben gerufenes Webportal.[6] Hier werden Geschichten und Analogien aus der IT-Sicherheit gesammelt, erdacht und teilweise aus anderen Sprachen übersetzt – von Mitwirkenden aus mittlerweile zehn Ländern. Die Beiträge erläutern unter anderem, warum ein Datenschutzbeauftragter im Unternehmen manchmal vorgehen muss wie professionelle Aufräumer in Messie-Haushalten im Privatfernsehen,[7] warum Informationssicherheit mit Sonnenschutz zu vergleichen ist (nicht nur auf die offensichtlichste Art und Weise)[8] und wie der Löwe der Informationssicherheit zu seinen Zähnen kommt.[9]

---

6 *https://theanalogiesproject.org/*

7 *https://theanalogiesproject.org/the-analogies/data-hoarders/*

8 *https://theanalogiesproject.org/the-analogies/infosec-like-sun-protection/*

9 *https://theanalogiesproject.org/the-analogies/security-with-teeth/*

Ran an die Tastatur: Übungen

- Besuchen Sie die Webseiten der c't[10] und der ZEIT[11]. Lesen Sie ein paar Artikel und vergleichen Sie, in wie vielen davon der Autor zu Beginn mit einer menschlichen Geschichte einsteigt.
- Überlegen Sie, welche der c't-Artikel von einer Geschichte am Anfang profitiert hätten.
- Überlegen Sie, bei welchen ZEIT-Artikeln Sie das Gefühl hatten, dass der Autor jetzt besser endlich mal zur Sache kommen sollte.
- Schreiben Sie einen kurzen Artikel über eine technische Neuerung in Ihrem Gebiet. Erfinden Sie eine Person, die ein Problem hat, das sie mithilfe genau dieser Neuentwicklung lösen kann.
- Wenn Sie die Geschichte geschrieben haben, überarbeiten Sie sie: Wo können Sie überflüssige Details kürzen, sodass die Leserin sich immer noch mit der oder dem Handelnden identifizieren kann?

---

10 *https://www.heise.de/ct*
11 *https://www.zeit.de*

KAPITEL 7

Auftragen, polieren, einatmen, ausatmen: die Überarbeitung

Dieses Kapitel möchten wir mit einem Zitat des US-amerikanischen Schriftstellers Ernest Hemingway einleiten:

The first draft of everything is shit.

Ist das nicht aufmunternd? Sie können es aber auch als Ermutigung sehen: Alles, was Sie im ersten Durchgang zu Papier bringen und was langweilig, unklar oder einfach scheiße[1] ist, können Sie im zweiten, dritten oder fünfzigsten Durchgang reparieren.

Und das müssen Sie noch nicht mal allein machen.

Einmal YouTube, immer YouTube: Rechtschreibung und Konsistenz

Die Überarbeitung eines Textes besteht aus zwei Teilen: der formalen und der inhaltlichen Überarbeitung.

Bei der formalen Überarbeitung geht es um Rechtschreibung, Grammatik, Zeichensetzung, konsistente Schreibweise von Wörtern und ähnlich langweilige Angelegenheiten. Zur Zeichensetzung haben wir im Abschnitt »Objektorientiertes Schreiben: die Bausteine« in Kapitel 4 dieses Buchs ein paar Tipps gegeben – die deutsche Rechtschreibung haben wir uns gespart, denn die Wahrscheinlichkeit, dass Sie tatsächlich etwas darüber lesen wollen, ist gering. Da verweisen wir lieber auf *www.duden.de*.

Aber eine gute Nachricht: Wie andere langweilige Aufgaben können Sie auch die Kontrolle der Rechtschreibung und Zeichensetzung teilweise automatisieren: Office-Suiten wie Microsoft Office, LibreOffice oder OpenOffice kommen heutzutage praktisch immer mit einer Rechtschreibprüfung (Spellchecker), die in gewis-

---

1   Wir würden in einem Sachbuch nie derartige Fäkalsprache verwenden – außer in Anlehnung an Autoritäten wie Hemingway.

sen Grenzen auch die Grammatik und Zeichensetzung prüfen kann. Auch viele LaTeX-Editoren wie etwa Texmaker haben die Möglichkeit, eine Rechtschreibprüfung zu aktivieren und, wie in Office, neue Wörter zu den Wörterbüchern hinzuzufügen.

Ein vor allem im IT-Bereich häufiges Problem in der Rechtschreibung ist, dass Begriffe sich wandeln, sodass zu einem bestimmten Zeitpunkt zwei oder mehr Versionen eines Worts korrekt sind – zum Beispiel die direkt aus dem Englischen übernommene und die eingedeutschte. Sie sollten sich dann auf eine festlegen:

> Cloud Computing oder Cloud-Computing?
>
> Startup oder Start-up?
>
> Der Blog oder das Blog?

Apropos Cloud Computing: Wenn Sie sich für diese Schreibweise entscheiden (also »Cloud Computing« statt »Cloud-Computing«), wie gehen Sie dann mit einer Zusammensetzung wie »Cloud Computing-Anwendungen« oder »Cloud-Computing-Anwendungen« um? Diese Fragestellung wird auch als das »Durchkoppeln« von Zusammensetzungen mit Fremdwörtern bezeichnet. Der Duden sagt[2]: In diesem Fall müssen Bindestriche zwischen alle Bausteine des Worts – also: »Cloud-Computing-Anwendungen«. Das finden wir auch sinnvoll, denn sonst entsteht der Eindruck, dass nur die letzten beiden mit Bindestrich verbundenen Wörter zusammengehören – ihre Vorgänger stehen dann einfach so herum, ohne sich auf irgendetwas zu beziehen oder im schlimmsten Fall auf das Falsche. Beispiel: »150 MHz-Rechner«[3] – handelt es sich um einen Rechner, dessen Prozessor 150 MHz hat, oder um 150 Rechner, die irgendeinen MHz-Wert haben?

Auch ein Dauerbrenner: kreative Groß- und Kleinschreibung von Firmen- und Produktnamen. So ist zum Beispiel das Auftauchen von Großbuchstaben mitten im Wort (für Programmierer auch unter dem Begriff »Camel Case« bekannt) zu Zeiten des Dotcom-Booms ziemlich beliebt gewesen: Wäre Microsoft erst im Jahr 1998 gegründet worden, hieße es wahrscheinlich »MicroSoft«. (Wäre es ein Kind der 2010er-Jahre, hieße es »microsoft.« – man beachte den überflüssigen Punkt.)

Da es sich um Eigennamen handelt, gibt es keine Regeln dafür, wo in den Namen von Firmen und Produkten der Camel Case verwendet wird, wo zwei Wörter stattdessen auseinander- oder zusammengeschrieben werden und wo am Wortanfang Groß- oder Kleinschreibung verwendet wird. Ein paar Beispiele[4]:

> YouTube
>
> Google Talk
>
> flickr

---

2 *https://www.duden.de/sprachwissen/sprachratgeber/Schreibung-von-Fremdwortern-aus-dem-Englischen*

3 Aus *http://www.joern.de/tipsn51.htm* – ja, das Beispiel ist schon etwas älter.

4 Mehr unter *http://www.thenameinspector.com/10-name-types/*.

---

37 Signals

LinkedIn

eBay

VMware

Airbnb

iPhone

Das kann man eigentlich jedes Mal nur wieder nachschlagen (am besten auf der offiziellen Website). Im Netz ist auch oft von »Youtube« oder »Linkedin« die Rede, während YouTube und LinkedIn selbst sich anders schreiben. Früher wurde in Journalistenschulen gelehrt, dass es zu sehr nach Werbung aussieht, wenn man die Eigenschreibweise des Unternehmens übernimmt – also schrieb man »Youtube« statt »YouTube«. Heute neigt man aber eher dazu, die selbst gewählte Schreibweise des Unternehmens zu übernehmen – also »YouTube«. Auch hier ist es am wichtigsten, dass Sie sich auf eine Variante festlegen: Sollten Sie sich entscheiden, dass Sie doch lieber »Youtube« als »YouTube« schreiben, sollten Sie konsequenterweise auch »Ebay« und »Linkedin« statt »eBay« und »LinkedIn« schreiben.

Wenn Sie selbst kein Händchen für Rechtschreibung und Zeichensetzung haben und Ihr Text einen hundertprozentig professionellen Eindruck machen soll, sollten Sie nicht nur auf Spellchecker und die eigenen zwei Augen vertrauen, sondern einen Korrekturleser heranziehen.

Korrekturleser*in
Person, die Rechtschreibung, Grammatik und Zeichensetzung in einem Text pbfrüft und korrigiert.

Lektor*in[5]
Person, die einen Text auf guten Stil und logischen Aufbau hin überprüft und auch inhaltliche Vorschläge macht. Übernimmt oft auch das Korrekturlesen.

Wenn Sie mit einem Verlag oder Onlineportal zusammenarbeiten, wird oft die zuständige Redakteurin oder ein anderer Mitarbeiter diese Funktionen ausfüllen. Wenn Sie sie selbst beauftragen, ist es wesentlich preiswerter, nur das Korrektorat von jemand anderem erledigen zu lassen und das Lektorat selbst zu übernehmen.

Wie? Dazu geben wir im Folgenden ein paar Tipps.

---

5   An dieser Stelle möchten wir ganz herzlich unserer Lektorin bei O'Reilly, Ariane Hesse, danken, ohne die dieses Buch ein schlechteres geworden wäre. Wenn Sie übrigens wissen möchten, welche Tipps sie für angehende Buchautoren hat – dann müssen Sie auch die nächste Auflage kaufen.

Erst mal abhängen

Nein, nicht Sie. Der Text.

Obwohl Sie selbst in der Zwischenzeit auch gern abhängen dürfen, wenn Sie nichts anderes zu tun haben. Die Hauptsache ist, dass Sie den Text ein paar Tage (bei größeren Projekten auch gern ein paar Wochen) liegen lassen, um innerlich Abstand davon zu gewinnen. Weil Sie sich während des Schreibens intensiv mit dem Text beschäftigt haben, existiert eine Version davon in Ihrem Kopf, die mit dem Text auf dem Papier möglicherweise gar nicht mehr allzu viel zu tun hat. Diese Kopie muss erst von Ihrer geistigen Garbage Collection entfernt werden, bevor Sie kritisch an Ihren eigenen Text herangehen können.

Lautsprecher: den Text hören

Ein guter erster Schritt zur Überarbeitung ist es dann, sich selbst den Text laut vorzulesen. Ihnen werden an dieser Stelle möglicherweise ein paar Macken in Ihrem Text auffallen:

- Zu lange Sätze (siehe hierzu auch den Abschnitt »Besser parsen: Satzlänge und Satzzeichen«).
- Unvollständige Sätze (à la »Dieser Satz kein Verb«).
- Missverständliche Sätze, die beispielsweise bei unterschiedlicher Betonung unterschiedliche Bedeutungen annehmen, etwa: »**Mit** Alkohol habe ich keine Probleme« – »Mit **Alkohol** habe ich keine Probleme«[6]. Wenn die Bedeutung nicht aus dem Zusammenhang klar wird, sollten Sie den Satz umformulieren.
- Wörter, die Sie in einem oder mehreren aufeinanderfolgenden Sätzen mehrfach benutzt haben.
- Einschübe, die vom eigentlichen, logischen Fluss des Textes ablenken.

Alle diese Macken können Sie bei einmaligem oder mehrfachem lautem Lesen identifizieren und in Ordnung bringen. Der letzte Punkt auf der Liste führt dann auch schon zum nächsten Arbeitsschritt:

Kill your Darlings: Überflüssiges streichen

Wenn es Ihnen so geht wie uns, wissen Sie am Anfang des Schreibprozesses oft nicht, wie das Fazit des Textes genau aussehen wird. Oft erledigt man parallel zum Schreiben ja auch erst die Recherche und kommt dabei zu neuen Einsichten.

Das ist aber auch ein Grund mehr dafür, dass der erste Entwurf eines Textes oft keinen richtigen Fokus hat. Beispielsweise werden am Anfang oft Sachverhalte

---

6 Von *http://www.rhetorik-seminar-online.com/rhetorik-tipps/Saetze-die-nur-durch-Betonung-und-Pausen-andere-Bedeutungen-bekommen.*

---

angesprochen, die hinterher nicht wieder auftauchen und damit irrelevant sind, oder es findet sich mittendrin ein Exkurs, der nicht so recht zum Thema passt. Das ist für den ersten Entwurf völlig in Ordnung. Die finale Version eines Textes sollte aber stromlinienförmiger sein: so, dass eine Leserin sofort die Frage beantworten könnte, worum es in dem Text geht.

Daher ist ein wichtiger Schritt im Überarbeitungsprozess, Überflüssiges zu streichen. Seien Sie hier ruhig mutig. Es ist zwar zweifellos schmerzhaft, wenn Sie aus einem Text über das Framework Ruby on Rails[7] anderthalb Seiten einer hochinteressanten Erörterung der Vorteile funktionaler Programmiersprachen streichen müssen, aber dieser Tod ist nur vorübergehend:

 Sie können einfach eine Materialsammlung in Form einer Textdatei oder Datenbank anlegen, in der Sie alle Textfragmente sammeln, die Sie geschrieben haben, aber noch nicht verwenden konnten.

Wenn Sie dem Schreiben treu bleiben, werden Sie viele davon später noch unverändert oder leicht angepasst in anderen Texten verwenden können. Oder sie dienen als Anstoß für neue Ideen.

Lesen und lesen lassen

Auch wenn Sie keinen professionellen Lektor engagieren wollen, heißt das nicht, dass Sie die ganze Überarbeitung allein machen müssen: Fragen Sie Freunde und Bekannte, ob sie Ihren Text lesen und kritisieren möchten.

Sie müssen allerdings darauf gefasst sein, dass ein Teil von ihnen einfach keine Lust hat, und kaum etwas ist so schlimm, wie gegen den eigenen Willen ein dickes Manuskript in die Hand gedrückt (oder in die Mailbox geschickt) zu kriegen. Also treten Sie besser freiwillig den Rückzug an, wenn Sie beim Gegenüber Widerstand verspüren, auch wenn er in eine höfliche Einwilligung verpackt ist. Wenn der Text hinterher vier Monate lang bei jemandem liegt, der keine Lust hat, ihn zu lesen, haben hinterher alle Beteiligten ein schlechtes Gewissen.

Wenn Ihre Testleser keine Erfahrung mit dem Testlesen haben, bitten Sie sie am besten um Folgendes:

- Stellen anstreichen (auf Papier, in der PDF oder im Korrekturmodus der Textverarbeitung), die unklar oder unverständlich sind.
- In eigenen Worten ein bis mehrere Verbesserungsvorschläge am Text aufschreiben.
- Markieren, welche Stellen sie besonders gut gelungen fanden.
- (Bonusprogramm: Tippfehler aufspüren, wenn Ihr Spellchecker das nicht schon gemacht hat.)

---

7 *http://rubyonrails.org/*

Wenn Sie dagegen das Glück haben, auf eine erfahrene Testleserin zurückgreifen zu können – oder zumindest eine Leserin, die Fachwissen zum Thema Ihres Textes mitbringt –, dann bitten Sie unbedingt auch um einen Faktencheck: Stimmen alle Behauptungen, die Sie im Text machen? Dies ist auch sehr nützlich, um fehlende oder falsche Quellenangaben aufzuspüren (siehe Kapitel 3, »Big und Little Data: Recherche und Quellenangabe«).

Am besten vereinbaren Sie vor Beginn des Probelesens, ob der Schwerpunkt eher auf dem Inhalt des Textes oder auf Form und Rechtschreibung liegen soll. So vermeiden Sie, dass der Testleser die Struktur Ihres Textes noch einmal komplett auf links ziehen will, obwohl Sie eigentlich nur noch Flüchtigkeitsfehler beseitigen wollten, oder umgekehrt, dass man Ihnen die Kommasetzung korrigiert, obwohl Sie auf tiefer gehende Einsichten zu Struktur und Inhalt des Textes gehofft hatten.

Vergessen Sie bei allem nicht:

 Sie müssen die Verbesserungsvorschläge Ihrer Testleser nicht befolgen.

Diese können sehr von den persönlichen Vorlieben und Kenntnissen Ihrer Testleser gefärbt sein und müssen sich nicht mit den Zielen decken, die Sie mit Ihrem Text verfolgen. Sie sind die Autorin oder der Autor Ihres Textes und damit ganz allein für ihn verantwortlich.

Tools für die gute Zusammenarbeit

Sie können Ihrem Testleser natürlich einen ausgedruckten Stapel Papier und einen roten Kugelschreiber in die Hand drücken – so mancher wird das sogar bevorzugen. Eleganter ist aber natürlich eine Zusammenarbeit, bei der sogenannte Medienbrüche (von analog zu digital und zurück) vermieden werden.

Welche Werkzeuge kommen hierzu infrage?

Zunächst einmal haben viele gängige Textverarbeitungsprogramme Funktionen, um Kommentare anzubringen (die dann in einer Seitenspalte stehen und nicht im Text selbst) und Änderungen nachzuverfolgen – beispielsweise **Microsoft Office** und das quelloffene **LibreOffice**[8]. Änderungen von verschiedenen Autoren können so ein- und ausgeblendet werden, und die Mitarbeitenden können sich gegenseitig auf ihre Kommentare antworten.

So eine Zusammenarbeit kann allerdings nicht in Echtzeit stattfinden. Wenn Sie nur eine Testleserin haben, ist das kein Problem. Sobald es zwei oder mehr sind, stellt sich allerdings die Frage: Schicken Sie allen den fertigen Entwurf gleichzeitig, oder soll die jeweils neueste Fassung von einem zum anderen geschickt werden? Ersteres ist zeitsparender,

---

8 *https://de.libreoffice.org/*

führt aber zu verschiedenen Versionen mit Änderungen und Kommentaren, die sich vielleicht sogar widersprechen.

Abhilfe schafft die Zusammenarbeit mit einem Onlinetool wie Google Docs oder der Onlineversion von Microsoft Office: Hier können Sie alle Änderungen und Kommentare, die Ihre Mitarbeitenden anbringen, in Echtzeit sehen.

Google Docs hat dabei den Vorteil, dass es kostenfrei ist und Sie noch ein paar andere praktische Tools nutzen können (beispielsweise eine ziemlich gute Spracherkennung für gesprochene Texte in diversen Sprachen). Sie entscheiden selbst, welche Berechtigungen andere Nutzer in den von Ihnen erstellten Dokumenten haben: nur ansehen, kommentieren oder ohne Einschränkungen ändern. Das Manuskript können Sie schließlich in verschiedene gängige Dateiformate exportieren.

Wenn Sie Ihre Dateien allerdings nicht dem angehenden Datenmonopolisten Google auf dem Silbertablett servieren möchten, gibt es gute vergleichbare Dienste: etwa das in Indien entwickelte und gehostete **Zoho Docs**[9], das sein Geld nicht mit Werbung und Analytics verdient, sondern durch Gebühren für die Software (die allerdings überschaubar sind). Für Bastler kommt auch ein selbst gehostetes **Etherpad**[10] infrage, das allerdings nur für die gemeinsame Bearbeitung von Textabsätzen taugt, nicht für das Einbetten von Grafiken oder weitergehende Formatierungen.

Checkliste: An alles gedacht?

Es gibt noch eine Reihe von weiteren Formalitäten, die Sie in Ihrem Text einheitlich handhaben sollten. Auch die, die wir weiter oben nicht ausführlich besprechen konnten, haben wir in die folgende Liste aufgenommen:

☑ Haben Sie die Kommaregeln beachtet und auch andere Satzzeichen korrekt und sinnvoll eingesetzt (siehe auch Kapitel 5, »Ausdruck vor Eindruck: Verstanden statt gefürchtet werden«)?

☑ Haben Sie Zahlen und Maßeinheiten richtig und einheitlich formatiert?

Richtige Schreibweise von Zahlen und Maßeinheiten

Zahlen von 1 bis 12 werden als »eins« bis »zwölf« ausgeschrieben, alle weiteren Zahlen in Ziffern, also »13«, »14« und so weiter.

Wenn Sie Zusammensetzungen mit ausgeschriebenen Zahlen bilden, werden diese zusammengeschrieben: »zweifach«, »dreimalig«, »vierjährig«. Bei Ziffern werden diese mit Bindestrich verbunden: »13-fach«, »14-malig«, »15-jährig«. Die Verwendung von »x« hierbei ist eine Abkürzung, die nur in informalen E-Mails oder im Marketing verwendet

---

9 *https://www.zoho.eu/de/docs/*
10 *http://etherpad.org/*

werden sollte, sie ist eigentlich nicht korrekt: »10 x so schnell wie das Vorgängermodell« muss also eigentlich heißen »zehnmal so schnell wie das Vorgängermodell«.

Bei langen Zahlen sollten Sie jeweils drei Nullen mit einem Punkt oder einem (sogenannten geschützten[11]) Leerzeichen abtrennen, also 100.000 oder 100 000, 5.234.987 oder 5 234 987. Als Dezimaltrenner wird im Deutschen ein Komma verwendet, also 3.999,99 EUR. Achtung: Im Englischen ist es umgekehrt, da verwendet man das Komma zur Abtrennung von Tausendern und den Punkt zur Dezimaltrennung (3,999.99 USD). Nicht ins Deutsche übernehmen!

Kilobyte, Megabyte, Gigabyte und Terabyte[12] werden kB, MB, GB und TB abgekürzt. Die Wahl der richtigen Abkürzung wird dadurch erschwert, dass ein kB 1.000 Byte oder 1.024 Byte entsprechen kann – also ob »kilo« als Dezimal- oder Binärpräfix[13] verstanden wird. Als alternative Abkürzungen für Binärpräfixe gibt es auch die (wenig gebräuchlichen) KiB (mit großem »K«), MiB, GiB und TiB.

☑ Haben Sie richtig und einheitlich Ihre Quellen angegeben? (Siehe auch Kapitel 3, »Big und Little Data: Recherche und Quellenangabe«.)

☑ Verwenden Sie bei fremdsprachlichen Begriffen immer die gleiche Schreibweise und den gleichen Artikel? (Der/das Blog, Startup/Start-up ...)

☑ Haben Sie alle Zusammensetzungen mit fremdsprachlichen Bestandteilen durchgekoppelt?

☑ Gibt es Stellen, an denen Sie unnötigerweise Substantive verwenden, wo es auch ein Verb tun würde? (Siehe auch den Abschnitt »Die Notwendigkeit der Vermeidung des Nominalstils« in Kapitel 5.)

☑ Gibt es Ausdrücke oder Sätze, die eine Spende ans Phrasenschwein erfordern? (Siehe auch den Abschnitt »Das Phrasenschwein« in Kapitel 5.)

☑ Haben Sie den Text mindestens einmal laut gelesen?

☑ Gibt es Passagen, die eigentlich nicht mehr in den Text passen und die Sie nur deswegen drinlassen, weil es so mühsam war, sie zu schreiben?

☑ Haben Sie eine Testleserin gefunden und am besten auch um einen Faktencheck gebeten?

---

11 Einem Leerzeichen, das nicht dazu führen kann, dass erster und zweiter Bestandteil der Zahl durch einen Zeilenumbruch getrennt werden.

12 Es heißt nicht Terrabyte, sondern Terabyte mit nur einem »r«.

13 Mehr dazu unter *https://www.elektronik-kompendium.de/sites/com/1401171.htm.*

Ran an die Tastatur: Übungen

- Stellen Sie sich vor, wir hätten Sie gebeten, sich dieses Kapitel als Testleserin oder Testleser vorzunehmen. Welche Stellen gefallen Ihnen gut? An welchen haben Sie Verständnisschwierigkeiten? Was hätten Sie besser gemacht?
- Wenn Sie die Übungen am Ende von Kapitel 8, »Prokrastination 101: (Un)produktiv sein« gemacht haben, kehren Sie zu diesem Kapitel zurück und überarbeiten Sie die dort entstandenen Texte (außer den »schlechtesten Text der Welt«, der ist gut so, wie er ist).

KAPITEL 8

Prokrastination 101: (Un)produktiv sein

Ein Leck im Raum-Zeit-Kontinuum? – Zeit finden

Wenn Sie Ihre Texte nicht während Ihrer Arbeitszeit schreiben, stellt sich früher oder später die Frage, wie um alles in der Welt Sie eigentlich dazu noch die Zeit finden sollen – nachdem Sie Geld für die Miete verdient, eingekauft, geputzt, mit den Kindern gespielt, das Auto zum Winterreifenwechsel gebracht und ein Geburtstagsgeschenk für Tante Erna gekauft haben.

Die gängige Empfehlung von Experten für »persönliche Produktivität« an dieser Stelle ist: Schauen Sie weniger fern.

Dieser Tipp ist leider nur mäßig brauchbar – und außerdem veraltet, weil Netflix- und YouTube-Konsum mittlerweile größere Zeitfresser sind als das Fernsehen. Aber selbst wenn man ihn in Gedanken umformuliert in »Hängen Sie weniger im Internet rum«: Das ist leichter gesagt als getan. Die meisten Menschen haben nach einem gewöhnlichen Arbeitstag erst mal das Bedürfnis nach geistigem Leerlauf. Wenn Sie sich zwingen, auf Teufel komm raus unter solchen Umständen Text zu produzieren, leidet nicht nur Ihre Lebensqualität, sondern auch die Qualität des Textes.

Es gilt vielmehr herauszufinden, zu welchen Zeiten Sie geistig leistungsfähig sind. Zu einigen dieser Zeiten werden Sie anderweitig gebucht sein – zum Beispiel von Ihrem Brotjob. Zu anderen Zeiten sind Sie aber frei, um zu schreiben.

Das kann möglicherweise spät am Abend sein, nachdem Sie sich von der Arbeit ausreichend ausgeruht und die neueste Folge »Game of Thrones« geschaut haben. Es kann aber auch am Morgen sein, bevor die Kinder wach sind und Sie zur Arbeit müssen (stellen Sie den Wecker probeweise mal eine Stunde früher).

Es muss auch nicht an jedem Tag die gleiche Zeit sein: Vielleicht zwingen Sie sich an zwei Tagen der Woche dazu, abends nach der Arbeit noch ein bisschen was zu schreiben, und am Samstag nehmen Sie sich dann einen ganzen ausgeschlafenen Vormittag zum Überarbeiten (oder umgekehrt).

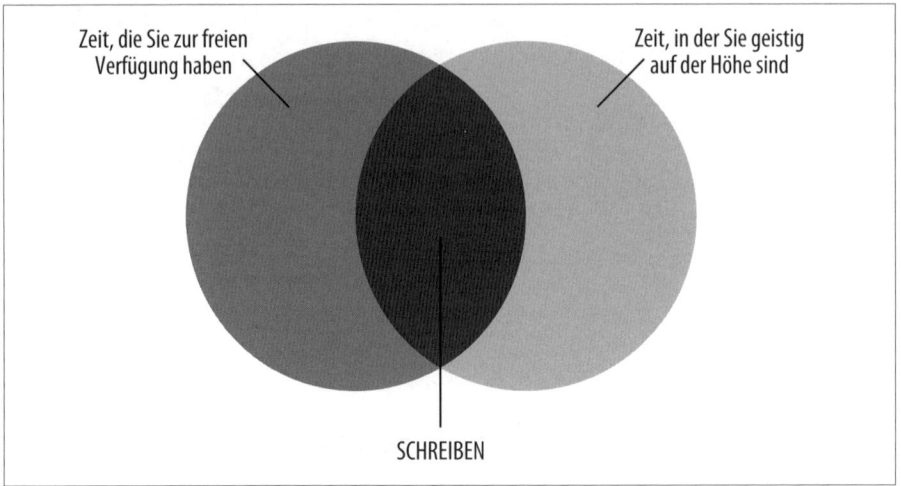

Zeit, die Sie zur freien Verfügung haben

Zeit, in der Sie geistig auf der Höhe sind

SCHREIBEN

Abbildung 8-1: Wenn Sie einen Vollzeitjob haben (ob in einem traditionellen Arbeitsverhältnis, als Hausfrau oder -mann oder in anderen Funktionen), können Sie nur über einen Teil Ihrer Zeit frei verfügen. Zudem ist jeder von uns nur zu bestimmten Stunden am Tag dazu in der Lage, sich zu konzentrieren und produktiv zu sein. Bemühen Sie sich, soweit es geht, die Schnittmenge zwischen beiden zum Schreiben zu nutzen.

Gedanken organisieren

Angenommen, Sie wissen schon eine Menge über Ihr gewähltes Thema – vielleicht sogar zu viel, denn Sie können sich nicht entscheiden, womit Sie anfangen wollen.

Oder Sie müssen oder wollen zu einem bestimmten Thema schreiben, finden es aber sehr unergiebig und denken, dass man es in drei Sätzen abhandeln könnte.

Beides könnte man fast mit einer Schreibblockade verwechseln (siehe Abschnitt »Denial of Service: Schreibblockade« weiter hinten in diesem Kapitel), beides lässt sich aber meist durch eine methodische Herangehensweise lösen.

Mindmap

In beiden Fällen ist eine Mindmap ein guter Start. Mittlerweile hat jeder schon mal eine Mindmap gesehen: Sie werden in der Schule verwendet und mit Vorliebe auch im Marketing[1].

Zur Erinnerung: Eine Mindmap startet man mit einem zentralen Begriff, zu dem man dann verwandte Begriffe frei assoziiert. Der zentrale Begriff entspricht dem Thema Ihres Textes und sollte möglichst konkret sein. Nehmen wir als Beispiel

---

1 Gern zum Beispiel auf Webseiten von Start-ups, um zu zeigen: Für unsere Kunden sitzen wir gern auch mal länger mit unseren MacBooks an großen Tischen aus unbehandeltem Holz und sind kreativ, bis der Arzt kommt. Oder bis der Bürohund Gassi muss.

mal »Verschlüsselte Instant Messenger«. Sie nehmen ein großes Blatt Papier und einen Stift (oder Ihre bevorzugte Mindmapping-Software – siehe Infokasten weiter unten) und schreiben Ihr Thema in die Mitte der Seite. Ordentliche Naturen ziehen noch einen Kreis darum. Was fällt Ihnen zu diesem Begriff ein? Alles, was Ihnen in den Sinn kommt, schreiben Sie nun um den zentralen Begriff herum und verbinden diese Stichwörter jeweils mit einer Linie. Genauso gehen Sie dann für jeden einzelnen dieser neuen Begriffe vor.

Es handelt sich also um einen rekursiven Algorithmus mit folgenden Abbruchbedingungen:

- Ihnen fällt nichts mehr ein.
- Es stellt sich bei Ihnen das dringende Bedürfnis ein, sofort mit dem Schreiben zu beginnen.
- Das Blatt ist voll. (Das ist, abhängig von der Größe des Blatts, eine ziemlich grobe Heuristik dafür, dass Sie Gefahr laufen, sich im Mindmapping zu verzetteln, oder Ihr Thema nicht eng genug eingegrenzt haben.)

Warum ist die Mindmap gut geeignet zur Planung eines Textes?

Sie ist besser an die Natur unserer Gedanken, unseres Wissens und unserer Erinnerungen angepasst als ein linear fortlaufender Text. Dies haben wir in Kapitel 6, »Erzähl mir nix: Storytelling« (Abschnitte »Vertiefende Codierung« und »Wissensorganisation«) schon angesprochen: Unsere Gehirne speichern Fakten in der Regel nicht isoliert ab, sondern verknüpfen sie mit anderen Fakten, die dann auch wieder gemeinsam abgerufen werden. Und beim Empfänger funktioniert es genauso: Eine isoliert stehende Behauptung oder ein einzelnes Argument in Ihrem Text wird Ihr Empfänger weniger gut verstehen und abspeichern als Information, die in einen weitergehenden Zusammenhang eingebettet ist.

Damit Sie den Inhalt Ihres Gehirns also möglichst wenig aus dem Kontext reißen müssen, um ihn zum Gegenüber zu übertragen, sondern jeden Gedanken sozusagen mit einem Stück von seinem natürlichen Biotop übertragen können (so wie Sie einen Goldfisch aus der Tierhandlung auch nicht zwischen zwei Fingern nach Hause tragen, sondern in einem Gefäß mit Flüssigkeit, das die richtige Elektrolyt-Zusammensetzung hat), bringen Sie ihn in der Mindmap also erst mal in genau diesem natürlichen Biotop zu Papier.

Sie müssen sich bei einzelnen Punkten der Mindmap nicht den Kopf darüber zerbrechen, ob sie optimal formuliert oder konsistent mit den anderen Punkten sind: Schreiben Sie einfach am besten drauflos. Punkte, die Ihnen hinterher nicht mehr gefallen, können Sie immer noch ändern – und sowieso werden Sie höchstwahrscheinlich nicht den ganzen Inhalt Ihrer Mindmap im späteren Text verwenden wollen.

Nach diesen ganzen abstrakten Überlegungen hier nun ein Beispiel – eine Mindmap für einen Text zum Thema »Backups«.

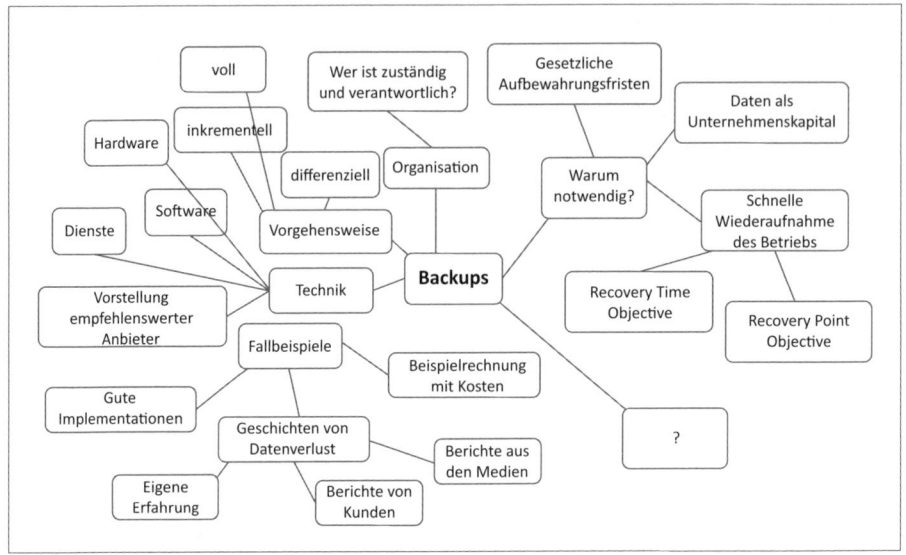

Abbildung 8-2: Mindmap zum Thema »Backups«

Wenn die Mindmap fertig ist (siehe Abbildung 8-2), können Sie mit dem Schreiben starten, sobald Sie das Gefühl haben, dass Sie nun einen guten Überblick über die wesentlichen Aspekte des Themas haben. Oder Sie legen vorher noch einen weiteren Schritt ein:

Outline oder Gliederung

Wenn Ihnen dieses ganze Mindmapping-Zeug nicht systematisch genug ist, erstellen Sie stattdessen oder zusätzlich eine Outline. Das ist eine Übersicht der wichtigsten Punkte, die Sie in Ihrem Text ansprechen wollen, und zwar hierarchisch geordnet. Im Fall eines Buchs also: Kapitel, Unterkapitel 1. Ordnung, Unterkapitel 2. Ordnung und so weiter.

Dabei können Sie die Stichwörter verwenden, die Sie in der Mindmap gefunden haben – in der Regel aber nicht alle, sondern nur die, die sich am besten in die logische Struktur der Outline fügen. Häufig werden Sie feststellen, dass die Punkte, die am zentralsten stehen – die also direkt und ohne Umwege mit dem Thema des Textes verbunden sind –, sich auch als Gliederungspunkte der ersten Ebene eignen.

Apropos Gliederungspunkte: Die wichtigsten Gliederungspunkte (Sachgebiete, Argumente) kommen in die erste Gliederungsebene. Diese wird dann wiederum in Sachgebiete oder Argumente der zweiten Gliederungsebene strukturiert – und so weiter. Bei einem kurzen Text reichen oft schon eine bis zwei Gliederungsebenen, bei längeren können auch vier sinnvoll sein. Mit mehr als vier Ebenen tun Sie sich dagegen selten einen Gefallen, da Sie dann Gefahr laufen, sich in Details zu verzetteln (und einem Detail einen eigenen Gliederungspunkt zu geben, das eigentlich in einem Halbsatz hätte abgehandelt werden können). Sie können die einzelnen Ebenen und Unterebenen entweder durchnummerieren,– also mit 1., 2., 3. für die Überschriften der ersten Ebene, 1.1, 1.2 und so weiter für Überschriften der zweiten Ebene –, oder mit einer Kombination aus (arabischen und römischen) Zahlen und Buchstaben, also etwa I., II., III. für die erste Ebene, A., B., C. für die zweite Ebene und so weiter. Das ist Geschmackssache.

Wie formulieren Sie die einzelnen Ebenen der Outline? Hier gibt es zwei Möglichkeiten:

1. als Stichpunkte oder Stichwörter
2. als ganze Sätze

Der Vorteil von Möglichkeit 1: Sie können auch dann schon eine sinnvolle Outline erstellen, wenn Sie das Thema noch gar nicht tief greifend recherchiert haben. Außerdem können Sie die Stichpunkte möglicherweise schon als Überschriften der jeweiligen Kapitel und Unterkapitel verwenden (siehe dazu auch das Kapitel 4, »GOTO considered harmful: Texte klar strukturieren«).

Der Vorteil von Möglichkeit 2: Wenn Ihr Text einen argumentativen oder didaktischen roten Faden hat – wenn Sie also Ihre Leserin von etwas überzeugen oder ihr etwas beibringen wollen –, sehen Sie bei dieser Art der Outline schon vor dem Schreiben des Textes, ob die Abfolge der Abschnitte sinnvoll und logisch aufeinander aufbaut oder ob Sie sie umstellen müssen.

Und auch hier wieder ein Beispiel, ebenfalls zum Thema Backups, formuliert in Stichwörtern. Wenn Sie es mit der obigen Mindmap vergleichen, werden Sie sehen, dass wir nur einige Punkte aus der Mindmap ausgesucht und diese auch teilweise umformuliert haben:

1. Gründe für Backups
   1.1 Datenverlust vermeiden
   1.2 Den Betrieb schnell wieder aufnehmen können
   1.3 Gesetzliche Vorgaben erfüllen
2. Technische Möglichkeiten für Backups
   2.1 Hardware
   2.2 Software
   2.3 Dienste
3. Backups in der Organisation
   3.1 Ziele festlegen
   3.2 Verantwortlichkeiten festlegen

Und das Gleiche noch einmal mit ein paar ausformulierten Gliederungspunkten:

1. Es gibt mehrere Gründe, Backups zu machen.
   1.1 Daten sind das Kapital vieler Unternehmen in der heutigen Wissensgesellschaft, daher führen Datenverluste zu finanziellen Verlusten und müssen verhindert werden.

1.2 Ein Datenverlust behindert den täglichen Betrieb, da IT-Systeme vorübergehend unbenutzbar werden, und führt auch auf diesem Weg zu Umsatzverlusten.

1.3 Einige Daten im Unternehmen müssen laut gesetzlichen Vorgaben für gewisse Fristen aufbewahrt werden, sodass ein Datenverlust auch zu Konflikten mit dem Gesetz führt.

1.3.1 Allgemeine Aufbewahrungspflichten

1.3.2 Aufbewahrungspflichten in speziellen Branchen

1.3.2.1 Gesundheitswesen

1.3.2.2 Einzelhandel

...

Sie sehen schon: Aus der oben beschriebenen Mindmap könnten unendlich viele Outlines hervorgehen, alle mit unterschiedlichen Schwerpunkten und unterschiedlicher Detailtiefe. Es gibt nicht die eine richtige Mindmap oder die einzig wahre Outline – eine gute Mindmap und eine gute Outline sind vielmehr die, die Ihnen am besten helfen, einen guten Text zu schreiben.

Hirn as a Service: Werkzeuge zum Outlinen und Mindmappen

Sie müssen Ihre Mindmaps nicht mit dem Kugelschreiber auf eine Serviette malen – es gibt auch eine ganze Reihe von Apps, die Ihnen die Arbeit erleichtern (und das Ergebnis besser les- und auffindbar machen, auch noch in sechs Monaten).

Zur digitalen Erstellung von Mindmaps eignen sich beispielsweise **FreeMind**[2] (GNU-Lizenz, für Windows, Linux und macOS) oder **MindMeister**[3] (kommerziell, als mobile und Web-App). Beide Tools unterstützen auch die Recherche und Materialsammlung. FreeMind hat nur rudimentäre Funktionen für die Onlinezusammenarbeit, während Sie per MindMeister auch Kommentare für andere hinterlassen und per Chatfenster diskutieren können.

Ein anderes, sehr umfassendes Tool ist **TheBrain**[4] (kommerziell, für Windows, Linux, macOS und Android), das es Ihnen auch erlaubt, zwischen einer Mindmap- und einer Outline-Ansicht hin- und herzuschalten. Weitere nützliche Features sind die Synchronisation zwischen verschiedenen Geräten und Nutzern, die Darstellung des Zeitverlaufs von Änderungen und die Verwaltung von Dateien.

---

2 *http://freemind.sourceforge.net/wiki/index.php/Main_Page*

3 *https://www.mindmeister.com/de*

4 *https://www.thebrain.com*

Denial of Service: Schreibblockade

Sie haben ein Thema, eine Deadline und ein leeres Word-Dokument vor sich,[5] können aber keinen Text produzieren?

Eine Schreibblockade kann zwei Ursachen haben:

1. Sie haben noch nicht genug Stoff zum Thema gesammelt.
2. Sie spielen Kritiker Ihres eigenen Textes, noch während Sie ihn produzieren.

Möglicherweise ist auch beides gleichzeitig der Fall.

Problem 1 lässt sich leicht – wenn auch nicht immer schnell – beheben: Probieren Sie Dinge aus, lesen Sie mehr zum Thema, fragen Sie Experten. Aber Vorsicht: Vielleicht schieben Sie Ihre Schreibblockade darauf, dass Sie noch nicht genug zum Thema wissen, obwohl es sich in Wirklichkeit um ein Problem der zweiten Art handelt, nämlich dass Sie Ihren Text kritisieren, noch während er entsteht. In diesem Fall laufen Sie Gefahr, sich in endlosen Recherchen zu verzetteln.[6]

Faustregel
Wenn Sie schon mindestens fünf andere Artikel oder mindestens fünf Kapitel aus zwei verschiedenen Büchern gelesen haben, können Sie mit dem Schreiben anfangen. Zusätzliche Informationen können Sie später immer noch berücksichtigen.

Problem 2 bedeutet, dass Sie Ihren Text bewerten, noch während er sich in Ihrem Kopf formt. Das ist manchmal nicht schlimm, wenn Sie in einem Schreibfluss sind und gelegentlich mal innehalten, um eine Formulierung gegen die andere abzuwägen. Aber wenn der innere Kritiker verhindert, dass Sie überhaupt etwas zu Papier bringen, muss es ihm an den Kragen gehen.

Das ist zugegebenermaßen nicht ganz so einfach: Nur weil wir Ihnen sagen, dass Sie während der Arbeit Ihren inneren Kritiker ausschalten sollen, wird das nicht auf wundersame Weise Realität.

Es gibt aber ein paar Tricks, mit denen Sie ihn in die hinteren Ecken Ihres Hirns verbannen können, um ihn erst wieder herauszulassen, wenn es ans Überarbeiten geht:

Aufschreiben, was der innere Kritiker sagt

Wenn Sie genau hinhören, bekommen Sie mit, was der innere Kritiker zu Ihnen sagt:

»Wie sollst du dieses komplizierte Zeug erklären? Das versteht doch kein Mensch, nicht mal du selber. Na gut, wir versuchen es mal ... Wie, mit diesem Satz willst du einsteigen? Todlangweilig. Da verlierst du deine paar Leser doch schneller, als

---

5 Oder LibreOffice, vim, einen Markdown-Editor Ihrer Wahl oder, Gott behüte, ein leeres Blatt in der Schreibmaschine.
6 Ein Problem, an dem auch schon viele Diplom-, Master- und Doktorarbeiten gescheitert sind.

du ›Netflix‹ sagen kannst. Apropos Netflix: Jetzt sitzt du schon zehn Minuten hier und zerbrichst dir den Kopf. Da hast du dir wirklich eine Folge ›Game of Thrones‹ verdient. Solange du Serien schaust und nicht schreibst, produzierst du wenigstens auch nichts, was uns beiden hinterher peinlich sein muss.«

Erkennen Sie ihn wieder? Er bringt sie mit seinen Kommentaren in eine unangenehme Situation: Sie versuchen zu arbeiten, aber es klappt nicht, und Sie fühlen sich dabei unwohl. Es ist verlockend, sich dieser Situation zu entziehen, indem man einfach etwas Angenehmeres macht, als am Schreibtisch zu sitzen.

Doch jedes Mal, wenn Sie diesem Impuls nachgeben, merkt Ihr innerer Kritiker: »Ich muss nur hartnäckig genug maulen, dann gehen wir Netflix gucken.«

 Seien Sie stattdessen trotzig und bleiben Sie am Schreibtisch sitzen. Da Sie sich dort mit dem Ziel hingesetzt haben, zu schreiben, schreiben Sie auch – und zwar einfach das, was Ihnen der innere Kritiker erzählt.

Reservieren Sie sich vorher eine bestimmte Zeit, beispielsweise eine halbe Stunde. Schreiben Sie in dieser halben Stunde auf, was der Kritiker sagt. Wenn Sie ihn nicht mehr hören, schreiben Sie am Manuskript weiter. Wenn er sich wieder meldet, protokollieren Sie ihn mit.

Am Ende der Sitzung löschen Sie seine Ergüsse. Oder speichern Sie sie irgendwo ab, damit Sie, wenn Ihr Text fertig ist, darüber staunen können, welche Hindernisse Sie überwunden haben.

Einfach schlecht schreiben

Wenn Ihnen die gerade genannte Methode zu esoterisch ist, nehmen Sie einen pragmatischeren Ansatz:

Stecken Sie sich für Ihre Schreibsession ein Ziel, und zwar, eine bestimmte Menge an Text zu produzieren. Nichts weiter – nicht, ein bestimmtes Kapitel fertigzustellen, ein Thema erschöpfend zu behandeln, ein besonders kreatives Beispiel zu finden oder Ähnliches.

 Sagen Sie sich: »Wenn ich drei grottenschlechte Seiten geschrieben habe, dann habe ich meine Aufgabe für heute erfüllt.« Damit verdeutlichen Sie Ihrem Hirn, dass Schreiben und Überarbeiten ab jetzt separate Tätigkeiten sind.

Geben Sie sich die Erlaubnis dazu, den Text hinterher komplett wieder zu löschen. Aber erst, wenn Sie sich das nächste Mal zum Schreiben hinsetzen. Vielleicht finden Sie mit einigem Abstand dann doch noch einzelne Passagen, die mit etwas Überarbeitung ganz brauchbar sind.

Wenn nicht: egal.

Das Werkzeug wechseln

Sofern Sie normalerweise Ihren Text in einen Computer tippen (wie vermutlich die meisten von uns), dann steigen Sie einfach mal um:

- Schreiben Sie mit Kuli, Füllhalter oder Bleistift auf Papier.
- Statt zu schreiben, diktieren Sie Ihren Text einer Spracherkennungssoftware oder einer Person Ihres Vertrauens.
- Wechseln Sie die Textverarbeitungssoftware: Probieren Sie mal eine andere Office-Suite (LibreOffice statt Word oder umgekehrt) oder einen ganz simplen Editor ohne Formatierung. Es gibt auch Software, die speziell für das ablenkungsfreie Schreiben designt ist (googeln Sie mal »distraction-free writing« oder »zenware«). Solche Apps sind zum Beispiel WriteMonkey[7], Calmly Writer[8] oder auch der OmmWriter[9], der Ihnen sogar auf Wunsch die Geräusche von Schreibmaschinenanschlägen simuliert – damit Ihre Kollegen oder Mitbewohner auch merken, dass Sie gerade im »Flow« sind, und zweimal darüber nachdenken, ob sie Sie jetzt stören.
- Wenn Sie normalerweise Code schreiben, dann schreiben Sie auch mal Ihre Texte in dieser Umgebung – zum Beispiel in Sublime oder Eclipse.
- Oder schalten Sie – wenn Sie einen externen Monitor benutzen – einfach mal den Monitor während des Schreibens aus.

Aber Vorsicht: Verschwenden Sie nicht zu viel Energie bei der Suche nach dem »einzig richtigen« Werkzeug. Sie können stundenlang nach dem perfekten Textverarbeitungsprogramm googeln und sind damit Ihrem fertigen Text noch kein Stückchen näher gekommen.

Sie lösen die Schreibblockade nicht dadurch, dass Sie das perfekte Werkzeug finden und damit glücklich bis an Ihr Lebensende schreiben – sondern durch die Abwechslung, die das neue Werkzeug mit sich bringt. Bei der nächsten Schreibblockade probieren Sie einfach was Neues aus.

Woanders schreiben

Ähnlich funktioniert dieser Tipp: Gehen Sie mit Ihrem Laptop oder Ihrem Schreibblock einfach mal woandershin. Wenn Sie sonst am Schreibtisch sitzen, setzen Sie sich zur Abwechslung auf die Couch, auf den Balkon oder in ein Café. Wenn Sie sonst inmitten Ihrer telefonierenden Kollegen oder Ihrer lärmenden Familie schreiben, suchen Sie sich mal ein ruhiges Örtchen.

---

7 http://writemonkey.com/
8 https://www.calmlywriter.com/
9 https://ommwriter.com/

 Auch hier gilt wieder: Das Ziel ist nicht, den perfekten Ort zu finden, sondern sich kurzfristige Abwechslung zu verschaffen.

Dies kann daher auch gut mit einem Wechsel des Werkzeugs kombiniert werden: Wenn Sie sonst mit dem Laptop am Küchentisch arbeiten, setzen Sie sich stattdessen mit dem Schreibblock ins Café oder mit dem Diktiergerät an den Ententeich. Die kombinatorischen Möglichkeiten sind so zahlreich, dass sie für ein ganzes Autorenleben reichen (und irgendwann werden Sie froh sein, wieder am heimischen Schreibtisch sitzen zu dürfen).

Und wenn alles nicht hilft?

Ein weiterer Schachzug, um den inneren Kritiker zeitweilig des Platzes zu verweisen, ist die Anwendung bewusstseinsverändernder Mittel. Obwohl dies, wenn man die Literaturgeschichte betrachtet, nach einem Erfolgsrezept aussehen mag, raten wir davon ab. Wenn Sie Pech haben, dann haben Sie nämlich Erfolg mit der Methode, sodass sich bei Ihnen die Überzeugung festigt, dass Sie nur mithilfe von Alkohol oder anderen legalen oder illegalen Drogen produktiv sein können. Dies kann Ihr Leben deutlich verkürzen und wirkt sich damit letztendlich doch wieder fatal auf Ihre Produktivität aus: Die meisten erfolgreichen Autoren haben ihre besten Arbeiten noch zu Lebzeiten abgeliefert.

Wenn Sie trotz aller unserer Vorschläge kein Wort zu Papier bringen, muss noch eine Möglichkeit bedacht werden: Vielleicht interessiert Sie das Thema einfach nicht. Wenn es sich um ein persönliches Projekt von Ihnen handelt, dann geben wir Ihnen hiermit die Erlaubnis, es aufzugeben und nie wieder anzurühren. Suchen Sie sich ein besseres Thema, sonst verleidet es Ihnen das Schreiben ganz.

Aber wohlgemerkt: Das ist die allerletzte Option – lassen Sie sich nicht dazu verleiten, zu schnell aufzugeben. Mit allen Problemen, denen Sie sich gegenübersehen, hatten auch schon Ihre Vorgängerinnen und Vorgänger zu kämpfen, und trotzdem gibt es einen Haufen zu Ende geschriebener Texte und Bücher auf der Welt. Alle standen vor dem gleichen Problem – auch Kollege Ernest aus dem letzten Kapitel. Als ein Journalist ihn fragte, welches Problem ihn dazu gebracht habe, das Ende seines Romans »A Farewell to Arms« 39-mal umzuschreiben, antwortete er:

»Getting the words right.«

Ran an die Tastatur: Übungen

- Stehen Sie morgen früh eine halbe Stunde eher auf und schreiben Sie 300 Wörter.
- Bleiben Sie übermorgen eine halbe Stunde länger auf und schreiben Sie 300 Wörter.
- Schreiben Sie an Ihrem nächsten Arbeitstag nach dem Mittagessen 300 Wörter, während Ihre Kollegen bei Facebook rumhängen.
- Gehen Sie zurück zu unserer Mindmap zum Thema »Backup« in diesem Kapitel. Was fällt Ihnen noch zum Thema ein? Was würden Sie dort ergänzen, wo wir ein »?« als Platzhalter eingefügt haben?
- Erstellen Sie eine Mindmap zum Thema »Auf welche Lebensbereiche wirkt sich die Digitalisierung aus?«.
- Legen Sie sie einen Tag in die Schublade und suchen Sie dann die für Sie interessantesten und sinnvollsten Punkte heraus. Erstellen Sie eine Outline für einen kurzen Artikel. Wenn Sie mögen, schreiben Sie diesen Artikel.
- Setzen Sie sich an den Laptop oder nehmen Sie einen Stift in die Hand und schreiben Sie zehn Minuten lang jeden Gedanken auf, der Ihnen durch den Kopf geht. Sie dürfen den Zettel danach vernichten. (Wenn er so aussieht wie unsere, empfehlen wir das sogar.)
- Schreiben Sie den schlechtesten Text der Welt über Ihr Lieblingsthema. Schlecht kann heißen: voller Rechtschreibfehler, ohne logischen Zusammenhang, mit hinkenden Vergleichen, voller Buzzwords und Worthülsen, oder alles auf einmal.
- Erinnern Sie sich daran, dass es wahrscheinlich irgendwo im Internet einen Text gibt, der noch schlechter ist.
- Lesen Sie einen Artikel in einer Fachzeitschrift und schreiben Sie einen Leserbrief dazu. Benutzen Sie hierbei ein für Sie ungewohntes Schreibwerkzeug: Kugelschreiber, Füller oder Bleistift, einen Laptop, einen Computer mit einer anderen Tastatur, eine Schreibmaschine – oder diktieren Sie in ein Diktiergerät oder eine Spracherkennungssoftware.
- Schreiben Sie uns einen wütenden Brief, in dem steht, welche der oben genannten Maßnahmen Sie ausprobiert haben und welche davon völlig wirkungslos waren. Schreiben Sie ihn nicht an Ihrem üblichen Arbeitsplatz, sondern im Café, auf dem Balkon, in der Stadtbücherei oder im Badezimmer.

KAPITEL 9

Press Any Key: Was möchten Sie schreiben? – E-Mail, Artikel, Buch & Co.

Denken Sie einmal daran zurück, als Sie dieses Buch gekauft haben.[1] Schwebte Ihnen da schon ein bestimmtes Schreibprojekt vor?

Es gibt eine ganze Reihe von Textarten, die infrage kommen, wenn Sie über IT schreiben möchten (oder müssen). Nicht immer lassen sie sich exakt voneinander abgrenzen.

So sind die Übergänge zwischen einer Anleitung, einem Handbuch und einer Onlinehilfe fließend: In der Anleitung erklären Sie Ihrem Leser, wie er ein bestimmtes Problem lösen soll, im Handbuch erklären Sie die Funktionsweise eines bestimmten Werkzeugs zur Problemlösung. Und die Onlinehilfe besteht oft nur aus den für einen bestimmten Kontext wichtigen Teilen des Handbuchs – eventuell noch anders formuliert.

Auch die Grenze zwischen einem populärwissenschaftlichen Artikel und einem Fachartikel hängt nicht zuletzt von der Perspektive des Lesers ab. Wenn Ihr Leser die neuesten Artikel aus IEEE Transactions on Information Theory[2] für leichte Frühstückslektüre hält, dann sind für ihn alle Artikel, die nicht einem Peer Review[3] unterzogen wurden, populärwissenschaftlich. Andererseits ist für einen Computerlaien schon ein Artikel aus der c't[4] harter Stoff und auf jeden Fall in die Kategorie Fachartikel einzuordnen. Ein Fachartikel wird hauptsächlich zur Information gelesen, der populärwissenschaftliche Artikel eher zur Unterhaltung.[5] Mehr zu den Zielen eines Textes – informieren, überzeugen, unterhalten – haben Sie schon in Kapitel 4, »GOTO considered harmful: Texte klar strukturieren«, erfahren.

---

1 Oder ausgeliehen. Falls Sie dieses Buch geschenkt bekommen haben und jetzt nicht wissen, was Sie damit anfangen sollen: herzlichen Glückwunsch, dass Sie es schon so weit geschafft haben!

2 Ein in Fachkreisen sehr respektiertes wissenschaftliches Journal, in dem Artikel über Kryptografie und Codes publiziert werden. Keine Frühstückslektüre der Autoren dieses Buchs.

3 Die Begutachtung eines wissenschaftlichen Artikels durch andere Wissenschaftler vor Veröffentlichung, um ein ausreichendes fachliches Niveau sicherzustellen (klappt nicht immer).

4 *https://www.heise.de/ct*

5 Und die Bücher Ihres liebsten Fachverlags mit den Tieren auf dem Cover natürlich zu beiden Zwecken ...

Texte, die wir in diesem Kapitel nicht behandeln

Wissenschaftliche Paper und Anträge auf Forschungsförderung und reine Werbetexte – diese unterliegen nämlich ihren ganz eigenen Regeln, die den Rahmen dieses Buchs sprengen würden. Es gibt zu beiden Themen auch schon viel brauchbare Literatur.

Ein empfehlenswertes Buch zum Thema »Wie schreibe ich ein wissenschaftliches Paper in der Informatik?« ist beispielsweise:

»Writing for Computer Science« von Justin Zobel (ISBN 978-1447166382)

Auch Forschungsanträge und wissenschaftliche Präsentationen werden dort ausführlich besprochen.

Zum Thema »Wie schreibe ich einen guten Werbetext?« gibt es einen Haufen guter und weniger guter Bücher. Empfehlen können wir beispielsweise diesen Klassiker (leider ebenfalls nicht ins Deutsche übersetzt):

»The Copywriter's Handbook« von Robert W. Bly (ISBN 978-0805078046)

Ein weiteres Spezialgebiet des Schreibens über IT ist die technische Dokumentation. Sie wird in diesem Kapitel kurz angerissen – und da wir selbst keine Experten auf diesem Gebiet sind, haben wir uns welche ins Boot geholt. Ulrich Matthey von der Firma KONTECXT[6] verrät uns im späteren Verlauf dieses Kapitels, worauf es bei der technischen Dokumentation ankommt.

Jetzt aber zurück zum Thema dieses Kapitels: Wir werden die häufigsten Arten von IT-Texten durchgehen und für jede besprechen, worauf Sie beim Schreiben besonders achten sollten. Wir gehen dabei etwa in folgender Reihenfolge vor:

- Kommunikation
- Dokumentation
- Marketing
- … und zum Schluss das Buch.

Brief und E-Mail

»Brief« – Sie erinnern sich? Der langsame und teure Vorgänger der E-Mail. Da er in vielen Situationen immer noch das Kommunikationsmittel der Wahl ist, gehen wir hier auf beide Nachrichtenformen ein.

Form

Für das äußere Erscheinungsbild eines **Briefs** gibt es praktischerweise eine Norm: DIN 5008 (siehe Abbildung 2-1. Diese legt fest, an welchen Stellen des Briefs die folgenden Inhalte stehen:

6　*http://www.technische-dokumentation.de*

- Absenderadresse
- Empfängeradresse
- Datum
- Betreff
- Anrede
- Text (inklusive Abschiedsgruß, Unterschrift und gegebenenfalls PS)
- Fußzeile (Firma, Rechtsform, Bankverbindung etc.)

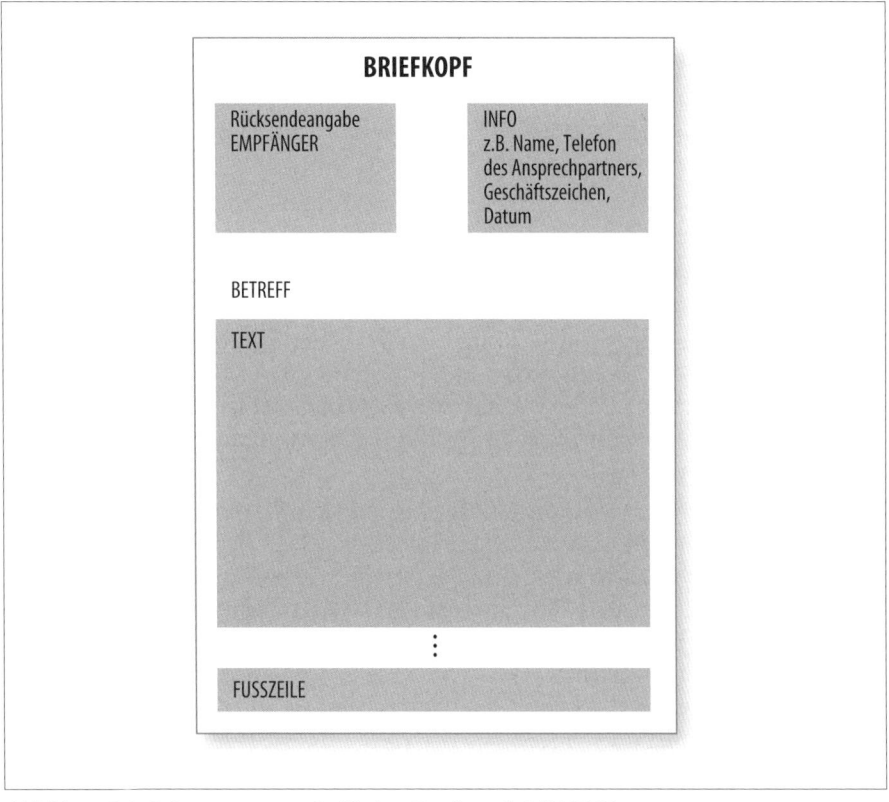

Abbildung 9-1: Schema eines geschäftlichen Briefs nach DIN 5008

Wenn Sie sich an die dort festgelegten Maße[7] halten, passt Ihr Brief in einen Fensterumschlag, und Sie können sich das handschriftliche Notieren der Adresse auf dem Umschlag sparen.

Über die Form einer **E-Mail** müssen Sie sich nicht mehr groß den Kopf zerbrechen, sie ist schon durch die technischen Voraussetzungen gegeben. Empfänger, Betreff, Text, Anhang, fertig – so könnte man denken.

---

7   Siehe z.B. *https://de.wikipedia.org/wiki/DIN_5008*.

Auf ein paar Dinge sollten Sie aber trotzdem achten:

- Sie wissen es bestimmt, aber noch einmal zur Erinnerung – der oder die Empfänger in den Feldern *An* und CC^8 können die Adressen der jeweils anderen sehen. Empfänger im Feld BCC^9 können von den anderen nicht gesehen werden, sehen aber selbst, an wen die E-Mail per *An* und *CC* geschickt wurde. Empfänger im *BCC*-Feld können sich aber nicht gegenseitig sehen.

- Moderne E-Mail-Clients bieten bei empfangenen E-Mails mit mehreren Empfängern oft die Optionen *Antworten* und *Allen antworten*. Wählt man Letzteres aus, geht die Antwort auch an alle Adressen, die in *CC* standen. Wenn zu einem Thema oft hin- und hergemailt wird und die Empfänger in *CC* nur am Rand beteiligt sind, kann man diesen mit der E-Mail-Flut sehr auf die Nerven fallen.

- Wählen Sie einen aussagekräftigen und konkreten *Betreff*. Die Inbox Ihres Adressaten ist genauso übervoll wie Ihre eigene. Schreiben Sie »Besprechung am 12.02. abgesagt« in den Betreff, nicht »heute«.

- Wenn Sie E-Mail-Verschlüsselung verwenden, denken Sie aber daran: Der Betreff wird nicht verschlüsselt. Schreiben Sie also keine vertraulichen Informationen in den Betreff.^{10}

- Widerstehen Sie der Versuchung, den gesamten Inhalt Ihres Arbeitsgedächtnisses in einen einzigen Absatz im Textkörper der E-Mail zu dumpen. Auch eine kurze E-Mail profitiert von einer Gliederung in mehrere Absätze. Sonst wird der Empfänger nur die ersten zwei Sätze und den letzten lesen – und Sie hinterher dafür anmaulen, dass Sie ihm die Infos, die dazwischen standen, nicht mitgeteilt haben.^{11}

- Über den Wert der (Un-)Sitte $TOFU^{12}$ sind sich die Autoren dieses Buchs nicht einig. Für TOFU spricht: Der Leser hat jederzeit den Kontext zur Hand. Dagegen spricht: Es wird unnötig Bandbreite verbraucht. Den beiden Extremen »keine Zitate« und TOFU in jedem Fall vorzuziehen ist aber: nur relevante Abschnitte aus der ursprünglichen E-Mail zu zitieren und direkt darunter zu beantworten.

- Auch Anhänge sollten aussagekräftig benannt werden: *screenshot-eingabefeld. jpg* statt *IMG02023487023409.jpg*.

Inhalt

In einer Hinsicht haben Sie es mit einem Brief oder einer E-Mail leichter als mit anderen Texten: Sie wissen, wer der Empfänger ist.

---

8 Steht für »Carbon Copy«, also ursprünglich Durchschlag auf Kohlepapier.

9 Steht für »Blind Carbon Copy«.

10 Wenn Sie keine E-Mail-Verschlüsselung verwenden: Schreiben Sie überhaupt keine vertraulichen Informationen in die E-Mail.

11 Dem Betreffenden die E-Mail daraufhin kommentarlos noch einmal weiterzuleiten, gilt als passiv aggressiv und daher als unfeiner Zug.

12 Text oben, Fullquote unten.

Das heißt nicht, dass Sie ihn auch *kennen* – die schwierigsten Nachrichten sind oft die, die man an Unbekannte schreibt. Hier sollte man besonders darauf achten, sich klar auszudrücken und auf Ironie und andere Quellen von Missverständnissen zu verzichten. Diese sind in textlicher Kommunikation immer problematisch, da wichtige Merkmale wie Stimmlage, Gesichtsausdruck und Pausen vollständig fehlen. Das gilt auch für Mailinglisten – hier können missverstandene Aussagen ein Eigenleben entfalten, noch bevor Sie das nächste Mal Ihre E-Mails abrufen.[13]

Bei allen Briefen und E-Mails, die länger als zwei, drei Sätze sind, lohnt es sich, den Inhalt zum Schluss noch einmal kurz zusammenzufassen. In Foren und auf Mailinglisten wird diese Zusammenfassung üblicherweise mit »tl;dr« eingeleitet: »Too long; didn't read«.

Ursprünglich war diese Formel als Kritik am Absender gemeint: Wenn dieser sich nicht die Mühe gemacht hat, seinen Beitrag so gut zu durchdenken, dass er ihn auf die wesentlichen Punkte eindampfen konnte, dann muss sich der Empfänger auch nicht die Mühe machen, ihn komplett zu lesen.

Auch ein Brief profitiert von einer solchen Zusammenfassung. Am besten setzen Sie sie mit einer Leerzeile vom restlichen Text ab. Wenn Sie ganz deutlich sein wollen, schreiben Sie noch »Zusammenfassung«, »Fazit« oder »tl;dr« davor (Letzteres nur, wenn Sie wissen, dass der Empfänger den Ausdruck kennt).

Sie müssen die Zusammenfassung aber nicht ans Ende stellen: Genauso gut können Sie nach dem Verfassen der Nachricht noch einmal an den Anfang zurückgehen und dort die wichtigsten Punkte zusammenfassen. Diese Praxis wird auch als BLUF[14] bezeichnet.

Eine weitere Technik, um sicherzustellen, dass wichtige Botschaften nicht im Textrauschen untergehen: Nutzen Sie ein PS.[15]

Der ursprüngliche Zweck des PS war, dem Brief noch etwas hinzuzufügen, das dem Verfasser erst eingefallen war, nachdem er ihn schon fertig geschrieben hatte. Während der längsten Zeit der Geschichte des geschriebenen Worts – also sagen wir mal, von der Keilschrift bis zur Marktreife erschwinglicher Drucker in den 1990er-Jahren – hatte der Verfasser in diesem Fall ein Problem: Er oder sie konnte in den fertigen Text nichts einfügen und musste die zusätzlichen Bemerkungen daher unten anhängen.

Heute müsste das PS daher eigentlich überflüssig sein. Da es meist kurz und vom Rest des Textes abgesetzt ist, hat es aber immer noch einen entscheidenden Vorteil: Es wird meistens gelesen.

tl;dr: Fassen Sie sich kurz.

PS: Und drücken Sie sich klar aus.

---

13 Für Sie getestet.

14 Steht für »Bottom Line Up Front«, etwa »das Ergebnis als Erstes«.

15 Steht für »Postskriptum«, lateinisch für »Nachschrift«.

Angebot

Das Angebot ist, neben Brief und E-Mail, nur eines von vielen Geschäftsdokumenten, die man im Alltag schreiben muss. Warum nehmen wir ausgerechnet das Angebot hier mit auf – und nicht auch die Rechnung, die SOP[16], die allgemeinen Geschäftsbedingungen oder das Arbeitszeugnis?

Die Antwort: Das Angebot ist ein typisches Dokument, in dem ein IT-Spezialist mit einem Laien kommunizieren muss.

Ein Beispiel: Sie wollen als Dienstleister einer Arztpraxis anbieten, eine Datensicherungsstrategie zu entwickeln und zu implementieren. Die Praxisinhaberin wird Sie nicht engagieren, weil Sie mit Hardware der Firma QNAP arbeiten oder weil Sie in den Fileserver ein RAID Level 6 einbauen möchten. Sie erhalten den Zuschlag, weil Sie anbieten, im Fall einer Virusinfektion das Praxisverwaltungsprogramm wieder zum Laufen zu kriegen, bevor der Praxisinhaber ein Magengeschwür entwickelt hat und die Bewertungen der Praxis auf Jameda ins Bodenlose gefallen sind.

Wie verlockend Ihr Angebot auf die potenzielle Kundin wirkt, hängt ganz wesentlich davon ab, wie gut Sie vermitteln können, dass Ihr Angebot ihre Probleme löst – oder ob es sich für die Kundin nur wie ein Haufen IT-Kauderwelsch liest.

Form

Wenn Sie für eine etablierte Firma arbeiten, gibt es sicher schon eine Vorlage für Ihre Angebote. Wenn Sie sich dagegen gerade erst selbstständig gemacht haben oder aus anderen Gründen keine Vorlage zur Hand haben, denken Sie daran, dass ein Angebot auch rechtlich Hand und Fuß haben muss. Vorlagen, in denen Sie sich alle rechtlich erforderlichen und empfehlenswerten Angaben abschauen können – beispielsweise zur Gültigkeit des Angebots, den Angebotsbedingungen, zur Verbindlichkeit von Schätzungen und so weiter –, bekommen Sie beispielsweise auf den Webseiten von Industrie- und Handelskammern[17].

Ein Angebot ist zunächst aufgebaut wie ein normaler Geschäftsbrief: Kopf, Datum, Betreff, Anrede.

Die Bestandteile des Angebots werden traditionell in einer Tabelle aufgeführt. Das ist übersichtlich, und der Empfänger weiß sofort, was er vor sich hat.

Position	Erklärung	Zweck	Preis
Intel Server S3200SH Xeon X3220 32GB ARC1220 Raid 6	Server mit ausfallsicheren Festplatten.	Mithilfe dieses Servers kann der Betrieb störungsfrei weiterlaufen, auch wenn bis zu zwei Festplatten ausfallen sollten.	350,–
...	...	...	...

---

16 Standard Operating Procedure: Beschreibung eines Prozesses, z.B. im Marketing oder in der Personalverwaltung, der immer gleich ablaufen sollte.

17 Beispielsweise *https://www.frankfurt-main.ihk.de/recht/themen/vertragsrecht* und *https://www.ihk-koeln.de/17063_Basisinformationen_fuer_Gruender.AxCMS*.

Das Angebot endet schließlich wieder wie ein Geschäftsbrief: Gruß, Unterschrift und Fußzeile.

Inhalt

Was macht ein Angebot erfolgreich? Wir haben dazu Wolfgang Schultz befragt, Marketingberater für IT-Dienstleister[18]. Das komplette Interview mit ihm finden Sie im Anhang dieses Buchs.

Also, was steht in einem guten Angebot?

- Nicht nur die Eigenschaften (Features) des Produkts oder der Dienstleistung, sondern auch der Nutzen, den die Kundin davon hat. Also nicht nur Virtualisierung, sondern auch bessere Verfügbarkeit und schnellere Disaster Recovery. Oder noch besser: Weniger Nutzerbeschwerden und höhere Einnahmen für den Kunden durch bessere Verfügbarkeit.

- Eher mehr als weniger Text. Wolfgang Schultz dazu: »Je mehr man erklärt, desto mehr fühlt der Kunde sich verstanden. Und er hat vor allem auch das Gefühl, dass man ein auf ihn zugeschnittenes Angebot macht und nicht nur so ein 08/15-Angebot.«

- Immer die Perspektive des Lesers im Hinterkopf behalten (siehe Kapitel 2, »Mein Leser, das unbekannte Wesen«): 95 % der Kunden sind nicht aus Spaß an der Technik dabei, sondern wollen vor allem, dass die Technik funktioniert und keinen Aufwand verursacht. »Wenn man das dem Kunden glaubhaft vermitteln kann – dass man der Anbieter ist, der eine funktionierende IT schafft, ohne dass sich ständig irgendwer kümmern muss, ohne dass der Kunde dadurch belästigt wird –, dann hat man wirklich schon halb gewonnen.«

- Und wie findet man die Perspektive des Lesers heraus? »Das Wichtigste war und ist für mich immer das persönliche Gespräch vor Ort. Bei jeder neuen Anfrage habe ich versucht, erst einmal selbst hinzugehen, mir alles anzuschauen, mit dem Auftraggeber zu sprechen. Dabei bekommt man schon ganz viel mit. Wie ist die Umgebung? Wer ist mein Ansprechpartner, welche Position hat er oder sie: Unternehmer? Unternehmer und Geschäftsführer? Angestellter Geschäftsführer? IT-Leiter? Mitarbeiter? Und wenn es ein Mitarbeiter ist: Hat er eine gewisse IT-Affinität, oder hat er die Aufgabe aufs Auge gedrückt bekommen? So ein Mensch hat ganz andere Wünsche und Ziele als jemand, der das Thema toll findet und sich für Server und Vernetzung oder Ähnliches interessiert. Mit beiden muss man jeweils unterschiedlich kommunizieren. Und, auch wichtig: Man sollte eine Persona[19] von demjenigen erstellen, der das System in Auftrag gibt, und dem, der es hinterher benutzen muss. Das sind ja oft nicht die gleichen Personen.«

---

18 *https://schultz-it-marketing.de*
19 Mehr zur Persona in »Teil III: Mit der Ente reden« in Kapitel 2, »Mein Leser, das unbekannte Wesen«.

Wolfgang Schultz hat für uns die Eigenschaften eines guten Angebots in einer Mindmap dargestellt:

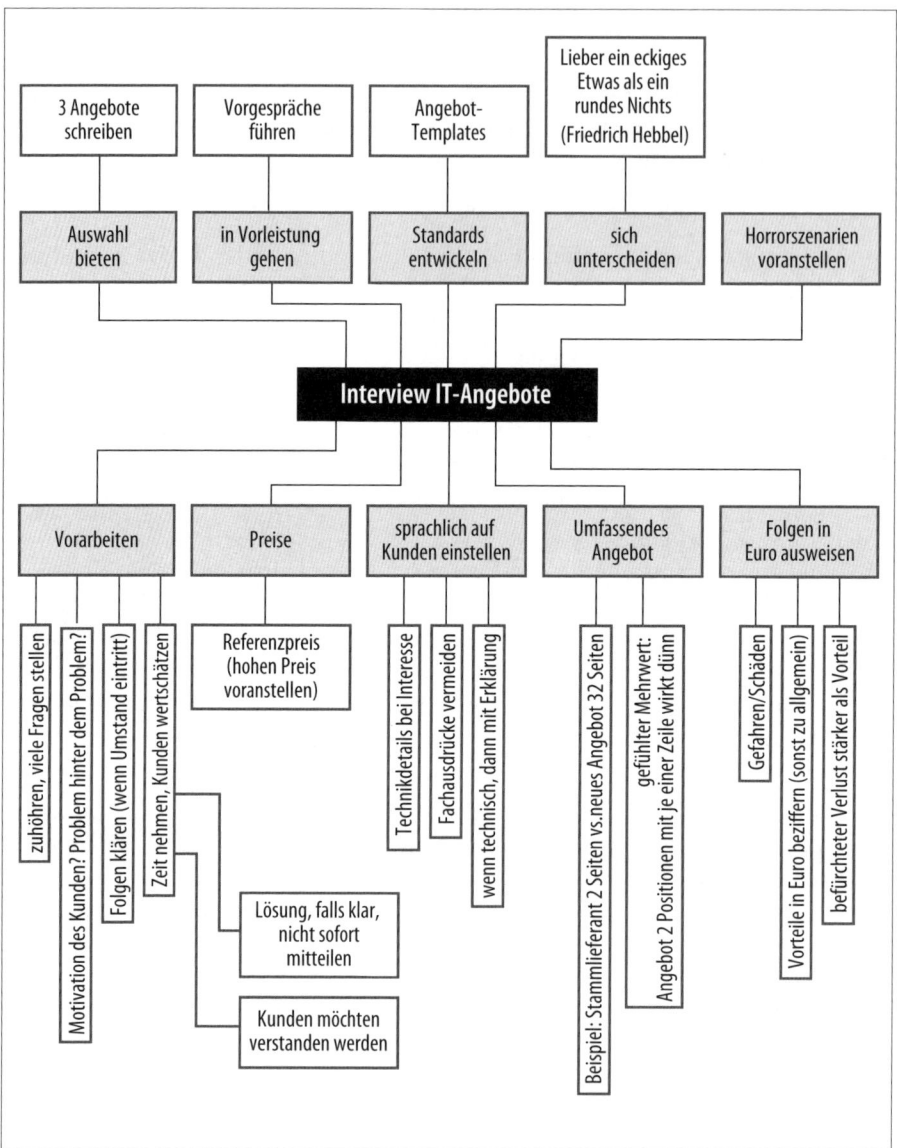

Abbildung 9-2: Mindmap: das gute Angebot (nach einem Interview von Christina Czeschik mit Wolfgang Schultz)

Fachartikel, populärwissenschaftlicher Artikel und Blogartikel

Ein Fachartikel – das haben wir in der Einleitung dieses Kapitels einfach mal so definiert – soll hauptsächlich informieren. Sein Unterhaltungswert steht weniger im Vordergrund. Daraus folgt: Der logische und übersichtliche Aufbau steht an erster Stelle des Wunschzettels für einen guten Fachartikel.

Wenn von Fachartikeln gesprochen wird, sind manchmal auch wissenschaftliche Artikel gemeint: also Artikel, die eine neue wissenschaftliche Erkenntnis darlegen, beruhend entweder auf Literaturrecherche oder eigenen experimentellen Ergebnissen – beispielsweise der Entwicklung eines neuen Algorithmus. Diese besprechen wir hier im Buch nicht. Wenn Sie dazu Hilfestellung suchen, finden Sie am Anfang dieses Kapitels aber eine Literaturempfehlung.

Ein populärwissenschaftlicher Artikel soll zugleich informieren und unterhalten – vielleicht auch den Leser vom Standpunkt des Autors überzeugen. Ein übersichtlicher Aufbau ist hier ebenfalls wichtig, aber die Argumentationspunkte sollten nicht trocken nacheinander abgehakt werden. Wenn Sie nicht jede Frage des Lesers sofort beantworten, bringen Sie ein bisschen Spannung in die Sache.

Den Blogartikel haben wir mit in diesen Abschnitt aufgenommen. Es spricht zwar nichts dagegen, einen Fachartikel oder gar einen wissenschaftlichen Artikel auf einem Blog zu veröffentlichen – in der Praxis ist aber ein Blog doch eher ein Plaudermedium.[20]

Form

Die meisten Artikel – ab einer Länge von etwa 300 Wörtern – profitieren von *Zwischenüberschriften*. Wenn der Leser diese Überschriften scannt, hat er schon eine ungefähre Vorstellung von Inhalt und Aufbau des Artikels und kann anhand dieser Informationen entscheiden, ob er ihn lesen möchte. Diese Entscheidung kann natürlich auch negativ ausfallen, in der Regel sind Überschriften jedoch auf Ihrer Seite. Wenn die Überschriften der Leserin Interessantes und Nützliches versprechen, hält sie wahrscheinlich auch ein oder zwei trockene Absätze auf dem Weg dahin durch.

Die Überschriften sollten möglichst »sprechend« sein, also nicht

»Einleitung«,

sondern

»Toaster erobern das Internet of Things«.

---

20 Wir entschuldigen uns hiermit bei allen Bloggern, denen wir mit dieser Aussage unrecht tun – und das sind sicher nicht wenige.

Abbildungen erfreuen den Leser ebenfalls: Abgesehen von ihrem eigenen Informationswert lockern sie den Textfluss auf. Bildunterschriften werden übrigens fast immer mitgelesen. Sie zu schreiben, ist also keine lästige Pflicht, sondern die Gelegenheit, wichtige Informationen unterzubringen, die mit hoher Wahrscheinlichkeit einen Leser finden, auch wenn der Rest Ihres Artikels nicht dieses Glück hat.

Leichter lesbar wird ein Text auch durch einen Wechsel von kürzeren und längeren *Absätzen* und – wenn es sich für Ihr Thema anbietet – nummerierte oder nicht nummerierte Aufzählungen. Ein massiver Block von Text ohne Absätze, Aufzählungen oder Bilder wirkt schon auf den ersten Blick demotivierend.

Sogar »Krieg und Frieden«[21] hat zahlreiche kurze Absätze, sie sind oft nur einen Satz lang.

Texte optisch auflockern

Weitere Möglichkeiten, um optische Abwechslung zu schaffen:

- In Kästen abgesetzter Text, der in der Mitte oder am Rand der Seite steht. Eignet sich beispielsweise, um Zusatzinformationen zu liefern, die wichtigsten Punkte des Textes zusammenzufassen oder Zitate darzustellen.
- Wenn Sie mit wörtlichen Zitaten arbeiten, können Sie eines oder zwei davon aus dem Text herausziehen und ebenfalls in einem Kasten hervorgehoben darstellen.
- Schreiben Sie über Dinge, die sich für die tabellarische Darstellung eignen? Wenn Sie beispielsweise im Text die Vorzüge von Android- gegenüber denen von iOS-Apps erörtern, schreit das geradezu nach einer tabellarischen Gegenüberstellung.

Inhalt

In einem Artikel können Sie sowohl Tatsachen beschreiben als auch Meinungen ausdrücken. Tatsachen müssen natürlich auf seriösen Quellen beruhen (siehe dazu auch Kapitel 3, »Big und Little Data: Recherche und Quellenangabe«). Wenn Sie aus zweifelhaften Quellen berichten, dann merken Sie das im Text ruhig an.

Je nachdem, wo Ihr Text veröffentlicht wird, müssen Sie die Quellenangaben nicht immer in den Text einfügen – oft ist es aber sinnvoll. In diesem Buch haben wir dazu beispielsweise mit Fußnoten gearbeitet. Bei Texten, die nur im Web erscheinen, bieten sich Hyperlinks auf die Quellen an. Sie können Ihre Quellenangabe auch umschreiben:

- »Der Internet Security Threat Report 2016[22] der Firma Symantec verrät, dass ...«

---

21 Leo Tolstoi, 1868/69, 1.536 Seiten, 58 Hauptpersonen.

22 *https://www.symantec.com/security-center/threat-report*

(Auch bei Offlinetexten freut der Leser sich unter Umständen über eine URL, wenn Sie das Dokument zum ersten Mal erwähnen.)

Wenn Sie dagegen werten, analysieren oder Schlüsse ziehen, brauchen Sie keine Quelle – schließlich handelt es sich um Ihre eigene analytische oder kreative Arbeit. Der Text sollte aber nicht den Eindruck erwecken, als kämen die Schluss-folgerungen von jemand anderem oder gingen zwingend aus den Daten hervor, wenn es sich in Wirklichkeit um Ihre Interpretation handelt.

Beispiel:

> »Die Zahlen zeigen, dass immer weniger Spammer das Werkzeug E-Mail benutzen. Das liegt möglicherweise daran, dass soziale Netzwerke für die Spammer attraktiver geworden sind, während E-Mail-Spam häufig in den immer besser werdenden Spamfiltern hängen bleibt.«

Nicht:

> »Die Zahlen zeigen, dass immer weniger Spammer das Werkzeug E-Mail benutzen, weil soziale Netzwerke für Spammer attraktiver geworden sind und E-Mail-Spam in den immer besser werdenden Spamfiltern hängen bleibt.«[23]

Anleitung und Tutorial

Eine Anleitung und ein Tutorial haben den Zweck, dem Leser eine ganz konkrete, eng umgrenzte Fähigkeit oder Kenntnis über ein bestimmtes Gebiet zu vermitteln – zum Beispiel die Festplatte eines Lenovo X1 Carbon auszutauschen.[24]

Gibt es einen Unterschied zwischen Anleitung und Tutorial? Ein Tutorial bezeich-net im Englischen ursprünglich eine Übung an einer Universität, die von einem Tutor geleitet wird. So, wie das Wort heute vorwiegend gebraucht wird, ist es aber praktisch gleichbedeutend mit einer Schritt-für-Schritt-Anleitung.

Der einzige Unterschied – und das ist ein rein subjektiver Eindruck: Wenn Audio- oder Videoelemente enthalten sind, spricht man häufiger von einem Tutorial, während man bei einer Anleitung doch eher an etwas rein Schriftliches denkt. Da der Begriff Tutorial somit umfassender ist, werden wir ihn in diesem Buch weiter verwenden.

Form

Wie schon angedeutet, kann ein Tutorial nicht nur Textform haben. Wenn es sich um einen Text handelt, sollten Sie auf jeden Fall Abbildungen mit einplanen. Es

---

23 Es sei denn, Sie haben wirklich Daten zu der Frage, wie der Rückgang von E-Mail-Spam mit der Ver-besserung von Spamfiltern korreliert.

24 Was bei diesem Modell zu Garantieverlust führt – daher werden wir das Beispiel auch gleich wieder verlassen.

gibt nur wenige Themen, die sich nicht durch Grafiken noch anschaulicher darstellen lassen – und wenn es nur Schemazeichnungen sind, die eine logische Abfolge veranschaulichen. Wenn das Tutorial im Netz veröffentlicht werden soll, können Sie auch weitere Medien einbinden. Für viele IT-Themen, die sich an Anwender richten, eignet sich zum Beispiel ein Screencast[25], der wie jedes andere Video in den Text eingebettet werden kann.

Apropos logische Abfolge: Eine gute Struktur für ein Tutorial ist eine Abfolge von Schritten.

Beispiel:

1. Gehäuseschrauben lösen
2. Gehäuseclips lösen
3. Gehäuse öffnen
4. Kabel der vorhandenen SSD ausstöpseln
5. Schraube lösen
6. Alte SSD entfernen
7. Neue SSD einsetzen
8. SSD anschrauben
9. Kabel einstöpseln
10. Gehäuse schließen, sodass die Clips einrasten
11. Gehäuseschrauben einsetzen und festziehen

Sie erinnern sich vielleicht noch an den Abschnitt »Einleitung, Hauptteil, Schluss: Mut zur Unoriginalität« in Kapitel 4. Nach der dort verwendeten Einteilung würde es sich beim Beispiel oben um eine chronologische Struktur handeln. Andere, die sich für ein Tutorial eignen würden, wären die sachlogische Struktur (beispielsweise von Ursache zu Wirkung) und die didaktische Struktur (beispielsweise von einfach zu schwer).

Inhalt

Zwei Dinge sind wichtig für ein gutes Tutorial:

- **Beispiele** und
- **Begründungen** dafür, dass etwas gerade so und nicht anders zu tun ist.

Beides ist notwendig, damit sich im Kopf des Lesers ein zusammenhängendes Bild ergibt.

---

25 Ein Video, das den Bildschirminhalt und die Bildschirmaktivität (etwa die Bewegung des Cursors) zeigt.

Einige Experten[26] sagen sogar, dass die Beispiele weitaus wichtiger sind als der Rest des Textes, denn Untersuchungen haben ergeben: Wenn Anleitung und Beispiel sich widersprechen, wird eine Mehrzahl der Leser sich am Beispiel orientieren.

Hinzu kommt: Das Beispiel enthält oft den gleichen Stoff wie die abstrakte Anleitung, aber anders dargestellt. Diese alternative Darstellung hilft beim Verständnis. Etwas, das am Beispiel nicht klar wird, wird in der Anleitung klar – und umgekehrt.

Begründungen sind wichtig, damit der Leser den Stoff im Gedächtnis behält. Nichts ist so schwer zu merken wie eine Ansammlung unzusammenhängender Fakten. So können Sie Ihrem Leser lediglich mitteilen, dass eine DVD jederzeit aus dem Laufwerk entfernt werden kann, ein USB-Stick jedoch vorher ausgeworfen werden muss. Wenn Sie ihm aber sagen, dass der USB-Stick Daten verlieren kann, wenn er nicht ordnungsgemäß ausgeworfen wird, die DVD jedoch nicht, weil sie für gewöhnlich schreibgeschützt (ein Read-only-Medium) ist, dann ist das Ganze gleich viel einleuchtender.

Gute Tutorials sind zudem sehr spezifisch in ihren Angaben dazu, was genau auf welcher Hardware- oder Softwareversion umgesetzt wird. Wer weiß zudem, ob Sie in zwei Jahren Lust oder Gelegenheit haben, Ihr Tutorial zu aktualisieren? Daher ist es immer gut, es im Text zu datieren, damit Ihre Leser rechtzeitig bemerken, dass Ihr Text älter und möglicherweise nicht mehr aktuell ist.

Handbuch

Im Unterschied zum handlungsorientierten Tutorial steht bei einem Handbuch (oder englisch »Manual«) nicht die zu erfüllende Aufgabe im Vordergrund, sondern das Werkzeug selbst. Ein Handbuch sollte umfassend sein, weil es auch als Nachschlagewerk zu eben diesem Werkzeug dient.

Anders gesagt: Über ein Werkzeug, zu dem man *ein* Handbuch verfasst, – beispielsweise eine Programmiersprache – lassen sich viele Tutorials schreiben, die erklären, wie man einzelne konkrete Aufgaben mit dem Werkzeug ausführt. Zum Beispiel: Wie stelle ich mit der Sprache eine Datenbankverbindung her? Wie schreibe ich in eine lokale Datei, wie in eine Netzwerkdatei? Wie gebe ich eine Warnmeldung an den Benutzer aus?

Andererseits können zur Erfüllung der Aufgabe, um die es in einem Tutorial geht, mehrere Werkzeuge zum Einsatz kommen, die jeweils ein eigenes Handbuch haben:

---

26 Benedikt Lutz: »Verständlichkeitsforschung transdisziplinär: Plädoyer für eine anwenderfreundliche Wissensgesellschaft«, 2015.

Im Tutorial »Wie stelle ich eine Datenbankverbindung her?« können beispielsweise die Tools Ruby und PostgreSQL zum Einsatz kommen, von denen jedes wieder ein eigenes Handbuch hat.

Und was unterscheidet nun ein Handbuch von einer Gebrauchsanweisung? Eine Gebrauchsanweisung unterliegt bestimmten rechtlichen Bestimmungen, beispielsweise denen des Produkthaftungsgesetzes. Wie man einen Text schreibt, der diesen Anforderungen genügt, werden wir in diesem Buch zu Ihrer und unserer Sicherheit nicht besprechen – wir sind schließlich keine Anwälte. Mehr Licht in das Thema »Technische Dokumentation und gesetzliche Vorschriften« wird aber später der Abschnitt »Gebrauchsanleitung und technische Dokumentation« weiter hinten in diesem Kapitel bringen.

Form

Anders als bei einem Tutorial ist die Abfolge der Kapitel in einem Handbuch nicht durch die Reihenfolge der Schritte vorgegeben, die der Benutzer ausführt.

Wie kann man also ein Handbuch stattdessen strukturieren?

- Von Basisfunktionen über fortgeschrittene Funktionen bis hin zu Expertenfunktionen.
- Nach Aufgaben, die der Benutzer mit dem Werkzeug ausführen will.

Beide Ansätze lassen sich nicht ganz scharf voneinander trennen: Auch wenn Sie Ihr Handbuch entsprechend den Aufgaben strukturieren, die abgehandelt werden sollen, müssen Sie am Anfang einige Grundbegriffe erklären und grundlegende Funktionen zeigen.

Um das anschaulich zu machen, hier ein Auszug aus dem Inhaltsverzeichnis eines aktuellen Handbuchs für Amazon Echo (von Martin Fuchs, ISBN 978-1520556666):

1. Was ist Amazon Echo
2. Die erste Einrichtung Ihres Amazon Echo
3. Interaktion mit Alexa
4. Standard-Sprachbefehle
5. Hinzufügen eines zweiten Amazon-Accounts
6. Absichern/Deaktivieren von Sprachbestellungen
7. Ändern des Aktivierungsworts »Alexa«
8. Hinzufügen von Skills

und so weiter.

Das Beispiel zeigt: Zuerst einmal, in den Kapiteln 1 bis 4, legt der Autor die Grundlagen für das, was folgt. Er erklärt, wie man Amazon Echo einrichtet und wie man ihm Befehle erteilt. Dann, ab Kapitel 5, werden konkrete Aufgaben und Probleme gelöst.

Quellcode formatieren

In Handbüchern, aber auch Tutorials, muss der Leserin oft auch Quellcode erklärt werden, wenn es beispielsweise um Programmierung oder Befehle auf der Kommandozeile geht.

Dieser Quellcode wird üblicherweise in einer Schriftart dargestellt, die eine feste Zeichenbreite hat (auch als nichtproportionale Schriftart oder Monospace bezeichnet).

Schriftarten mit variabler Zeichenbreite (proportionale Schriftarten) sind dagegen leichter zu lesen und werden beispielsweise auch im Fließtext dieses Buches verwendet.

Bitte beachten Sie, dass im Gegensatz zu einer Zeile, die Sie in einem Editor oder einer integrierten Entwicklungsumgebung schreiben, die Druckseite nur eine begrenzte Breite hat. Sie können also nicht so lange Codezeilen schreiben, wie Sie wollen, sondern müssen sie dort umbrechen, wo die Seite zu Ende ist. Das ist bei einer normalen DIN-A4-Seite nach ca. 60 Zeichen, kann aber je nach Publikationsform auch wesentlich früher sein – etwa, wenn eine Seite zweispaltig gesetzt ist. Hier müssen Sie also darauf achten, dass dem Leser klar ist, dass der Zeilenumbruch nur aus praktischen Gründen für die Darstellung im Druck eingefügt wurde und nicht tatsächlich eine neue Codezeile beginnt. Wie genau Sie dies kenntlich machen können, hängt von der Programmiersprache ab.

Außerdem sollten Sie beachten, dass Sie Quellcode, der zu Beispielzwecken abgedruckt ist, genauso sorgfältig kommentieren wie »echten« Quellcode.

Sie kommentieren Ihren Quellcode doch, oder?

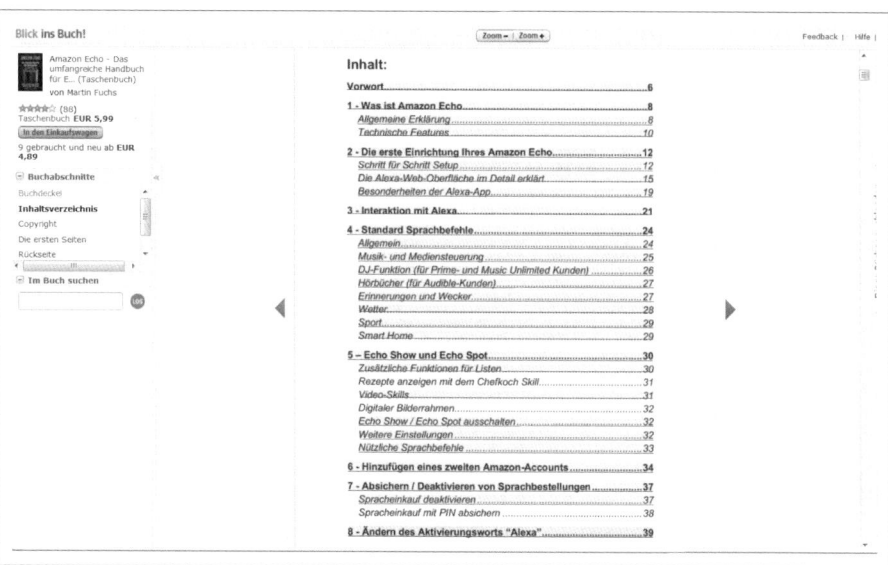

Abbildung 9-3: »Blick ins Buch« in das Handbuch »Amazon Echo« von Martin Fuchs.

`Diese Monospace-Schriftarten sehen so aus.` Sie haben den Vorteil, dass man auf einen Blick sieht, ob untereinander stehende Zeichenketten gleich lang sind, ob Aufzählungen die gleiche Anzahl an Elementen haben, und wie viele Leerzeichen eine Einrückung umfasst.

Das Beispiel zeigt auch, wie wichtig »sprechende« Überschriften sind. Ein Handbuch wird nur von wenigen Menschen von vorn bis hinten gelesen – die meisten springen direkt zu der Stelle, an der sie die Info vermuten, mit der sie das Ding jetzt sofort zum Laufen kriegen können. Wenn Sie den Leser dabei behindern, indem Sie kryptische Überschriften formulieren, wird er Ihr Handbuch unbrauchbar finden, auch wenn der Inhalt ansonsten prima ist.

Inhalt

Für ein Handbuch gilt zunächst: Alles, was ein Tutorial besser macht (voriger Abschnitt), macht auch ein Handbuch besser – Beispiele, Begründungen und konkrete Angaben zu Versionsnummern, Aktualisierungsdaten und so weiter.

Ein entscheidender Unterschied zum Tutorial ist jedoch: Im Tutorial sollte auf jede überflüssige Information verzichtet werden, um den Leser nicht mit Input zu überfordern. Im Vordergrund steht eine konkrete Aufgabe, die der Leser nachvollziehen soll. Zu viel Randinformationen lenken dabei nur ab.

Ein Handbuch jedoch wird auch von fortgeschrittenen Nutzern zurate gezogen. Diese erwarten, darin auch Informationen zu finden, die man nicht jeden Tag braucht. Das Fehlen solcher Infos führt zu Frust.

Im Tutorial gilt also: im Zweifelsfall weglassen.

Im Handbuch gilt: im Zweifelsfall mit aufnehmen.

Gebrauchsanleitung und technische Dokumentation

Die technische Dokumentation ist eine Kunst für sich, denn hier müssen neben Inhalt und Zielgruppe auch gesetzliche Vorschriften und Normen berücksichtigt werden. Wir haben uns dieses Feld von Ulrich Matthey erklären lassen. Er schreibt mit seiner Firma KONTECXT[27] technische Dokumentationen – und hat für uns weite Teile dieses Unterkapitels verfasst.

Form

Interne technische Dokumentation

Zunächst einmal unterscheiden wir zwischen der *internen technischen Dokumentation* und der *externen technischen Dokumentation*. Die sogenannte interne techni-

---

27 *www.technische-dokumentation.de*

sche Dokumentation wird in Entwicklungsabteilungen bei Herstellern von allen möglichen Produkten zum internen Gebrauch geschrieben. Oder auch nicht: Bei der Softwareentwicklung beispielsweise wird die Dokumentation gern vernachlässigt, sodass der zweite Entwickler nicht mehr weiß, was der erste programmiert hat.

Außerhalb der IT gehören beispielsweise im Maschinenbau Konstruktionszeichnungen zur internen technischen Dokumentation.

Interne technische Dokumentation ist sehr wichtig: Man sieht leicht, welcher wirtschaftliche Schaden entsteht, wenn sie nicht ordentlich durchgeführt wird – wenn beispielsweise die eingebettete Software eines elektronischen Geräts geändert werden soll und der daran arbeitende Programmierer aus dem Code seines Vorgängers nicht mehr schlau wird. Da steht viel teure Arbeitszeit und auch Produktqualität auf dem Spiel.

Im Ingenieur- und Konstruktionswesen steht man etwas besser da: Dort kommt man ohne Zeichnungen nicht weit, sodass zumindest diese in der Regel gemacht werden.

Die interne technische Dokumentation können Dienstleister den Kunden nicht abnehmen, sondern nur die externe technische Dokumentation.

Externe technische Dokumentation

Unter *externer technischer Dokumentation* versteht man alle Informationsmittel, die mit dem Produkt an den Anwender geliefert werden.

Im Maschinen- und Anlagenbau können das Betriebsanleitungen, Montage-, Reparatur- oder Wartungsanleitungen sein, im Bereich IT beispielsweise Softwarehandbücher oder Onlinehilfen. Und diese werden vermehrt auch online ausgeliefert – gedruckte Materialien gehen langsam zurück. Gedruckt wird nur noch das, was unbedingt sein muss. Das ist kostengünstiger, aber nicht unbedingt die kundenfreundlichste Lösung. Als Anwender wünschen Sie sich eine kontextsensitive Hilfe als Dokumentation einer Software, das geht natürlich sehr gut online, aber Sie wollen auch einen roten Faden haben. Hier eignet sich eine gedruckte Dokumentation weiterhin sehr gut.

In der technischen Redaktion kann man drei Arten von Anleitungen unterscheiden:

- die Sofortanleitung,
- die Lernanleitung und
- die Nachschlageanleitung.

Sofortanleitung

Ein klassisches Beispiel für die Sofortanleitung ist die Dokumentation zur Installation einer Software. Den Inhalt einer Sofortanleitung will man sofort umsetzen, kann ihn aber auch gleich danach wieder vergessen. Im Idealfall installiert man eine Software ja nur einmal – oder zumindest selten. Man muss sich nicht merken, wie es geht, und keine Zusammenhänge mit anderen Lerninhalten herstellen. Daher muss die Sofortanleitung auch keinen Kontext liefern, der dabei helfen würde.

Sie ist daher kurz und knapp und findet beispielsweise auf einer DVD-Hülle Platz.

Lernanleitung

Die Lernanleitung dagegen dient dazu, dass man sich die wichtigsten Arbeitsweisen mit der Software tatsächlich aneignet und sie später im Alltag dann auch präsent hat. Daher gehören in eine Lernanleitung mehr Informationen über Zusammenhänge, weil sie das Verständnis und die Eingängigkeit fördern.

Wenn beispielsweise eine kaufmännische Unternehmenssoftware Gegenstand der Doku ist, soll der Benutzer eben auch verstehen: Hier habe ich eine Eingangsrechnung abgelegt, was passiert jetzt, wenn ich die Rechnungsnummer nicht mit eintrage oder wenn das Datum nicht stimmt?

Außerdem gehört in eine Lernanleitung, wie man sein Arbeitsziel am effizientesten erreicht. Bei den meisten Softwarelösungen gibt es viele Wege zum Ziel. Hier muss man dem Leser einen Überblick über den Gesamtprozess geben und didaktische Elemente verwenden, die ihm das Einprägen des Stoffs erleichtern.

Nachschlageanleitung

Schließlich fehlt noch die Nachschlageanleitung – auch in der IT nicht ganz unwichtig. Denn Software ist oft sehr komplex – nehmen wir mal eine Textverarbeitung als Beispiel: Praktisch kein Benutzer erschließt sich jemals alle Anwendungsoptionen und damit den ganzen Anwendungsnutzen. Nicht einmal die, die Word professionell nutzen, wie Redakteure zum Beispiel. Es wäre deshalb sinnlos, in Lernanleitungen den ganzen Funktionsumfang zu behandeln, weil das wesentlich mehr wäre, als die meisten Nutzer jemals brauchen werden – und der Aufwand wäre auch riesengroß.

Da bleibt als sinnvollerer Weg die Nachschlageanleitung, mit der man durch geeignete Such- und Orientierungshilfen gezielt spezifische Informationen finden kann. Mit einer Nachschlageanleitung ist es auch leichter möglich, Vollständigkeit zu erreichen. Beispiel: Wenn der Redakteur mit dem Softwareentwickler zusammenarbeitet, kann der ihm beispielsweise sagen, dass die Software 350 Dialogfelder enthält: Ist zu jeder ein Topic geschrieben? Dann weiß man, man hat nichts übersehen.

Das ist bei einer Lernanleitung viel schwieriger: Hier geht man handlungsbezogen vor und muss Aspekte auslassen, die bei diesem Handlungsstrang keine Rolle spielen. Natürlich besteht dann die Gefahr, etwas zu übersehen.

Eine Nachschlageanleitung kann man auch sehr leicht kontextsensitiv umsetzen: Wenn ein Nutzer beispielsweise im Dialogfeld unter Windows ganz klassisch F1 drückt, geht die Hilfe genau zu diesem Dialogfeld auf.

In der Regel werden alle drei Arten von Anleitungen gebraucht: Sofort-, Lern- und Nachschlageanleitung – vor allem bei Software. Wobei die Sofortanleitung zur Installation aber oft schon in das Installationsprogramm integriert wurde.

Lernhilfen

In der Lernanleitung kann man sich verschiedener Hilfen bedienen, um die Instruktionen für den Leser einprägsamer zu gestalten. Früher war das, ganz klar, der sogenannte Advance Organizer. Der ist mittlerweile etwas umstritten.

Was ein *Advance Organizer* ist? Wenn in einer Anleitung beispielsweise ein Handlungsablauf erläutert werden soll, der aus 20 Schritten besteht und zu einem bestimmten Ziel führen soll, ist ein Advance Organizer sinnvoll. Er dient dazu, an vorhandenes Wissen anzuknüpfen. So ein Absatz sagt dann beispielsweise: »Sie haben gelernt, wie man eine Ausgangsrechnung anlegt, und jetzt lernen Sie, wie man eine Eingangsrechnung anlegt. Hier gibt es Ähnlichkeiten und Unterschiede, die wir Ihnen jetzt Schritt für Schritt erklären – und am Ende können Sie das.«

Das ist ein typischer Advance Organizer.

Sein Vorteil ist: Wenn der Leser inhaltlich darauf vorbereitet wird, was als Nächstes kommt, fällt es ihm leichter, die einzelnen Informationen einzusortieren, zu verstehen und sich zu merken.[28]

Das gilt auch nach wie vor. Allerdings vermuten einige Experten für technische Kommunikation, dass durch die Änderungen des Medienkonsums in den letzten Jahren – durch Smartphones, soziale Medien und so weiter – unsere Aufmerksamkeitsspanne immer kürzer wird. Dass sich Leser also immer weniger über einen längeren Zeitraum auf ein Thema konzentrieren können und wollen. Vor allen Dingen wollen. Der Advance Organizer verlängert den ganzen Prozess, was bei einer kurzen Aufmerksamkeitsspanne kritisch sein kann. Das bedeutet, die Meinungen dazu, ob man einen Advance Organizer einsetzen sollte, gehen auseinander.

Wie ungeduldig der Leser ist, ist aber sicherlich auch von Kulturkreis zu Kulturkreis verschieden: So gehen beispielsweise einige Technische Redakteure davon aus, dass es in asiatischen Kulturen aufgrund des anderen Schulsystems wesentlich leichter ist, den Anwender dazu zu bewegen, sich etwas richtig zu erarbeiten – dass der Leser dort also eher eine längere Gebrauchsanleitung durcharbeitet –, während wir im Westen ungeduldiger sind.

Neben dem Advance Organizer gibt es weitere Hilfen, das Lernen zu unterstützen: Sehr einprägsam ist es auch, wenn man am Ende das Besprochene noch einmal kurz zusammenfasst.

---

28 Siehe dazu auch unseren Abschnitt »Was macht einen Text verständlich? – Das Hamburger Modell« in Kapitel 5.

Und vor allem: Wenn man mit einem konkreten Beispiel arbeitet. Um beim Beispiel von der Unternehmenssoftware, dem ERP, zu bleiben: Eine Anleitung könnte dem Leser ankündigen: »Wir gehen jetzt ganz praktisch auf die Eingabe einer Eingangsrechnung von einem Lieferanten in das System ein.« Was man mit Learning by Doing gemacht hat, merkt man sich viel leichter.

Zudem hilft es, mehrere Wahrnehmungskanäle anzusprechen: sprachlich, visuell, eigenes Tun.[29]

Inhalt

Zielgruppenanalyse

Auch in der technischen Dokumentation spielt die Zielgruppenanalyse eine wichtige Rolle (siehe Kapitel 2, »Mein Leser, das unbekannte Wesen«).

Im Wesentlichen geht man als Autor technischer Dokumentation so vor: Ist es möglich, die Zielgruppe einzugrenzen? Wer sind die Nutzer? Welche Vorkenntnisse haben sie, auf denen man aufbauen kann? Welche Fähigkeiten haben sie, Informationen aufzunehmen?

Dazu gehört natürlich auch ganz banal die Sprache – deutsche Nutzer kommen in der Regel viel besser mit einer deutschsprachigen als einer englischsprachigen Anleitung zurecht. Und welche Medienkompetenz haben die Nutzer?

Hinzu kommt noch: In welcher Anwendungssituation wird die Anleitung gelesen werden? Ist der Arbeitsplatz gut beleuchtet? Muss ich eine größere Schrift wählen? Bei einem gut beleuchteten, ergonomischen Büroarbeitsplatz kann man auch kleinere Schriften wählen oder Textpassagen grau hinterlegen.

Wichtig ist natürlich ebenfalls, was die Zielgruppe überhaupt mit der Anwendung tun will. Wie erhält der Autor einer Dokumentation hierzu Informationen? Nach Erfahrung von Ulrich Matthey macht man sich im Marketing zwar Gedanken über die Zielgruppe, es stehen hier aber andere Aspekte im Vordergrund als die, die für die Anleitung eine Rolle spielen. Sehr gute Informationen kommen hingegen aus dem Bereich Service.

Und bei Software ist die Supportabteilung eine ganz wichtige Informationsquelle. Sie kennt die typischen Fragen. Gut gemachte Dokumentation kann also dazu führen, dass der Support weniger in Anspruch genommen werden muss. Und natürlich fällt die Gesamtwahrnehmung des Produkts positiver aus. Die Dokumentation beeinflusst so ganz wesentlich die Kundenzufriedenheit, positiv wie negativ. Positive Erfahrungen tragen daher sicher etwas zu möglichen Folgekäufen bei.

---

29 Gute Beispiele, wie dies in IT-Büchern praktisch umgesetzt wird, finden Sie übrigens in der Reihe »Von Kopf bis Fuß« von Ihrem Lieblingsverlag (*https://www.oreilly.de/list.php?list=reihen&collection=4&section=4*).

Normen

Dass eine Dokumentation von einem Profi erstellt wurde, erkennt man an ihrer handlungsbezogenen Struktur und auch daran, ob die Gefahrenhinweise korrekt angebracht sind. Gefahrenhinweise sind sehr wichtig – streng genommen ist deren Ausführung normativ vorgegeben. Es ist ratsam, sich als Autor einer Dokumentation an diese Normen zu halten. Tun Sie es nicht, müssen Sie – wenn das Produkt einen Schaden anrichtet – beweisen, dass Ihre Vorgehensweise gleich gut oder besser war als die normativ vorgegebenen Lösungen. Weil das schwierig ist, minimieren Autorinnen von Dokumentationen also ihr Haftungsrisiko, indem sie die Normen einhalten.

Relevant in der technischen Dokumentation ist zum Beispiel die folgende Norm: In der EU gilt für alle erklärungsbedürftigen Produkte die »IEC 82079 Erstellen von Gebrauchsanleitungen – Gliederung, Inhalt und Darstellung«.

Bei Anwendungssoftware, die jetzt nicht gerade ein Medizinprodukt oder ein Atomkraftwerk steuert, sind mögliche Schäden beispielsweise falsch getroffene Entscheidungen, wenn wir noch mal die ERP-Software als Beispiel heranziehen. Es kann also zu Vermögensschäden kommen.

Bei Schäden für Leib und Leben muss ein nach Art und Schwere der Gefahr und Wahrscheinlichkeit des Eintretens abgestuftes Signalwort verwendet werden, also »Gefahr«, wenn es um unmittelbare Lebensgefahr oder Gefahr von schweren körperlichen Schäden geht. Die Abstufung ist: »Gefahr«, »Warnung«, »Vorsicht«. Außerdem muss man als Autor die Quelle der Gefahr erwähnen, Maßnahmen zur Vermeidung der Gefahr benennen und auch die Folgen bei Nichtbeachtung anführen. In Gefahrenhinweisen dürfen beispielsweise keine Passivformulierungen verwendet werden, weil sich von diesen niemand angesprochen fühlt. Also nicht: »Der Notaustaster muss gedrückt werden« – denn da fühle ich mich persönlich nicht angesprochen. Stattdessen muss es heißen: »Drücken Sie den Notaustaster.«

Wenn ein Dienstleister die technische Dokumentation übernimmt, übernimmt er auch die Haftung für deren fachlich richtige Ausführung. Im Unternehmen gilt das Konzept der Organisationsverantwortung. Wenn ein Softwareunternehmen einen Dienstleister wie beispielsweise KONTECXT mit der technischen Dokumentation beauftragt und sich vorher vergewissert hat, dass dieser Dienstleister qualifiziert ist und ein Qualitätsmanagement hat, dann hat der Chef oder Verantwortliche damit seiner Organisationsverantwortung nachweislich Genüge getan.

Dokumentation von Quellcode?
Das ist eine Aufgabe, die leider kein Dienstleister übernehmen kann! Dazu sind so tief gehende Kenntnisse des Codes notwendig, dass das nur ein Programmierer selbst erledigen kann.

Bericht

Lassen Sie uns ehrlich miteinander sein: Wir haben dieses Unterkapitel nun schon dreimal umgeschrieben – und jedes Mal haben wir uns selbst tierisch gelangweilt, als wir das fertige Produkt gelesen haben. Es führt kein Weg an der Erkenntnis vorbei: Manche Texte können nur langweilig werden, und das dürfen sie auch.

Ein Bericht erklärt Zusammenhänge und Abläufe – und zwar all denen, die an diesen ein Interesse haben, aber nicht oder nur teilweise beteiligt waren. Das kann beispielsweise ein Bericht über ein Kundengespräch für die internen Kollegen sein oder auch ein Bericht über einen Fehler – und wie dieser abgestellt wurde – für den Kunden.

In einem Bericht sollen die Antworten auf folgende Fragen stehen: Was haben wir warum, wie und mit welchem Ergebnis getan? Und was haben wir daraus für die Zukunft gelernt?

Und fertig.[30]

Form

Ein Bericht sollte zunächst einmal datiert und mit dem Namen des oder der Verantwortlichen gekennzeichnet sein, am besten auf einem eigenen Deckblatt. Wenn Sie jetzt schon absehen können, dass mehrere Leute ihre Finger in der Suppe haben werden, schadet es auch nicht, auf dem Deckblatt eine Versionsnummer zu vermerken.

Wichtig für die Form eines Berichts ist die klare Gliederung – beispielsweise mit nummerierten Kapiteln und Unterkapiteln, wie wir sie beispielsweise im Abschnitt »Outline oder Gliederung« in Kapitel 8 beschrieben haben.

Informationen, bei denen das möglich ist, sollten Sie in Tabellen und Grafiken darstellen – dann aber möglichst vermeiden, die Inhalte von Tabellen im Text komplett nachzuerzählen.

Aussagen, die nicht von Ihnen selbst stammen, sollten klar durch Quellennachweise belegt werden.

Inhalt

Ein Bericht sollte damit beginnen, dem Leser die notwendigen Hintergrundinformationen zu geben, um die Inhalte zu verstehen – dies hängt auch hier wieder davon ab, wer der Leser ist (siehe Kapitel 2, »Mein Leser, das unbekannte Wesen«) und welche Vorkenntnisse er hat: Schreiben Sie für Ihre Entwicklerkolleginnen?

---

30 Ein Beispiel für einen interessanten Bericht finden Sie zum Beispiel unter *https://www.ccc.de/system/uploads/103/original/Schaar-Bericht.pdf*.

Einen eher betriebswirtschaftlich bewanderten Empfänger? Jemanden aus dem Marketing?

Und natürlich hängt der Inhalt des Berichts von folgenden Fragen ab: Welches Problem haben wir mit dem Projekt zu lösen versucht? Woher haben wir unsere Informationen über das Problem? Warum wollten wir es gerade mit diesem konkreten Projekt angehen?

Die Verfasser eines Berichts sollten hier einen kurzen Überblick über die Literatur und/oder vorangegangene Projekte geben.

Als Nächstes: Wie sah der gewählte Ansatz aus? Welche ganz konkreten Ziele wurden festgelegt?

Dann folgt die Auswertung: Hat das Projekt erreicht, was es sollte? In welchen Bereichen ja, in welchen nicht? Wird das Projekt weitergehen, verändert oder unverändert?

Schließlich die Zusammenfassung und Schlussfolgerung: Welche Erkenntnisse wurden aus dem Projekt gewonnen? Was hat gut funktioniert, was sollte beim nächsten Mal anders gemacht werden?

White Paper

Ein White Paper ist das, was dabei herauskommt, wenn man einen Werbetext mit einem wissenschaftlichen Artikel über Nacht in einem Raum bei Kerzenschein alleine lässt.

Es ist nicht unvoreingenommen, wie es ein wissenschaftlicher Artikel sein sollte,[31] appelliert aber auch nicht schamlos an unterschwellige Gefühle wie eine Zigarettenwerbung. Vielmehr transportiert ein White Paper nützliche sachliche Informationen, die den Leser motivieren sollen, ein bestimmtes technisches Produkt zu kaufen. Wenn Sie nach etwas suchen, das Ihre Firma auf dem nächsten Kongress am Stand auslegen kann, um den Besuchern Hintergrundinfos zu einer technischen Lösung mitzugeben, dann ist ein White Paper wahrscheinlich das Richtige.

Mögliche Themen für White Paper sind:

- Wie wird ein konkretes Problem X mit unserer Methode gelöst?
- Welche Punkte muss ich berücksichtigen, wenn ich ein Werkzeug Y kaufen will?
- Anhand welcher Eigenschaften wähle ich einen guten Anbieter für Z aus?
- Was bedeutet eigentlich das neue Technologie-Buzzword ABC, und müssen wir es einsetzen, um nicht den Anschluss zu verlieren?

---

31 Idealerweise, denn auch hier kommen oft Einzelinteressen und sogar finanzielle Motive ins Spiel.

Form

Zwei Dinge sollten in einem White Paper stets enthalten sein:

1. Zu Beginn eine kurze Zusammenfassung des Inhalts, auch als *Abstract* oder *Executive Summary* bezeichnet. Diese sollte nicht länger als eine halbe Seite sein.

2. Am Ende ein Absatz oder ein Infokasten über Sie und/oder Ihre Firma.

Dazwischen kann die Gliederung eines White Paper je nach Thema unterschiedlich aussehen – ähnlich wie bei einem Artikel (siehe Abschnitt »Fachartikel, populärwissenschaftlicher Artikel und Blogartikel« weiter oben in diesem Kapitel).

Analog zum wissenschaftlichen Paper sollte auch ein White Paper seriöse Quellenangaben enthalten, am besten in Fuß- oder Endnoten.[32]

Inhalt

Die Überschrift des White Paper sollte dem Leser einen konkreten Nutzen versprechen oder eine interessante Frage beantworten.

Leser und Autor stellen sich unter einer interessanten Frage leider nicht immer das Gleiche vor (siehe Abschnitt »Der Wissensfluch« in Kapitel 2). Interessante Fragen für Leser sind in der Regel nicht »Wie funktioniert eigentlich das coole Feature X?«, sondern »Wie kann ich Problem Y lösen und dabei Geld sparen/meine Kollegen beeindrucken/früher Feierabend machen?«

In der Überschrift geht es also eher um die Anwendung eines Werkzeugs und deren Vorteile als um technische Details.

Beispiel: Ein White Paper des Unternehmens Experian hat den Titel (übersetzt aus dem Englischen) »Fußangeln von Gesundheitsportalen – Warum Patientenportale Cyberkriminelle anlocken und wie neue Lösungen dagegen helfen«[33]. Dies skizziert dem Leser ein konkretes Problem, von dem er vielleicht noch gar nicht wusste, und verspricht sofort eine Antwort.

Ein White Paper zu einem ähnlichen Thema von der Firma Barracuda trägt dagegen den Titel (übersetzt aus dem Englischen) »Sicherheit von Gesundheitsinformationen im Zeitalter von EHRs und der 3. Plattform«[34]. Die Überschrift enthält keinen Hinweis darauf, was das Interessante an der Sicherheit von Gesundheitsinformationen sein soll – ist sie gefährdet? Oder liest man im schlimmsten Fall mehrere Seiten Text, und das Fazit ist dann »Die Sicherheit ist ganz okay«?

---

32 Dies hier ist eine Fußnote. Eine Endnote wäre sie, wenn sie am Ende dieses Kapitels stünde.

33 *https://www.experian.com/assets/healthcare/white-papers/pitfalls-of-healthcare-portals-white-paper.pdf*

34 *https://assets.barracuda.com/assets/docs/dms/Whitepaper_Health_Care_Information_Security.pdf*

Und während die Abkürzung EHR[35] den meisten Lesern aus diesem Gebiet wahrscheinlich vertraut ist, ist die »3. Plattform«[36] kein geläufiger Begriff und wird erst im Laufe des Textes »erklärt«[37].

Fazit: Das White Paper soll dem Leser versprechen, ein Problem zu lösen (und dieses Versprechen dann auch halten) oder eine (für den Leser!) interessante Frage zu beantworten.

Fallstudie

Eine Fallstudie verfolgt einen ähnlichen Zweck wie ein White Paper: den Leser möglichst objektiv über die Vorzüge einer Technologie zu informieren, diese Technologie dabei aber auch in gutem Licht dastehen zu lassen.

Zu diesem Zweck beschreibt eine Fallstudie, wie eine Technologie bei einem konkreten Benutzer eingesetzt wurde, um ein bestimmtes Problem zu lösen – natürlich mit Happy End.

Der entscheidende Vorteil: Mit einer Fallstudie wird eine Geschichte erzählt. Auch wenn in einer Fallstudie »nur« ein neues Content-Management-System eingeführt und nicht die Welt vor Aliens gerettet wird, identifiziert der Leser sich mit den Handelnden in der Fallstudie. Sie ist persönlicher als beispielsweise eine Gegenüberstellung der Vor- und Nachteile einer Technologie in einem White Paper.

Außerdem: Ein konkretes Beispiel schafft mehr Verständnis als ein Brockhaus[38] voller abstrakter Erklärungen.

Fallstudien haben auch Nachteile: Wenn Sie die technischen Details einer Lösung sehr genau erklären wollen oder wenn Sie einen großen Überblick über statistische Trends geben möchten, lässt sich das in einer Fallstudie nur sehr schwer umsetzen. (Allerdings können Sie in diesem Fall überlegen, ob Sie nicht doch eine »Mini-Fallstudie« in Ihren Artikel oder Ihr White Paper einbauen.)

Wenn Sie niemanden finden, der damit einverstanden ist, seine Geschichte veröffentlicht zu sehen, müssen Sie auf eine andere Textart ausweichen.

Form

Wie ein White Paper sollte auch eine Fallstudie am Ende eine kurze Info zu Ihnen bzw. Ihrer Firma enthalten und, wenn nötig, Endnoten mit Literaturangaben.

---

35 Elektronische Gesundheits- bzw. Patientenakte (Electronic Health Record).

36 Anscheinend die Kombination aus »Big Connectivity«, Cloud Computing und sozialen Netzwerken.

37 Mit »Big Connectivity«. Hier wird ein unklarer Begriff durch einen anderen ersetzt. Offenbar wollten sich die Autoren lieber nicht so genau festlegen, über was sie eigentlich schreiben.

38 Wikipedia-Vorgänger auf Zellulosebasis.

Wenn sie länger als zwei Seiten ist, kann auch hier eine Zusammenfassung (Abstract, Executive Summary) am Anfang nicht schaden.

Inhalt

Beim Schreiben einer Fallstudie können Sie sich leicht an folgender Struktur orientieren:

- Wer ist der Nutzer?
- Welches Problem hat(te) er?
- Welche Technologien hat er zur Lösung in Betracht gezogen?
- Warum hat er sich für X entschieden?
- Wie hat er mit X sein Problem gelöst?
- Welche anderen positiven[39] Folgen hatte der Einsatz von X für den Nutzer?
- Und – wenn der Nutzer einverstanden ist – zum Schluss noch seine eigene Beurteilung, wie nützlich Technologie X zur Lösung seines Problems war und ob er sie weiterempfehlen würde.

Schon an der Überschrift soll die Leserin sehen, welches Problem in der Fallstudie gelöst wird – zumindest ungefähr. Eine Überschrift wie »Fallstudie IBM« oder »Fallstudie Big Data« reizt niemanden zum Lesen.

Ein gutes, deutschsprachiges Beispiel ist »Erdgasproduzent nutzt BlackBerry als mobiles Büro«[40]. Hier sehen Sie auch, dass eine Fallstudie kein Roman sein muss – sie ist sehr kurz gehalten und in folgende Bereiche strukturiert:

- Herausforderung
- Lösung
- Ergebnis
- Fakten

So verlässt jeder Besucher diese Webseite mit zumindest einer groben Vorstellung davon, wie BlackBerry dem Erdgasproduzenten geholfen hat.

(Es handelt sich hierbei übrigens um ein Marketingdokument für Server der Firma Cortado, nicht für die mittlerweile vom Markt genommenen BlackBerry-Smartphones. Vielleicht sollte Cortado diese Fallstudie bei Gelegenheit mal aktualisieren.)

---

39 Wenn Sie vorbildlich glaubwürdig sein wollen, nehmen Sie auch die negativen Folgen mit auf.

40 *https://www.cortado.com/de/fallstudie/erdgasproduzent-nutzt-blackberry-als-mobiles-buero/*

Präsentation

Fast überall, wo Menschen Wissen austauschen,[41] werden PowerPoint[42]-Präsentationen gehalten. Diese Tatsache wird oft kritisiert – und tatsächlich sind Präsentationen mit zahlreichen Bullet-Point-Listen (mehr zu diesem Unwesen weiter unten) und am besten noch in einem abgedunkelten Raum kurz nach der Mittagspause eines der effektivsten Schlafmittel, die die Menschheit je erfunden hat.

Aber es gibt sie trotzdem: die gute Präsentation. Wie sieht sie aus? Das hat uns Florian Bernard von der Explain GmbH verraten. Das Interview, dem wir die Erkenntnisse in diesem Abschnitt verdanken, können Sie im Anhang nachlesen.

Form

Eine Präsentation geht auch ohne Präsentation. Oder in den Worten von Florian Bernard:

> »Man« muss nicht grundsätzlich Folien dabeihaben, um eine gute Präsentation zu halten.«

PowerPoint ist lediglich ein mögliches Tool – die so erstellten Folien dienen als visuelle Verstärker oder zur Illustration des Inhalts und sollen nicht selbst den kompletten Inhalt transportieren.

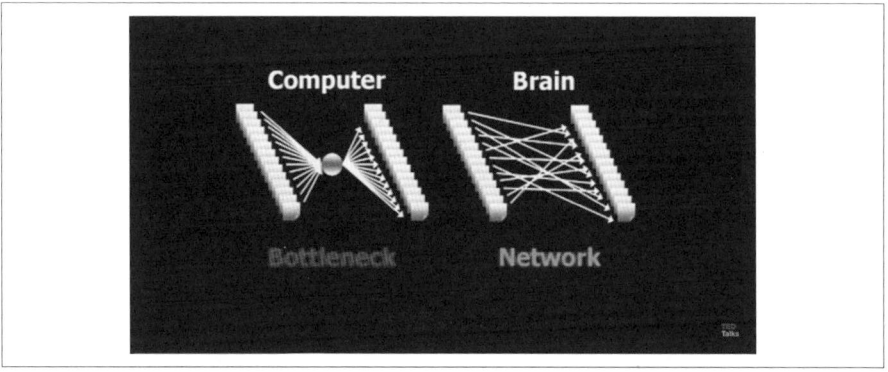

Abbildung 9-4: Eine Folie aus dem TED-Talk von Kwabena Boahen (https://www.youtube. com/watch?v=nyLYQYHGbvI) über Computerchips, die nach dem Vorbild des menschlichen Gehirns modelliert sind. Vermissen Sie auf dieser Folie die Überschrift, das Logo von Boahens Universität und die Stichpunkte, in denen so was steht wie »Das Gehirn ist netzwerkartig aufgebaut«? Wir auch nicht.

---

41 Unser Gesprächspartner in diesem Kapitel hat das mit dem schönen Begriff »Informationslogistik« bezeichnet.

42 Oder Präsentationen in LibreOffice Impress, Prezi, reveal.js oder einer anderen technischen Lösung, die noch gar nicht auf dem Markt war, als wir dieses Buch geschrieben haben.

Von Text auf Folien[43] bleiben nach aktuellen Erkenntnissen nur 10 bis 15% im Gedächtnis der Menschen hängen. Bei einer Kombination aus gutem Sprecher, starker Visualisierung und Inhalten, die mit einer Anekdote oder Story transportiert werden, kommt man dagegen gut auf 65 bis 70%.

Und da wir gerade bei Prozentzahlen sind: Schon Aristoteles hat gesagt, die perfekte Rede sei aus den drei Teilen Ethos, Pathos und Logos aufgebaut. Ethos bedeutet die glaubwürdige Gesinnung, also: Wie glaubwürdig ist der Sprecher? Pathos sind Geschichten, Anekdoten, Emotionen. Und Logos umfasst schließlich die Zahlen und Fakten. Man weiß heute, dass Ethos etwa zu 25%, Pathos zu 65% und Logos zu 10% über den Erfolg der Präsentation entscheidet.

Wenn man sich heute Vorträge oder Vertriebspräsentationen im IT-Bereich anschaut, ist dieses Verhältnis deutlich in Richtung Logos verzerrt.

Zur wahrscheinlich am weitesten verbreiteten Darreichungsform von Informationen auf Folien, den Stichpunkten oder Bullet Points, sagt Bernard: Bullet Points hatten noch nie etwas auf Folien zu suchen! Sie dienen dem Referenten nur als Gedächtnisstütze. Das Publikum versucht dagegen zu lesen und gleichzeitig zuzuhören, meist klappt dann keins von beiden. Und dann verliert der Sprecher das Publikum, sobald er die nächste Folie aufruft.

Man kann sich bei dem Entwurf einer guten Präsentation tatsächlich gut an TED-Talks orientieren: Die Maximaldauer beträgt 18 Minuten – das ist auch für andere Reden ein gutes Maß. Es gab legendäre Reden, die nicht länger gedauert haben. Drei Beispiele: John F. Kennedy, als er damals Amerika mobilisiert hat, die erste Nation auf dem Mond zu sein – das war eine Ansprache von nur 15 Minuten. Martin Luther King hat seine Rede beim Marsch auf Washington, besser bekannt durch den immer wieder zitierten Satz »I have a dream«, in 17 Minuten gehalten.

 Und es gibt sogar einen TED-Talk dazu, wie man einen guten TED-Talk hält: *https://www.ted.com/playlists/574/how_to_make_a_great_presentation.*

Und die berühmte Abschlussrede, die Steve Jobs vor Stanford-Absolventen gehalten hat, dauerte auch nur 14 Minuten.

Damit nicht jede Präsentation von Grund auf neu erarbeitet werden muss, kann man mit einem Masterfoliensatz arbeiten. Ein Masterfoliensatz enthält Layoutvorlagen, die dann vom Benutzer gefüllt werden müssen. Der Folienmaster sorgt beispielsweise dafür, dass in einem Unternehmen die Marke nicht verwischt wird, indem einer mit Grün und ein anderer mit Rot arbeitet. Oder dafür, dass Zitierrichtlinien eingehalten werden.

---

43 Manche Themen sind allerdings einfach textlastig. Wie man solche trotzdem spannend präsentiert, sehen Sie in diesem TED-Talk: *https://www.youtube.com/watch?v=_QdPW8JrYzQ.*

E in Kapitel mit H intergrundbild

Und mit einem Untertitel

Abbildung 9-5: Folie aus einem Masterfoliensatz von Serapion

Inhalt

Oft wird bei Präsentationen nicht berücksichtigt, was sich in welcher Zeit erreichen lässt: In fünf Minuten ein ganzes Unternehmen vorzustellen, ist schwierig.

Florian Bernard erzählt dazu die Anekdote von Woodrow Wilson, dem ehemaligen Präsidenten der Vereinigten Staaten, der von 1913 bis 1921 regiert hat, als es noch kein PowerPoint gab. Er wurde gefragt, wie lange er sich auf eine zehnminütige Rede vorbereite. Sieben Tage, hat er geantwortet! Der Fragesteller war verdutzt und fragte, wie lange er dann eine Rede von 15 Minuten vorbereite. Zehn Tage? Nein, drei Tage, sagte Wilson. Für eine halbstündige Rede müsse er sich nur einen Tag vorbereiten. Und wenn er eine Stunde lang reden dürfe – dann müsse er sich überhaupt nicht mehr vorbereiten.

Das zeigt die Schwierigkeit, Komplexität aus einem Thema herauszunehmen – also emotional und kompakt zu präsentieren.

Idealerweise ist man sowohl zeitlich als auch inhaltlich flexibel. Das kann man damit erreichen, dass man zunächst ein Konzept erstellt, also die Inhalte zuerst sehr allgemein auf den Folien darstellt. Der Referent kann dann flexibel und abhängig vom Publikum entscheiden, in welche Richtung er geht und wie tief ins Detail.

Dazu sollte man die Bedürfnisse und den Hintergrund der Zielpersonen im Vorfeld möglichst genau herausfinden. Der IT-Manager möchte einfache Prozesse implementieren, der Geschäftsführer möchte das Unternehmen wachsen lassen und Arbeitsplätze sichern. Für ihn sind IT und Software nur Mittel zum Zweck. Jede Präsentation muss einen Nutzen, also einen Mehrwert und echten Erkenntnisgewinn, für die Zielgruppe transportieren.

Da die Folien an sich nicht als Stichpunkte für die Rednerin taugen – keine Bullet Points! –, muss diese Ausarbeitung separat von den Folien erfolgen. Manche Sprecher machen das als ausgearbeiteten Fließtext, manche in Form von Stichpunkten. Dieses Manuskript kann man dann, je nach Anlass und Publikum, auch mit alternativen Abschnitten versehen, die zum Einsatz kommen oder auch nicht. Je nachdem, welche Software Sie verwenden, können Sie innerhalb der Präsentation sogenannte Rednernotizen einfügen, die während der Präsentation nur für Sie sichtbar sind (also in der Referentenansicht auf Ihrem Laptop-Bildschirm, nicht auf dem großen Präsentationsbildschirm oder der Leinwand).

Mit der Zeit bekommt man ein Gefühl dafür, wie lange eine als Fließtext ausgearbeitete Rede wird – meist kann man mit 100 bis 120 Wörtern pro Minute rechnen.

Buch und E-Book

An dieser Stelle möchten wir Captain Obvious das Wort erteilen:

Ein Buch[44] zeichnet sich im Vergleich zu anderen Texten vor allem dadurch aus, dass es sehr lang ist.

Das ist aber nicht nur eine offensichtliche Feststellung, sondern hat auch ganz praktische Auswirkungen:

 Um ein Buch zu schreiben, benötigt man weniger Fachwissen, aber mehr Ausdauer, als landläufig angenommen wird.

Zum Vergleich: Selbst ein langer Artikel hat selten einen Umfang von mehr als 2.000 Wörtern. Bücher dagegen fangen bei 40.000 Wörtern erst an, von wenigen Ausnahmen abgesehen. Wenn Sie also drei Seiten Text produziert haben (das sind um die 800 bis 1.000 Wörter), haben Sie gerade mal ein Vierzigstel Ihres Buchs fertig.

---

44 Mit »Buch« meinen wir in diesem Unterkapitel sowohl gedrucktes Buch als auch E-Book. Die beiden Darreichungsformen unterscheiden sich technisch, vom Layout und möglicherweise auch von der Zielgruppe, aber von der Aufteilung und dem Inhalt des Textes her nicht.

Weil kaum eine Erkenntnis beim Schreiben so entmutigend ist wie diese, empfehlen wir dringend, das Projekt Buch in mundgerechte Häppchen aufzuteilen. Glücklicherweise wollen Ihre Leserinnen das Gleiche: mundgerechte Häppchen, auch bekannt als Kapitel.

Form

Ein Buch besteht also aus Kapiteln, die jeweils ein mehr oder weniger abgeschlossenes Thema behandeln. Sach- und Fachbücher – und nur um diese geht es hier – können außerdem Unterkapitel und Unter-Unterkapitel enthalten, so wie das, das Sie gerade in der Hand halten. Alle Materialien, die Sie für nützlich halten, die aber in den Kapiteln den Lesefluss stören würden (Originaldokumente, Tabellen, nicht ganz so relevante Abbildungen), können Sie in den Anhang packen.

Wenn Sie der Leserin ein paar warme Worte mit auf den Weg geben wollen, darf es außerdem ein Vorwort enthalten. In diesem dürfen Sie auch Ihre Oma grüßen, den Tod Ihres Langhaardackels betrauern oder die kommunale Abwasserordnung Ihres Heimatorts anprangern – wenn es länger ist als eine halbe Seite, liest es nämlich sowieso keiner[45]. Wenn Sie besonders mitteilungsfreudig sind und Ihr Buch besonders erfolgreich – wenn es nämlich mehr als eine Auflage gibt –, dürfen Sie sogar zu jeder Auflage ein neues Vorwort schreiben. Im Vorwort zur 23. Auflage können Sie dann auch Ihr Onlinebanking-Passwort verraten – das liest dann nämlich definitiv niemand mehr.

Nützlichere Bestandteile sind Inhalts- und Stichwortverzeichnis, das Inhaltsverzeichnis fast immer am Anfang, das Stichwortverzeichnis am Ende. Dies ist der einzige Unterschied zwischen Buch und E-Book, der für diesen Abschnitt relevant ist: Im E-Book ist das Stichwortverzeichnis weitgehend überflüssig, weil E-Book-Reader eine Suchfunktion haben. Komplett überflüssig ist es jedenfalls, wenn es die Seitenzahlen der Printausgabe ohne Verlinkung zur entsprechenden Stelle im E-Book enthält, wie man es oft bei gedankenlos konvertierten E-Books findet.

Wenn das Thema, über das Sie schreiben, seine eigenen Fachbegriffe hat, dann ist für Ihren Leser auch ein Glossar nützlich: ein Verzeichnis eben dieser Fachbegriffe mit kurzer Erklärung. Auch dieses steht meist am Ende im Anschluss an den Haupttext.

Und schließlich können Sie auch Quellenhinweise bzw. ein Literaturverzeichnis ganz an den Schluss stellen – oder auch ans Ende jedes Kapitels, das ist Geschmackssache.

Ein Sachbuch oder Fachbuch hat also zusammenfassend folgende Struktur:

- Inhaltsverzeichnis
- Vorwort

---

45 Außer Ihrer Oma. Ihr Langhaardackel kann ja nicht mehr.

- Kapitel
- Glossar
- Anhang
- Quellenverzeichnis
- Stichwortverzeichnis

Nichts davon – außer den Kapiteln – ist zwingend notwendig, und alle Bestandteile nach den Kapiteln können in ihrer Reihenfolge auch wechseln.

Inhalt

Hier sind Sie tatsächlich fast keinen Beschränkungen unterworfen. Höchstens der einen:

Gibt es jemanden, der über Ihr Thema lesen möchte?

Die Chancen dazu stehen nicht schlecht: Nachgewiesenermaßen wollten in der Vergangenheit real existierende Menschen mehr über Kabeljaukriege[46], Armhaarzupfer im alten Rom[47] und abgeschlagene Köpfe[48] erfahren.

Gibt es irgendein Thema, mit dem Sie schon seit Jahren in aller Ausführlichkeit Ihre Freunde langweilen? Dann tun Sie ihnen einen Gefallen und schreiben ein Buch darüber.

Oder gibt es ein Thema, über das Sie immer schon mal mehr lernen wollen? Auch das ist ein guter Aufhänger, denn Sie müssen zu Beginn des Projekts nicht schon Expertin sein – Sie werden es im Verlauf. Und es gibt sicher Leser, die es interessant finden, Sie auf Ihrer Reise zu begleiten, beispielsweise bei

»Wie ich lernte, Java zu lieben«

oder

»99 Wege, Vim nicht zu beenden«[49].

Und schließlich noch eine Möglichkeit, wenn Sie dieses Buch tatkräftig durchgearbeitet und schon einen Haufen Zeug geschrieben haben: Wenn alles davon grob in dieselbe Richtung geht, bringen Sie es doch in eine sinnvolle Reihenfolge, ergänzen Sie noch ein paar Themen und:

Tadaa: ein Buch!

---

46 Cod: A Biography of the Fish That Changed the World, Mark Kurlansky, 1999.

47 Working IX to V: Orgy Planners, Funeral Clowns, and Other Prized Professions of the Ancient World, Vicki Leon, 2007.

48 Severed: A History of Heads Lost and Heads Found, Frances Larson, 2014.

49 Dieses hätte auch gute Chancen, in zahlreiche Sprachen übersetzt zu werden: *https://stackoverflow.blog/2017/05/23/stack-overflow-helping-one-million-developers-exit-vim/*.

KAPITEL 10

Schöner leaken: Texte veröffentlichen

Wenn Sie Ihren Text nicht schon für einen ganz bestimmten Adressaten geschrieben haben – die Empfängerin Ihrer E-Mail, die Mitglieder Ihrer Arbeitsgruppe oder die Leser Ihres Firmenmagazins, dann stehen Sie spätestens nach dem letzten Punkt vor einem neuen Problem: Wie kommt das Baby in die Welt hinaus?

Das ist auch in Zeiten von Blogs und Social Media keine triviale Frage – denn wenn Ihre angepeilte Zielgruppe (siehe dazu Kapitel 2, »Mein Leser, das unbekannte Wesen«) Ihren Text gar nicht zu sehen bekommt, dann bekommen Sie auch nie Rückmeldung von Ihren Leserinnen, was dazu führt, dass 1.) sich Ihre Texte nicht verbessern und 2.) Ihre Motivation vermutlich rapide abnimmt.

Und die Welt verbessern Ihre Texte so auch nicht.[1]

Also, wie kriegen Sie Ihre Texte vor die Augen der Mitmenschen?

Das hängt von der Art des Textes ab. Wir verwenden hier die Einteilung aus dem vorangegangenen Kapitel, wobei wir einige Textarten natürlich rausgeworfen haben (wir hoffen sehr, dass niemand Ihre E-Mails veröffentlichen wird).

Fachartikel, populärwissenschaftlicher Artikel und Blogartikel

Fangen wir mit den kürzeren Formaten an: Sie haben sich auf ein bis zehn Seiten gründlich Gedanken über ein Thema gemacht, also einen kürzeren oder längeren Artikel geschrieben. Und nun?

---

1 Hier könnten Sie natürlich einwenden, dass die Welt tatsächlich besser wäre, wenn man manche Dinge nie lesen müsste – aber wir gehen einfach mal davon aus, dass das, was Sie produzieren, nicht dazugehört.

Das eigene Blog

Die einfachste Art, Ihre Texte zu veröffentlichen, ist natürlich ein eigenes Blog. Wenn Sie gerade erst anfangen, ist das leider auch die einfachste Art, möglichst wenig Leser zu erreichen. Trotzdem hat das eigene Blog unbestrittene Vorteile: Sie haben die Inhalte stets unter Kontrolle und in Ihrem eigenen Besitz. Das heißt: Anders als bei Fremdanbietern, die jederzeit ihre Dienste abschalten können, haben Sie bei einem Blog mit eigener URL die Sicherheit, dass Sie Ihre Texte immer online verfügbar machen können und Ihre Leser Sie immer wiederfinden. Sie können auch alte Texte löschen oder editieren, wenn Sie Fehler finden.[2]

Als Alternativen zum eigenen Blog bieten sich an:

- die Veröffentlichung auf einer Blogplattform und
- die Veröffentlichung in einem Online- oder Printmagazin.

Sowohl von Blogplattformen als auch von Onlinemagazinen können Sie normalerweise einen Link zurück auf Ihr eigenes Blog setzen lassen, sodass dieses auf dem Weg mit der Zeit auch bekannter wird.

Auf dem eigenen Blog kontrollieren Sie übrigens nicht nur Ihren Text, sondern auch den Senf, den Ihre Leser dazugeben – vorausgesetzt, Sie aktivieren die Kommentarfunktion Ihrer Blogsoftware. Von fruchtbaren Diskussionen über Lebenszeichen lang verschollener Kontakte bis hin zu Hasskommentaren von Verschwörungstheoretikern kann Ihnen hierbei alles passieren – am Anfang aber vor allem eines: Spam.

Verschiedene Softwareplattformen bieten unterschiedliche Optionen an, um mit Kommentaren umzugehen. Am besten ist es, wenn Sie sich anfangs über jeden neuen Kommentar benachrichtigen lassen oder ihn gar erst selbst zur Veröffentlichung freischalten. So kann auf Ihrem Blog niemand etwas hinterlassen, das Sie hinterher in rechtliche oder andere Schwierigkeiten bringt. Wenn Sie ein sehr aktives Blog haben, kommen Sie ohnehin nicht darum herum, die Kommentare regelmäßig zu sichten und zu moderieren.

Wenn Ihnen das zu mühsam ist, steht es Ihnen aber auch frei, die Kommentarfunktion einfach abzuschalten – und sowohl Fan- als auch Hasspost einfach per E-Mail entgegenzunehmen.

Blogplattformen

Eine Blogplattform ist beispielsweise Medium[3]. Nachdem Sie sich hier einen Zugang angelegt haben, können Sie nach Herzenslust gute, weniger gute und grot-

---

2 Wobei die alten Versionen natürlich trotzdem immer noch irgendwo im Netz kursieren können, beispielsweise auf der Wayback Machine (*https://archive.org/web*).

3 *https://www.medium.com*

---

tenschlechte Artikel veröffentlichen. Eine größere Leserschaft erreichen Sie dadurch, dass Medium wesentlich mehr Besucher hat als ein einzelnes Blog – zudem werden besonders beliebte Artikel und von der Medium-Redaktion ausgewählte Artikel auf der Startseite angezeigt. Allerdings gibt es leider noch keine deutschsprachige Redaktion, sodass Sie mit einem deutschsprachigen Artikel praktisch keine Chance haben, über diese Rubrik auf die Startseite zu kommen. Eine Weile lang gab es für deutschsprachige Artikel stattdessen die Redaktion von »Medium auf Deutsch«[4] – dieser Kanal wurde aber Ende 2016 wieder eingestellt, zurzeit findet man dort nur ältere Inhalte.

Eine vollwertige deutsche Alternative scheint es aktuell nicht zu geben. Wenn Sie Mitglied im sozialen Netzwerk LinkedIn sind, können Sie aber auch dort bloggen – lesen können es dann allerdings auch nur andere LinkedIn-Mitglieder. Und: Wenn LinkedIn sich eines Tages entscheidet, seine Blogplattform einzustellen, sind auch Ihre Beiträge und Ihre Leser futsch.

Online- und Printmagazine

Es gibt eine Vielzahl von Onlinemagazinen im IT-Bereich, die nach guten und kenntnisreich geschriebenen Artikeln suchen. Teilweise fließt dabei Geld an die Autoren, teilweise nicht – das variiert oft sogar beim selben Magazin, je nach Rubrik des Artikels. Nichtzahler können Sie aber dazu nutzen, das Schreiben zu üben, Leser zu gewinnen, Ihr eigenes Blog bekannter zu machen und ein Portfolio an vorzeigbaren Artikeln aufzubauen.

Tabelle 10-1: Eine unvollständige Übersicht über Magazine zu IT und verwandten Themen im Netz.

Magazin	URL
ADMIN IT-Praxis & Strategie	*http://www.admin-magazin.de/*
CHIP	*http://www.chip.de/*
com! professional	*http://www.com-magazin.de/*
ComputerBase	*https://www.computerbase.de/*
Computerwoche	*http://www.computerwoche.de/*
c't	*https://www.heise.de/ct/*
Das Ratgeberportal Computerwissen	*http://www.computerwissen.de/*
Entwickler Magazin	*https://entwickler.de/*
Games!	*https://www.games-magazin.de/*
iX	*https://www.heise.de/ix/*
Java Magazin	*https://jaxenter.de/*
IT-Business	*http://www.it-business.de/*

---

4   *https://medium.com/deutsch*

Tabelle 10-1: Eine unvollständige Übersicht über Magazine zu IT und verwandten Themen im Netz. (Fortsetzung)

Magazin	URL
Linux Magazin	*http://www.linux-magazin.de/*
PCGames	*http://www.pcgames.de/*
PCMasters	*http://www.pcmasters.de/*
PC-Welt	*http://www.pcwelt.de/*
t3n digital pioneers	*http://t3n.de/*
ZDNet	*http://www.zdnet.de/*

Einige Redaktionen laden sogar explizit dazu ein, Artikel und Themenvorschläge einzureichen, auch wenn man kein »professioneller« Autor ist:

So hat die PC-Welt beispielsweise das Expertennetzwerk[5] gegründet. Autoren aus verschiedenen Fachbereichen schreiben dort unentgeltlich zu selbst gewählten Themen[6] von Datensicherheit bis Steampunk und von Drohnenlogistik bis Ergonomie am Arbeitsplatz. Ein ähnliches Modell[7] fährt die Computerwoche (wie PC-Welt eine Publikation des Konzerns IDG).

Das Linux Magazin lädt Fachspezialisten ebenfalls dazu ein, Artikel vorzuschlagen, und liefert eine ausführliche Anleitung[8] für gute Themenvorschläge und Artikel. Wird der Artikel veröffentlicht, wird ein Honorar ausgezahlt.

Bei allen anderen Magazinen können Sie sich per E-Mail an die Redaktion (Namen und Adressen siehe Impressum der jeweiligen Website) wenden. Dabei sollten Sie beim ersten Kontakt schon einen durchdachten und zum Spektrum des Magazins passenden Themenvorschlag einreichen – das erleichtert der Redaktion, zu entscheiden, ob sie mit Ihnen arbeiten möchte.

Onlinemagazine brauchen in der Regel mehr Artikel, um ihre Startseiten und Rubriken zu füllen, als Printmagazine, daher ist es oft einfacher, einen ersten Artikel bei einem Onlinemagazin zu platzieren. Die Vorgehensweise ist bei Printmagazinen aber ähnlich: Suchen Sie sich die Adresse der Redaktion aus dem Impressum heraus und schicken Sie einen guten Themenvorschlag per E-Mail.

Zusätzlich zum Themenvorschlag sollten Sie beim ersten Kontakt auch ein paar (kurze) Sätze zu Ihrer Qualifikation schreiben und – wenn vorhanden – auf Leseproben verweisen. Hier lohnt es sich wieder, ein eigenes Blog zu haben: Selbst wenn Sie sonst noch nie irgendwo etwas veröffentlicht haben, kann die Redaktion anhand Ihrer Blogbeiträge beurteilen, ob Ihr Stil zum Magazin passt.

---

5 *http://www.pcwelt.de/experten*

6 *http://www.pcwelt.de/experten/alle-experten*

7 *http://www.computerwoche.de/p/idg-experten,4033*

8 *http://www.linux-magazin.de/Heft-Abo/Kontakt/Autor-werden*

Anleitung und Tutorial

Praktisch alle IT-Magazine – ob online oder offline – sind an guten und praxisrelevanten Tutorials interessiert (siehe vorheriger Abschnitt).

Wenn Sie mit Ihren Anleitungen und Erklärungen auf weniger formelle Weise die Welt ein bisschen besser machen wollen, können Sie sich beispielsweise auf Stack-Overflow[9] austoben, das Teil der Wissensaustauschplattform StackExchange[10] ist. Auf allen Foren von StackExchange ist Englisch Umgangssprache – außer im Forum German Language, in dem allerdings nur über die deutsche Sprache diskutiert wird.

Eine deutsche Alternative zu StackOverflow ist Codekicker[11] – vom Layout her ähnlich, allerdings bei Weitem nicht so aktiv.

Präsentation

Wenn Sie Ihre Präsentation einem größeren Publikum zugänglich machen wollen, stehen Ihnen dazu mehrere Plattformen zur Verfügung.

Der Hauptzweck von SlideShare[12] ist genau dies: Slides mit anderen zu teilen. Auf Scribd[13] dagegen werden nicht nur Präsentationen, sondern auch E-Books und sogar Notenblätter geteilt. Weniger bekannte Alternativen zu SlideShare sind authorSTREAM[14] und Speaker Deck[15].

Bei der Veröffentlichung von Präsentationen müssen Sie besonders darauf achten, nicht das Urheberrecht zu verletzen: Leichter als bei Texten passiert es einem bei Präsentationen, dass man urheberrechtlich geschützte Bilder verwendet – und darunter fallen praktisch alle, die man nicht selbst gemacht hat oder die nicht unter einer Creative-Commons-[16] oder Public-Domain-Lizenz veröffentlicht wurden.

Es ist zwar nicht per se verboten, urheberrechtlich geschützte Bilder in einer Präsentation zu verwenden – aber streng reguliert: Es dürfen lediglich sogenannte Bildzitate gemacht werden. Eine Abbildung ist ein *Bildzitat*, wenn folgende Voraussetzungen vorliegen:

---

9   *https://stackoverflow.com*

10 *https://stackexchange.com*

11 *http://codekicker.de/*

12 *http://www.slideshare.net*

13 *http://de.scribd.com*

14 *http://www.authorstream.com*

15 *https://speakerdeck.com*

16 Selbst Creative-Commons-Inhalte unterliegen, je nach Lizenz, bestimmten Einschränkungen – mehr dazu unter *http://de.creativecommons.org/was-ist-cc*.

- Sie geben die Quelle so eindeutig an, dass der Leser das Original wiederfinden kann – im Netz als URL, in der wissenschaftlichen Literatur mit einem entsprechenden Zitat oder in der Presse mit Angabe der Publikation und des Datums. Dies darf auch gebündelt auf einer Folie am Ende der Präsentation geschehen.
- Das Bild dient als Beleg für den eigenen Gedankengang und nicht als reine Illustration oder Deko. Das heißt, wenn Sie beispielsweise über agile Softwareentwicklung schreiben: Ein Schema des Iterationszyklus dürfen Sie unter Quellenangabe verwenden, wenn Sie im Text die einzelnen Schritte und ihr Ineinandergreifen beschreiben, ein Foto eines Eichhörnchens, um das Konzept Agilität zu illustrieren, dagegen nicht.
- Sie zitieren nur im notwendigen Umfang und nur im Zusammenhang. Im obigen Beispiel dürfen Sie also nicht alle Slides mit dem Iterationsschema schmücken, sondern nur die, auf denen Sie tatsächlich auf den Iterationszyklus eingehen.

Erlaubt ist die Verwendung eines Bilds auch außerhalb eines Bildzitats natürlich dann, wenn der Urheber sein Einverständnis gegeben hat. Lassen Sie sich dies dann aber schriftlich geben.

Buch und E-Book

Sowohl für Bücher als auch für E-Books gibt es zwei Wege der Veröffentlichung:

1. In einem Verlag.
2. Im Selbstverlag (als Self-Publisher).

Veröffentlichung im Verlag

Wenn Sie mit einem Verlag arbeiten, bedeutet dies, dass Sie einen Autorenvertrag abschließen. Darin ist festgelegt,

- bis wann Sie zirka wie viele Seiten Manuskript abliefern müssen,
- welche Nutzungsrechte an diesem Manuskript Sie dem Verlag übertragen
- wie viel Prozent der Einnahmen Sie dafür bekommen.

Welche Rechte? Hier geht es um die Nutzungsrechte, die ein Teil der Urheberrechte sind. Die Autorin überträgt dem Verlag für die Laufzeit des Vertrags die Nutzungsrechte, damit dieser die Texte in gedruckter und digitaler Form veröffentlichen, verbreiten und zugänglich machen kann: vor allem über den Buchhandel und diverse Onlineplattformen. Möchten Sie also Auszüge aus Ihrem Buch beispielsweise in Ihrem Blog veröffentlichen oder im Rahmen von Schulungsangeboten verwenden, dann ist es gut, wenn Sie es mit Ihrem Verlag von vornherein im Vertrag festhalten. Wenn Sie dem Verlag alle Nutzungsrechte übertragen haben, dann dürfen Sie selbst Ihre Texte nicht mehr verwenden, auch wenn Sie sie selbst geschrieben haben.

Darüber hinaus kann der Autor dem Verlag Nebenrechte übertragen, beispielsweise das Recht zur Übersetzung in andere Sprachen und die Rechte zur Verfilmung und Vertonung (als Hörspiel oder Hörbuch). Eine Übersetzung kommt im Fachbereich IT durchaus mal infrage – schließlich sind beispielsweise Programmiersprachen oder Entwicklungsmethoden wenig länderspezifisch. Die Rechte für Verfilmung und Vertonung sind bei Sachbüchern erfahrungsgemäß Ladenhüter,[17] trotzdem sehen Verlagsverträge üblicherweise vor, dass Autoren sie dem Verlag übertragen. So sind beispielsweise auch die Rechte zur Aufführung Teil unseres Vertrags mit O'Reilly, sodass Sie mit uns darauf hinfiebern können, wann »Weniger schlecht über IT schreiben – Das Theaterstück« Premiere feiert.

Für das Übertragen dieser Rechte erhalten Sie einen gewissen Prozentsatz vom Nettobuchpreis. Das ist der Preis, zu dem der Verlag das Buch an den Buchhandel abgibt (etwa 45 % unter dem Ladenpreis minus ermäßigte Mehrwertsteuer). Das Hauptrecht, also das Recht zur Veröffentlichung im gedruckten Buch und E-Book, wird meist mit 8 bis 12 % des Nettobuchpreises vergütet, die Erlöse aus den Nebenrechten wie Übersetzungen, Verwertung von Auszügen aus dem Buch etc. werden zu gleichen Teilen zwischen Autorin und Verlag aufgeteilt.

Dieses Honorar wird häufig jährlich ausgezahlt. Manche Verlage bieten daher einen Vorschuss an, der aber bei den ersten Abrechnungen wieder abgezogen wird, sodass die Honorarsumme bei einem Vorschuss unterm Strich nicht höher liegt (außer wenn Sie Zinsen mit einrechnen.)

Warum sollte man als Autorin nun mit einem Verlag zusammenarbeiten? Zunächst einmal trägt der Verlag ein nicht unerhebliches finanzielles Risiko, indem er Satz- und Druckkosten sowie die Kosten für die Lagerung und Auslieferung der Bücher übernimmt und Werbemittel und Anzeigen finanziert. Außerdem sind in den diversen Abteilungen wie Lektorat, Vertrieb und Marketing Mitarbeiter beschäftigt, die natürlich bezahlt werden müssen. So hat jeder anständige Verlag beispielsweise ein Lektorat. Dies spürt nicht nur Tippfehler in Ihrem Manuskript auf, sondern gibt Ihnen auch Feedback und Hinweise zur Verbesserung in Stilfragen. Darüber hinaus – das hängt ganz von der Qualität und Arbeitsbelastung des Lektorats ab – berät es Sie auch in größeren Angelegenheiten wie der Konzeption des Buchs und der Ansprache der Zielgruppe. Das ist eine Leistung, die nicht zu verachten ist – denn im Selbstverlag (siehe weiter unten) müssen Sie für Vergleichbares mehrere Hundert bis Tausende Euro aus eigener Tasche zahlen. Das gilt ebenso für das Coverdesign!

---

17 Trotzdem würden wir gern endlich eine Verfilmung von »Introduction to Algorithms« sehen – in den Hauptrollen: Angelina Jolie als RSA-Verschlüsselung und Christoph Waltz als NP-vollständiges Problem.

Sobald das Manuskript fertig ist, »setzt« der Verlag das Buch – das heißt, Text und Abbildungen werden so formatiert, dass sie im vorgesehenen Buchformat gut aussehen. An diesem Punkt des Ablaufs bekommen Sie dann noch einmal eine sogenannte Druckfahne (heutzutage als PDF), in der Sie kontrollieren sollten, ob sich beim Satz keine neuen Fehler eingeschlichen haben oder Bilder verrutscht sind.

Außerdem übernimmt der Verlag die Vermarktung des Buchs. Je besser sich ein Buch verkauft, desto höher ist natürlich der Gewinn. Allerdings sollten Sie an die Vermarktung keine überzogenen Erwartungen haben. Da die Gewinnmargen beim Verkauf von Büchern nicht groß und auch die Zielgruppen von typischen Fachbüchern eher kleiner sind, wird es keine Fernsehwerbung oder großangelegte Kampagnen in Publikumszeitschriften geben. Ein Verlag mit einem guten Namen und einem interessanten Programm wird allerdings seine Leser*innen haben. Die wird er über Twitter, Newsletter, Anzeigen in Fachmagazinen und Buchhandelsaktionen ansprechen. Da Sie als Expertin zu einem Thema vermutlich besonders nah an Ihrer Zielgruppe sind, schadet es nicht, wenn Sie Ihr Buch über Ihr eigenes Blog oder Ihren Twitter-Account bewerben.

Auch die Verteilung an Händler übernehmen die meisten Verlage. Manche Kleinverlage verzichten darauf und bieten ihre Bücher nur im Netz an – über Amazon & Co. sowie die Verlagshomepage.

Wann sollten Sie also in einem etablierten Verlag veröffentlichen?

- Wenn Sie mit dem »Drumherum« des Veröffentlichens wie Lektorat, Satz und Marketing möglichst wenig belästigt werden wollen.
- Wenn Sie einen Verlag kennen, in dessen Programm Ihre Buchidee gut passen würde.
- Wenn Sie glauben, dass Ihr Thema auch in einem Jahr noch aktuell sein wird.
- Wenn Sie es wichtig finden, zum Schluss tatsächlich ein gedrucktes Buch in den Händen zu halten und nicht nur ein E-Book am Bildschirm anzusehen. (Auch im Selbstverlag kann man gedruckte Bücher herausbringen, das ist aber etwas aufwendiger.)

Wie finden Sie einen Verlag? Bringen Sie Ihre Buchidee zunächst in Form eines sogenannten Exposés oder einer Outline zu Papier. Hierbei sollten Sie sich um die Formalitäten nicht allzu viele Gedanken machen. Wichtiger als die Frage, was in der Kopfzeile steht und welche Schriftart Sie verwenden, ist eine klare Eingrenzung des Themas und ein logischer Aufbau der Outline. Dieser Schritt ist nicht nur wichtig, damit Sie etwas in der Hand haben, das Sie dem Verlag schicken können: Auch Sie selbst bekommen beim Ausarbeiten der Idee eine klarere Vorstellung von Ihrem Thema und entdecken mögliche Schwachstellen leichter.

Im nächsten Schritt gehen Sie in eine große Buchhandlung, eine Bibliothek oder auf die Website von Amazon oder einem anderen Händler und schauen sich an, bei welchen Verlagen Bücher erschienen sind, die ein ähnliches Thema wie Ihres haben.

Auf praktisch jeder Verlagswebsite stehen »Hinweise für Autoren« oder »Hinweise zur Manuskripteinsendung« oder Ähnliches. Hier erfahren Sie, an wen und in welcher Form (gedruckt oder als Datei) Sie Ihre Outline schicken können und ob ein Probekapitel mitgeschickt werden soll. Letzteres dient nur dazu, zu beweisen, dass Sie sinnvolle deutsche Sätze zu Papier bringen können.

Und dann schicken Sie Ihre Idee ab. Nur Mut! Es ist gar nicht so schwer, eine gute Idee bei einem Sach- oder Fachbuchverlag unterzubringen. Wenn Sie schon einmal gehört haben, es sei so wahnsinnig schwer, einen Verlag zu finden, dann bezog sich das wahrscheinlich auf Romane – das ist tatsächlich ein ganz anderer Prozess.

Zugegebenermaßen dauert es aber auch bei einem erfolgreichen Themenvorschlag einige Zeit, bis das Buch erscheint. Man sollte mit rund einem Jahr rechnen – die absolute Untergrenze sind sechs Monate. Soll es schneller gehen, weil Sie beispielsweise über ein beliebtes Plug-in schreiben, das nächsten Monat schon wieder veraltet sein könnte? Dann ist der Selbstverlag vielleicht die bessere Alternative für Sie.

Veröffentlichung im Selbstverlag (Self-Publishing)

Beim Selbstverlag oder Self-Publishing sind Sie Ihr eigener Verleger. Vorreiter dieses Modells war Kindle Direct Publishing[18] von Amazon. Da es in der riesigen IT-Infrastruktur von Amazon praktisch keinen Aufwand bedeutet, ein E-Book an Käufer zu verteilen, bot Amazon Autoren dies kostenlos an. Auch heute noch kann man sein elektronisches Manuskript in Amazons proprietäres E-Book-Format konvertieren und bei KDP einreichen – oder das Konvertieren von Amazon selbst erledigen lassen.

Es ist jedoch noch eine zweite Option hinzugekommen: Auf Amazons Self-Publishing-Plattform CreateSpace[19] besteht nun auch die Möglichkeit, das eigene Buch als Taschenbuch herauszugeben.

Man muss sich aber nicht vollständig in die Hände des Quasi-Monopolisten Amazon begeben: So bietet beispielsweise das Berliner Unternehmen epubli[20] ebenfalls die kostenlose Veröffentlichung von E-Books und Printbüchern gegen spätere Umsatzbeteiligung. Anders als bei Amazon wird hier automatisch eine ISBN vergeben, die es ermöglicht, dass das Buch auch durch andere Buchhändler als Amazon ausgeliefert wird.

Im Selbstverlag müssen Sie den Satz (bei einem gedruckten Buch) sowie Satz und Konvertierung in ein E-Book-Format (bei einem E-Book) selbst übernehmen. Die

---

18 http://kdp.amazon.de
19 http://www.createspace.com
20 http://www.epubli.de

Industrie hat es leider bisher nicht fertiggebracht, sich auf einen E-Book-Standard zu einigen: Während Amazon Kindle mit dem azw- oder kfx-Format arbeitet, verwenden die E-Reader der meisten anderen Anbieter[21] das quelloffene epub-Format. Amazons azw-Format basiert auf dem ursprünglich auch offenen mobi-Format, das von Amazon erworben wurde und das heute noch von vielen Geräten gelesen werden kann. Daneben gibt es einige weitere Formate[22], von denen aber die meisten heute nicht mehr gebräuchlich sind.

Digital Rights Management (DRM)

Unabhängig vom Format ist bei kommerziellen E-Books oft ein sogenanntes DRM implementiert[23] – ein Kopierschutz, der verhindert, dass Sie Ihre gekauften E-Books unbeschränkt vervielfältigen und weitergeben können.

Während Amazon sein eigenes DRM-System entwickelt hat, verwenden E-Book-Anbieter mit epub-basierten Büchern ein von Adobe entwickeltes DRM-System. Beiden ist gemeinsam, dass sie oft übers Ziel hinausschießen: Statt nur die unkontrollierte Vervielfältigung und Weitergabe von E-Books zu verhindern, verhindern sie oft auch, dass Käuferinnen ihre E-Books von einem Gerät aufs andere übertragen oder Sicherheitskopien anfertigen können.

Die Frage, ob solch ein Kopierschutz legitim ist, ist so alt wie das Internet. Die berechtigten Interessen von Autorinnen und Verlagen müssen gegen die berechtigten Interessen von Lesern abgewogen werden. Eine Überlegung wert finden wir als Alternative das sogenannte Social DRM: In kommerziell erworbene E-Books wird eine persönliche Information des Käufers eingefügt (z.B. der Name), der nicht entfernt werden kann und somit von einer weiteren Verbreitung der Kopien abschreckt, aber Kopien für den privaten Gebrauch zulässt. Zumal man früher stolz darauf war, seinen eigenen Namen in einem gekauften Buch zu verewigen, und dafür kunstvolle Aufkleber, sogenannte Exlibris[24], verwendet hat.

E-Reader können in der Regel auch PDF-Dateien lesen – diese sind aber auf den kleinen Bildschirmen der Reader meist schwer zu lesen. Dateien im azw-, mobi- und epub-Format können dagegen ihren Fließtext beliebig groß darstellen und umbrechen. Empfehlenswert, um Ihr Manuskript in ein E-Book-Format umzuwandeln, ist das kostenfreie Programm Calibre[25].

---

21 Beispielsweise Tolino (*http://mytolino.de*) oder Kobo (*https://www.kobo.com*).

22 *https://www.ebooknet.de/know-how/ebook-formate*

23 Aber nicht immer – bei O'Reilly beispielsweise nicht.

24 *http://art-exlibris.net/*

25 *http://calibre-ebook.com/*

Zwischen Verlagsveröffentlichung und Selbstverlag gibt es auch noch ein seltsames Mischwesen: Verlage, die für die Veröffentlichung Ihres Manuskripts Geld nehmen. Auf Englisch werden diese Zuschussverlage zutreffend »Vanity Press«, also Eitelkeitsverlage, genannt, weil sie früher die Eitelkeit von Autoren befriedigt haben, die ihr Buch gedruckt sehen wollten, ohne dass es ihnen gelungen wäre, einen Vertrag mit einem vollwertigen Verlag abzuschließen. Dieses Modell ist im Zeitalter des einfachen Selbstverlags überholt – manchmal sieht man aber in Zeitschriften oder auf Webseiten noch Inserate, die solche Verlage anpreisen.

Etablierter Verlag oder Selbstverlag?

Die Entscheidung, ob Sie Ihr Manuskript einem etablierten Verlag anbieten oder im Selbstverlag veröffentlichen, hängt also hauptsächlich von folgenden Fragen ab:

- Möchten Sie sich ganz aufs Schreiben konzentrieren, oder haben Sie Zeit und Lust, sich auch um Covergestaltung, Lektorat, Satz und Marketing zu kümmern?
- Haben Sie schon einen festen Leserstamm?
- Wie eilig ist Ihnen die Veröffentlichung?

Wenn Sie mit einem etablierten Verlag arbeiten, haben Sie mit der technischen Produktion des Buchs kaum etwas zu tun. Das ist nicht immer ein Vorteil: Die meisten Autorenverträge räumen den Autoren nur ein gewisses Mitspracherecht bei Cover und Klappentext ein; Sie haben nicht die endgültige Entscheidungsmacht – beispielsweise auch, weil Ihr Buch nicht als Einzeltitel, sondern in einer bereits etablierten Reihe erscheint. Im Selbstverlag können Sie Ihr Cover dagegen genau so gestalten (lassen), wie Ihnen das gefällt. Auch wenn Sie ein Typografie-Nerd sind und ganz genaue Vorstellungen davon haben, wie Ihr Text gesetzt sein sollte, können Sie sich im Selbstverlag besser austoben.

Beim Marketing wird im Verlag zwar in der Regel Ihre Mithilfe gern gesehen, indem Sie beispielsweise Interviews geben oder Gastbeiträge für andere Medien schreiben – aber sollten Sie partout gar keine Lust auf Marketingaktivitäten haben, wirkt sich das beim Selbstverlag noch nachteiliger auf die Chancen Ihres Buchs aus als bei einer Verlagsveröffentlichung.

Wenn Sie für ein Nischenpublikum schreiben, das Sie bereits kennt – beispielsweise die Leser Ihres Blogs –, kann sich der Selbstverlag auch finanziell lohnen, weil ein größerer Anteil des Buchpreises in Ihre eigene Tasche fließt.

Im Selbstverlag können Sie Ihr Buch im Prinzip so schnell veröffentlichen, wie Sie schreiben können (planen Sie aber Zeit für das Lektorat ein). In einem traditionellen Verlag dauert ein Buchprojekt mindestens 6 Monate, realistisch sind 12 bis 18 Monate. Ein selbstveröffentlichtes E-Book können Sie zudem beliebig oft updaten, was im Technologie- und IT-Bereich vorteilhaft ist.

Ran an die Tastatur: Übungen

- Legen Sie sich einen Medium[26]-Account an und posten Sie dort einen Ihrer Artikel (auf Deutsch oder Englisch). Verzieren Sie ihn mit einer relevanten Abbildung oder mit einem schönen Stockfoto[27], das rein gar nichts mit dem Thema zu tun hat. Teilen Sie den Link auf all Ihren Social-Media-Accounts. Wenn Sie keine haben, schreiben Sie ihn auf Zettel und legen diese beim Bäcker oder an der Trinkhalle Ihres Vertrauens aus. Schicken Sie den Link an alle Ihre Freundinnen und Freunde, Kolleginnen und Kollegen, nahe und entferntere Verwandtschaft und alle, die Ihnen noch Geld schulden. Prüfen Sie nach einer Woche, wie viele »Claps« Ihre Geschichte erhalten hat und wie viele Follower Sie nun haben. Wenn es zu wenige sind, fragen Sie alle oben genannten Menschen persönlich, warum sie Ihnen immer noch nicht folgen (vor allem die, die Ihnen noch Geld schulden).

- Haben Sie das Gefühl, einer Ihrer kürzeren Texte würde auch als Buchidee taugen? Sammeln Sie Ihre Ideen in einer Mindmap und erstellen Sie eine Outline (siehe Abschnitt »Outline oder Gliederung« in Kapitel 8). Dann versuchen Sie, die Zielgruppe des Buchs zu definieren (siehe Kapitel 2, Mein Leser, das unbekannte Wesen).

- Gehen Sie in eine Buchhandlung und überlegen Sie, welcher Verlag ähnliche Bücher veröffentlicht. Besuchen Sie dessen Website und lesen Sie die »Hinweise für Autoren«, falls vorhanden. Reichen Sie Ihre Buchidee ein.

- Wenn die Idee in der Redaktionskonferenz für gut befunden wird und Sie einen Vertrag bekommen, schreiben Sie das Buch. Schreiben Sie es zügig und mit weniger prokrastinationsbedingten Pausen als wir. Dann schicken Sie uns ein Exemplar.

---

26 *www.medium.com*
27 *www.unsplash.com*

KAPITEL 11

Ende: Relaxen und watchen das Blinkenlichten

Das war's.

Moment, noch nicht ganz.

Wir hoffen, dass dieses Buch nützlich für Sie war und dass Sie in Zukunft vielleicht noch das eine oder andere Mal reinschauen werden, wenn Sie vor einem kniffligen Schreibprojekt sitzen.

Wir hoffen auch, dass wir Ihnen vermitteln konnten, dass das Schreiben kein Monolog ist (siehe hierzu auch vor allem die Kapitel 2, »Mein Leser, das unbekannte Wesen«, Kapitel 5, »Ausdruck vor Eindruck: Verstanden statt gefürchtet werden«, und Kapitel 10, »GOTO considered harmful: Texte klar strukturieren«). Daher freuen wir uns ganz besonders über ein Lebenszeichen von Ihnen! Welche Abschnitte fanden Sie besonders nützlich? Was fanden Sie total blödsinnig? Welche Themen fehlen Ihnen?

Am liebsten per Mail an: schreiben@serapion.de

Wir lesen uns!

Anhang

Wir haben bei den Recherchen zu diesem Buch mit vielen klugen Leuten gesprochen, denen wir hiermit herzlich danken wollen. Einige der Gespräche haben wir als Interviews festgehalten. Diese waren oft zu ausführlich, um sie in die entsprechenden Kapitel aufzunehmen – aber wir wollen Sie Ihnen trotzdem nicht vorenthalten.

Das Wort hat zuerst: Wolfgang Schultz, Marketing-Berater für IT-Dienstleister[1].

Interview mit Wolfgang Schultz (Marketing für IT-Dienstleister) zum Thema Angebot

CC: Herr Schultz, wie schreibt man als IT-Experte ein Angebot, das von Laien verstanden wird?

WS: Wenn Sie ein Angebot schreiben, dann bedeutet das ja, dass der Kunde einen konkreten Bedarf hat. Er hat ein Problem, das Sie für ihn lösen sollen, und er sucht die bestmögliche Lösung – was den Preis, aber auch die Funktionalität angeht.

Als IT-Dienstleister oder Systemhaus ist man oft leider nicht in der komfortablen Lage, der Einzige am Markt zu sein. Es gibt viele, viele Mitbewerber, und deren Qualifikationen werden auch immer besser. Und das Angebot ist die Chance, den Unterschied beim Deal zu machen: Bekommt man den Auftrag oder nicht?

CC: Und wie kann man die Qualität des Angebots nun beeinflussen?

WS: Sie müssen dem Kunden nicht nur die Features Ihrer Lösung zeigen, sondern auch die Benefits – die Vorteile, die ihm daraus entstehen.

Ein gutes Beispiel: Ich biete einem Kunden einen Server an. Dann nenne ich natürlich das Modell und die Features – aber ich sage eben auch, welchen Zweck genau dieses Modell erfüllt, welches Problem ich also konkret damit löse.

---

1 *https://schultz-it-marketing.de/*

Bei mir hat es sich immer bewährt, sehr viel Text zu schreiben. Ich habe im Angebot neben den detaillierten technischen Angaben zu Gerät und Modell immer noch eine weitere Spalte eingefügt und dort die Vorteile für den Kunden genannt. Zum Beispiel: Welche Vorteile bietet Virtualisierung? Oder, in den Frühzeiten, als man die Virtualisierung noch nicht so kannte, zunächst mal: Was ist überhaupt Virtualisierung? Denn wenn Kunden sich noch nicht so auskennen, dann muss man ihnen oft auch die Angst nehmen. Sonst ist der erste Gedanke des Kunden zum Beispiel: »Ja, Herr Schultz, ich möchte aber nicht in die Cloud.« Denn danach hört Virtualisierung sich ja erst mal an.

Da habe ich dann aufgeklärt, dass Virtualisierung in diesem Fall nichts mit der Cloud im Internet zu tun hat, sondern dass die Daten nach wie vor in den Räumen des Kunden liegen.

Und das heißt: Je mehr man erklärt, desto mehr fühlt der Kunde sich verstanden. Und er hat vor allem auch das Gefühl, dass man ein auf ihn zugeschnittenes Angebot macht und nicht nur so ein 08/15-Angebot.

CC: Die Kunden unterscheiden sich ja bestimmt auch in ihren Erwartungen: Der Handwerksbetrieb will etwas anderes als die Arztpraxis.

WS: Definitiv. Allerdings haben alle, also ausnahmslos alle, alle Kunden ein oberstes Ziel. Und das ist nicht, wie für uns ITler, der Spaß an der Technik – leider. Sondern das ist, dass die Technik funktioniert. Sie wollen keinen Stress mit der Technik und wollen sich auch nicht wirklich damit auskennen. Die Technik ist vielmehr ein notwendiges Übel. Die soll idealerweise irgendwie unter dem Tisch verschwinden, ins Kämmerchen geschlossen werden und einfach funktionieren.

Wenn man das dem Kunden glaubhaft vermitteln kann – dass man der Anbieter ist, der eine funktionierende IT schafft, ohne dass sich ständig irgendwer kümmern muss, ohne dass der Kunde dadurch belästigt wird, dann hat man wirklich schon halb gewonnen.

[...]

CC: Kommen wir noch mal darauf zurück, dass es wichtig ist, die Bedürfnisse der Kunden zu studieren. Sind Sie ein Fan von Personas?

WS: Ja. Ich rate jedem, sich ganz plastisch vorzustellen, was der Kunde für ein Mensch ist, was er braucht, was ihn bewegt. So ein Profil kann man natürlich nicht für jedes Kleinstprojekt anlegen, aber für größere Projekte schon.

CC: Und wie kommen Sie an diese Informationen heran?

WS: Das Wichtigste ist und war für mich immer das persönliche Gespräch vor Ort. Bei jeder neuen Anfrage habe ich versucht, erst einmal selbst hinzugehen, mir alles anzuschauen, mit dem Auftraggeber zu sprechen. Dabei bekommt man ja schon ganz viele Sachen mit.

Wie ist die Umgebung?

Wer ist denn überhaupt mein Ansprechpartner, welche Position hat er oder sie: Unternehmer? Unternehmer und Geschäftsführer? Angestellter Geschäftsführer? IT-Leiter? Mitarbeiter?

Und wenn es ein Mitarbeiter ist: Hat er eine gewisse IT-Affinität, oder hat er die Aufgabe aufs Auge gedrückt bekommen? Solche Situationen gibt es immer wieder, dass der den Job machen muss, der nicht schnell genug weggeschaut hat. Und so ein Mensch hat ganz andere Wünsche und Ziele als jemand, der das Thema toll findet und sich für Server und Vernetzung und alles interessiert. Mit denen muss man jeweils unterschiedlich kommunizieren.

Und, auch wichtig: Man sollte eine Persona von demjenigen erstellen, der das System in Auftrag gibt, und dem, der es hinterher benutzen muss. Das sind ja oft nicht die gleichen Personen.

CC: Ist es von den Kunden und Mitarbeitern jemals als lästig empfunden worden, wenn Sie vor Ort waren und so detailliert nachgefragt haben?

WS: Nein. Ich habe das meist persönlich gemacht. Unsere Kunden waren meistens kleinerer bis mittlerer Mittelstand, und da hat man sich auf Augenhöhe getroffen. Dann redet der Unternehmer mit dem anderen Unternehmer, und das ist eine gute Basis. Die Kunden haben das durchaus immer als positiv angesehen. Es ist ja auch eine Investition von meiner Seite, eine Vorleistung. Und nach dem Gesetz der Reziprozität: Wenn ich in Vorleistung gehe, dann möchte der andere sich revanchieren – mir beispielsweise den Auftrag geben.

Das kann übrigens auch ein Filterkriterium sein: Es gibt auch Gelegenheiten, da wird man eigentlich nur angerufen, um ein zweites Angebot zu erstellen, damit der Kunde den Stammlieferanten im Preis drücken kann. Diese Interessenten haben seltener ein wirkliches Interesse an diesem Termin. Aber wenn ich einen solchen Termin hatte, dann ist es mir hin und wieder auch gelungen, den Stammlieferanten abzulösen.

CC: Wie das?

WS: Weil ich neue Möglichkeiten in Spiel gebracht und auch mal Klartext geredet habe. Da steckte meist irgendeine Leidensgeschichte dahinter: Etwas funktionierte nicht, wie es sollte, und es wurde irgendwie daran herumgedoktert. Wenn dann ein Außenstehender kommt und sagt: »Wir machen aus den und den Gründen jetzt mal alles neu«, dann kann das ein Befreiungsschlag sein!

Beim Stammlieferanten weiß man eventuell, der hat in der Vergangenheit Versprechungen gemacht und die nicht eingehalten. Da sagte der Kunde manchmal: »Wir probieren es einfach mal mit einem Neuen.«

CC: Zum Kunden zu gehen und mit ihm zu sprechen, ist ja auch Marktforschung, oder? Welche neuen Angebote können sich lohnen, von welchen Trends hat der Kunde gehört?

WS: Auf jeden Fall. Man lernt auch viel über bestimmte Anforderungen in verschiedenen Branchen, Sicherheitsvorgaben, Branchenstandardsoftware, so was. Und eben über das Kundenprofil.

CC: Wie genau sieht so ein Profil bei Ihnen aus?

WS: Also, nehmen wir mal einen Unternehmer als Beispiel. Was für Ziele hat er mit dieser Firma? Was für Ängste und Herausforderungen hat er – welche Pain Points? Wie ist seine Biografie, hat er studiert, was für eine Schule hat er besucht? Hat er viele Freunde? Wo sieht er Chancen, Möglichkeiten?

Und dann: Wie sieht ein Tag im Leben dieses Menschen aus? Welche Erfahrungen hat er mit diesem Produkt, mit dieser Dienstleistung schon gemacht, eventuell auch mit Konkurrenzprodukten? Was sind die größten Einwände gegen das Angebot? Und gegen die Mitbewerber? Nach welcher Art von Information sucht er? Was will er gerne wissen, damit er zu seinem Entschluss kommen kann? Der eine möchte mehr harte Fakten haben, und der andere möchte mehr Garantien haben, so softe Dinge.

CC: Um das noch mal klarzustellen: Da porträtieren Sie keine reale Person, sondern sammeln Informationen, die Sie dann zu einer realistischen Persona zusammensetzen, die stellvertretend für eine Zielgruppe steht.

WS: Genau. Man stellt sich den Idealkunden vor. Man sollte sich ja auch vom eigenen Standpunkt aus überlegen: Welches sind meine Lieblingskunden? Man hat immer Kunden, mit denen läuft es einfach rund. Und mit anderen läuft es zäh – es gibt Missverständnisse, Termine werden verschoben.

Man schaut sich dann diese Lieblingskunden an und fragt sich: Haben die irgendeine Gemeinsamkeit? Wenn man eine solche Persona erstellt, dann kann man sich auch konkret überlegen, wo und wie man mehr dieser Kunden findet.

Wolfgang Schultz hat für uns die Eigenschaften eines guten Angebots noch in einer Mindmap dargestellt – die finden Sie in Kapitel 9, »Press Any Key: Was möchten Sie schreiben? – E-Mail, Artikel, Buch & Co.«.

Interview mit Ulrich Matthey (KONTECXT) zum Thema technische Dokumentation

Auch zum Thema technische Dokumentation haben wir uns an einen Experten gewandt, der schon lange im Geschäft ist: Ulrich Matthey von der Firma KONTECXT[2], die technische Dokumentationen für ihre Kunden schreibt.

CC: Herr Matthey, starten wir doch mit einer kurzen Einleitung. Was ist technische Dokumentation?

---

2 *www.technische-dokumentation.de*

UM: Zunächst gibt es die sogenannte interne technische Dokumentation, die in Entwicklungsabteilungen bei Herstellern von allen möglichen Produkten zum internen Gebrauch geschrieben wird. Oder auch nicht geschrieben: Bei der Softwareentwicklung beispielsweise wird die Dokumentation ja gern vernachlässigt, sodass der zweite Entwickler nicht mehr weiß, was der erste gemacht hat.

Außerhalb der IT sind das beispielsweise Konstruktionszeichnungen im Maschinenbau.

Diese interne technische Dokumentation ist sehr wichtig: Man erkennt leicht, welcher wirtschaftliche Schaden entsteht, wenn sie nicht ordentlich durchgeführt wird. Wenn beispielsweise die eingebettete Software eines elektronischen Geräts geändert werden soll und der daran arbeitende Programmierer aus dem Code seines Vorgängers nicht mehr schlau wird. Da steht viel teure Arbeitszeit und auch Produktqualität auf dem Spiel.

Im Ingenieur- und Konstruktionswesen steht man etwas besser da: Dort kommt man ohne Zeichnungen nicht weit, sodass zumindest diese in der Regel gemacht werden müssen.

Die interne technische Dokumentation können wir als Dienstleister den Kunden aber nicht abnehmen. Wir kümmern uns um die externe technische Dokumentation.

CC: Was ist das?

UM: Das sind alle Informationsmittel, die mit dem Produkt an den Anwender geliefert werden.

Im Maschinen- und Anlagenbau können das Betriebsanleitungen, Montage-, Reparatur- oder Wartungsanleitungen sein. Im Bereich IT beispielsweise Softwarehandbücher oder Onlinehilfen. Und zwar diese vermehrt auch online – gedruckte Materialien gehen langsam zurück, gedruckt wird nur noch das mitgeliefert, was unbedingt sein muss. Das ist nachvollziehbar, aber nicht unbedingt die kundenfreundlichste Lösung. Sie wollen als Dokumentation einer Software ja eine kontextsensitive Hilfe haben, das geht natürlich sehr gut online, aber Sie wollen auch einen roten Faden liefern. Hier eignet sich eine gedruckte Dokumentation immer noch sehr gut (siehe Abschnitt »Handbuch« in Kapitel 9, »Press Any Key: Was möchten Sie schreiben? – E-Mail, Artikel, Buch & Co.«).

CC: Dieser rote Faden einerseits und die kontextsensitive Hilfe andererseits sollten also zwei getrennte Dokumente sein?

UM: Ja, es können sogar drei sein. Man unterscheidet in der technischen Redaktion drei Arten von Anleitungen:

- die Sofortanleitung,
- die Lernanleitung und
- die Nachschlageanleitung

Ein klassisches Beispiel für die Sofortanleitung ist die Dokumentation zur Installation einer Software. Den Inhalt einer Sofortanleitung will man sofort umsetzen, kann ihn aber auch gleich danach wieder vergessen. Im Idealfall installiert man eine Software ja nur einmal – oder zumindest selten. Man muss sich nicht merken, wie es geht, und keine Zusammenhänge mit anderen Lerninhalten herstellen. Daher muss die Sofortanleitung auch keinen Kontext liefern, der dabei helfen würde.

Sie ist daher kurz und knapp und findet beispielsweise auf einer DVD-Hülle Platz oder ist in die Installationssoftware integriert.

Die Lernanleitung dagegen dient dazu, dass man sich die wichtigsten Arbeitsweisen mit der Software tatsächlich aneignet und sie später im Alltag dann auch präsent hat. Daher gehören in eine Lernanleitung mehr Informationen über Zusammenhänge, weil diese das Verständnis und die Eingängigkeit fördern.

Wenn das Objekt beispielsweise eine kaufmännische Unternehmenssoftware ist, dann soll der Benutzer auch verstehen: Hier habe ich eine Eingangsrechnung abgelegt, was passiert jetzt, wenn ich die Rechnungsnummer nicht mit eintrage oder wenn das Datum nicht stimmt?

Außerdem gehört in eine Lernanleitung, wie man sein Arbeitsziel am effizientesten erreicht. Bei den meisten Softwarelösungen gibt es ja viele Wege zum Ziel. Hier muss man dem Leser einen Überblick über den Gesamtprozess geben und didaktische Elemente verwenden, die ihm das Einprägen des Stoffs erleichtern.

CC: Was wären das zum Beispiel für Elemente?

UM: Früher war das, ganz klar, der sogenannte Advance Organizer. Der ist mittlerweile etwas umstritten.

Wenn Sie also beispielsweise einen Handlungsablauf erläutern wollen, der aus 20 Schritten besteht und zu einem bestimmten Ziel führen soll, können Sie einen Advance Organizer voranstellen, der dazu dient, an vorhandenes Wissen anzuknüpfen. Er ist also beispielsweise ein Absatz, der sagt: »Sie haben jetzt gelernt, wie man eine Ausgangsrechnung anlegt, und jetzt lernen Sie, wie man eine Eingangsrechnung anlegt. Hier gibt es Ähnlichkeiten und Unterschiede, und die erklären wir Ihnen jetzt Schritt für Schritt – und am Ende können Sie das.«

Das ist ein typischer Advance Organizer.

Sein Vorteil ist: Wenn der Leser inhaltlich darauf vorbereitet wird, was als Nächstes kommt, dann fällt es ihm leichter, die einzelnen Informationen einzusortieren, zu verstehen und sie sich zu merken.

Das gilt auch nach wie vor. Allerdings vermuten einige Experten für technische Kommunikation, dass durch die Änderungen des Medienkonsums in den letzten Jahren – durch Smartphones, soziale Medien und so weiter – unsere Aufmerksamkeitsspanne immer geringer wird. Dass die Leute sich also immer weniger über einen längeren Zeitraum auf ein Thema konzentrieren können und wollen – vor allen Dingen wollen. Der Advance Organizer verlängert den ganzen Prozess, was bei einer kurzen Aufmerksamkeitsspanne kritisch sein kann. Das heißt, die Meinungen dazu, ob man einen Advance Organizer einsetzen möchte, gehen heute etwas auseinander.

CC: Na ja, es gibt ja auch den gegenläufigen Trend im Netz: dass man wieder längere Texte lesen möchte, wenn sie nur interessant genug sind und ansprechend aufbereitet. Also im Netz beispielsweise *longreads.org*, sozusagen als Gegenstück zu Twitter.

UM: Ich kann mich selbst auch nicht klar für einen Standpunkt aussprechen. Aber man muss, was Anleitungen betrifft, schon mit einem ziemlich ungeduldigen Leser rechnen. Das ist aber sicherlich auch von Kulturkreis zu Kulturkreis verschieden: Wir haben in unserer Ausbildung zum Technischen Redakteur damals zum Beispiel gelernt, dass es in asiatischen Kulturen aufgrund des anderen Schulsystems wesentlich leichter ist, den Anwender dazu zu bewegen, sich etwas richtig zu erarbeiten – dass der Leser dort also eher mal eine längere Gebrauchsanleitung durcharbeitet –, während wir im Westen ungeduldiger sind.

CC: Man hat ja auch nur eine begrenzte Lebenszeit ...

UM: ... genau, wer möchte die schon mit dem Lesen von Anleitungen verbringen? Höchstens wir vielleicht, die wir sie erstellen.

CC: Gibt es denn außer dem Advance Organizer noch ein paar andere Beispiele, die einen Text leichter verdaulich machen?

UM: Sehr einprägsam ist es auch, wenn man am Ende das Besprochene noch einmal kurz zusammenfasst.

Und vor allem: Wenn man mit einem konkreten Beispiel arbeitet. Um mal beim Beispiel der Unternehmenssoftware, dem ERP, zu bleiben – da könnte man sagen: »Wir gehen jetzt mal ganz praktisch auf eine Eingangsrechnung von einem Lieferanten in das System ein.« Was man mit Learning by Doing gemacht hat, merkt man sich leichter.

Zudem hilft es, mehrere Wahrnehmungskanäle anzusprechen: sprachlich, visuell, eigenes Tun.

CC: Gut. Das waren also die Sofortanleitung und die Lernanleitung. Und die dritte Art der Anleitung?

UM: Das ist die Nachschlageanleitung –in der IT auch nicht ganz unwichtig. Denn Software ist ja oft sehr komplex, nehmen wir mal eine Textverarbeitung als Beispiel: Praktisch kein Benutzer erschließt sich jemals den ganzen Anwendungsnutzen. Nicht einmal die, die Word professionell nutzen, wie Redakteure zum Beispiel. Es wäre deshalb sinnlos, in Lernanleitungen den ganzen Funktionsumfang zu behandeln, weil das wesentlich mehr wäre, als die meisten Nutzer jemals brauchen werden – und der Aufwand wäre auch riesengroß.

Da bleibt als sinnvollerer Weg die Nachschlageanleitung, mit der man gezielt einzelne Informationen finden kann – mit geeigneten Such- und Orientierungshilfen. Mit einer Nachschlageanleitung wird es auch leichter möglich, Vollständigkeit zu erreichen. Beispiel: Wenn der Redakteur mit dem Softwareentwickler zusammenarbeitet, dann kann der beispielsweise sagen: Wir haben jetzt 350 Dialogfelder in dieser Software, ist zu jeder ein Topic geschrieben? Ggf. weiß man, man hat nichts übersehen.

Das ist bei einer Lernanleitung viel schwieriger: Da geht man ja handlungsbezogen vor und muss Dinge auch mal beiseitelassen, die bei diesem Handlungsstrang jetzt gerade keine Rolle spielen. Und dann besteht natürlich auch die Gefahr, dass man etwas übersieht.

Eine Nachschlageanleitung kann man auch sehr leicht kontextsensitiv machen: Wenn ich also zum Beispiel im Dialogfeld unter Windows ganz klassisch F1 drücke, dann geht die Hilfe genau zu diesem Dialogfeld auf.

CC: Und man braucht in der Regel alle drei dieser Anleitungen?

UM: Ja, vor allem bei Software! Wobei die Sofortanleitung aber oft schon im Installationsprogramm integriert ist.

CC: Haben Sie denn eine Faustregel, wie man die Inhalte der Lernanleitung von den Inhalten der Nachschlageanleitung abgrenzt? Also entscheidet, was noch wichtig genug ist, dass es in die Lernanleitung kommt?

UM: In die Lernanleitung sollten die wesentlichen Anwendungsfälle der meisten Anwender hinein. Aber da ist natürlich immer eine Menge Ermessensspielraum. Da kommt es dann darauf an, eine richtige Zielgruppenanalyse zu machen und sich danach die Frage zu stellen: Was machen die meisten Leute eigentlich mit der Software?

CC: Machen Sie diese Zielgruppenanalyse?

UM: Die machen wir.

CC: Und wie machen Sie das?

UM: Das ist Teil der Ausbildung des Technischen Redakteurs, und wir haben auch in unserem internen Qualitätsmanagement Vorlagen dazu. Im Wesentlichen läuft es so ab: Man schaut, ob man die Zielgruppe eingrenzen kann. Wer sind die Nutzer? Welche Vorkenntnisse haben sie, auf denen man aufbauen kann? Welche Fähigkeiten haben sie überhaupt, Informationen aufzunehmen?

Dazu gehört ja auch ganz banal die Sprache – bei deutschen Nutzern landet man natürlich viel besser mit einer deutsch- als einer englischsprachigen Anleitung. Und welche Medienkompetenz haben die Leute?

Dazu kommt: Wie ist die Arbeitssituation? Also bei einer Printdokumentation ganz banal: Ist der Arbeitsplatz gut beleuchtet? Muss ich eine größere Schrift wählen? Bei einem gut beleuchteten, ergonomischen Büroarbeitsplatz kann ich auch kleinere Schriften wählen oder mal etwas grau hinterlegen.

Man fragt sich auch – was will die Zielgruppe überhaupt mit der Anwendung? Das hatten wir ja gerade schon mal angesprochen. Da sind wir natürlich auch auf Informationen von unseren Kunden über ihre Anwender angewiesen. Das wird aber oft nicht so genau analysiert aufseiten des Kunden. Im Marketing und in der Werbung schaut man sich die Zielgruppen natürlich an. Aber da sind dann andere Aspekte im Vordergrund als die, die für die Anleitung eine Rolle spielen.

CC: Meinen Sie nicht, dass man zum Beispiel Erkenntnisse aus der Persona im Marketing auch ein bisschen auf die Zielgruppe der technischen Dokumentation übertragen kann?

UM: Es gibt sicherlich Schnittmengen, da kann man schon drauf aufbauen. Aber wir bewegen uns eher im After-Sales-Bereich als das Marketing. Der kommt dort ja oft ein bisschen zu kurz. Man möchte das Produkt verkaufen, und wenn es verkauft ist, dann ist man schon mal sehr zufrieden. Und die Frage »Wie glücklich ist der Kunde nach dem Kauf?« ist ja aus durchaus nachvollziehbaren Gründen ein bisschen sekundär.

Wir kriegen jedenfalls von unseren Auftraggebern meist mehr Informationen aus dem Bereich Service als aus dem Bereich Marketing.

Bei Software ist die Supportabteilung zum Beispiel eine ganz wichtige Informationsquelle. Die Supportabteilung kennt ja die typischen Fragen. Und dieser Support ist ja natürlich auch ein gewisser Aufwand. Und der Aufwand führt zu der Frage: Was nützt denn unserem Auftraggeber die Dokumentation? Meiner Meinung nach nämlich führt eine gut gemachte Dokumentation dazu, dass der Support weniger in Anspruch genommen werden muss. Ich kenne keine Zahlen dazu, aber ich denke, da spart gute Dokumentation wirklich Geld.

CC: Und welche anderen Vorteile hat eine gute Dokumentation für den Auftraggeber?

UM: Die Gesamtwahrnehmung des Produkts wird positiver. Ich denke, die Dokumentation beeinflusst wesentlich die Kundenzufriedenheit – positiv oder negativ. Was im positiven Fall auch zu Folgekäufen führen kann.

CC: Welche Eigenschaften hat denn schlechte technische Dokumentation?

UM: Da ist mir als Beispiel gerade erst ein Softwareprodukt untergekommen, nicht von einem unserer Kunden, sondern durch Zufall: Es gibt keine ordentliche kontextsensitive Hilfe, sondern nur hinterlegte Handbuchabschnitte, die man sich aus bestimmten Teilbereichen der Software als PDF aufrufen kann. Dieses Handbuch hat den Charakter der Lernanleitung und ist gar nicht aufs Nachschlagen zugeschnitten. Wenn ich jetzt in einer Anwendungssituation festhänge und nur wissen will, was passiert, wenn ich dieses Kontrollkästchen hier aktiviere, muss ich erst mal eine Abhandlung lesen, die ich an der betreffenden Stelle auch noch nicht mal richtig aufrufen kann. Stattdessen muss ich zunächst das Dialogfeld wieder zumachen, um dann ein solches Teil-PDF aufrufen und dort von Hand die relevante Stelle zu suchen. Zeitraubend und nervig.

Dabei ist dieses Handbuch schon sehr sorgfältig gemacht und hochwertig produziert. Da hat sich jemand richtig viel Arbeit gemacht, aber man merkt halt, dass das kein Technischer Redakteur war – sondern wahrscheinlich jemand aus IT-Entwicklung oder -Support.

CC: Ist das die Regel, dass die Dokumentation von hierfür nicht geschulten Leuten gemacht wird?

UM: Ja, den Eindruck habe ich. Aber ich nehme ja nur einen Ausschnitt wahr, denn bei uns melden sich die Unternehmen, die in ihrem Dokumentationsprozess etwas ändern wollen.

CC: Aber wenn Sie jetzt nicht als Dienstleister gucken, sondern als Anwender – wie finden Sie dann die technische Dokumentation um Sie herum?

UM: Man merkt immer noch häufig, dass keine Experten, keine Technischen Redakteure am Werk waren, aber ich habe den Eindruck, dass das nachlässt. Interessanterweise fällt mir das am häufigsten bei kleinen technischen Produkten für Endanwender auf, vor allem von Discountern: Aldi, Lidl, Tchibo, solche Sachen. Dort gibt es mittlerweile spezialisierte Leute, die sich auch weiterbilden.

CC: Was ist für Sie am ehesten ein Hinweis darauf, dass die Dokumentation von einem Profi gemacht wurde?

UM: Das merkt man an einer handlungsbezogenen Struktur und auch daran, ob die Gefahrenhinweise korrekt angebracht sind.

CC: Die müssten doch gesetzlich vorgegeben sein?

UM: Sind sie auch, aber Laien wissen das oft nicht. Wobei – streng genommen handelt es sich bei den Vorgaben in der Regel nicht direkt um Gesetze, sondern um Normen. Die müssen Sie nicht einhalten, aber wenn Sie sie nicht einhalten, sind Sie verantwortlich, wenn das Produkt einen Schaden anrichtet. Beziehungsweise: Sie müssen beweisen, dass Ihre Vorgehensweise gleich gut oder besser war als die in der Norm vorgegebenen Lösungen. Und das ist schwer. Indem man Normen einhält, minimiert man also sein Haftungsrisiko.

CC: Welche Normen sind da relevant?

UM: In der EU gilt für alle erklärungsbedürftigen Produkte zum Beispiel die »IEC 82079 Erstellen von Gebrauchsanleitungen – Gliederung, Inhalt und Darstellung«.

CC: Und auf welche Gefahren muss hingewiesen werden bei Software?

UM: Bei Anwendungssoftware, die jetzt nicht gerade ein Medizinprodukt oder ein Atomkraftwerk steuert, sind solche möglichen Schäden beispielsweise falsch getroffene Entscheidungen, wenn wir noch mal die ERP-Software als Beispiel heranziehen. Da kann es also zu Vermögensschäden kommen.

Bei Schäden für Leib und Leben muss ein nach Art und Schwere der Gefahr und Wahrscheinlichkeit des Eintretens abgestuftes Signalwort verwendet werden. Also »Gefahr«, wenn es um unmittelbare Lebensgefahr oder Gefahr von schweren körperlichen Schäden geht. Die Abstufung ist: »Gefahr«, »Warnung«, »Vorsicht«. Außerdem muss man als Autor die Quelle der Gefahr erwähnen, Maßnahmen zur Vermeidung der Gefahr benennen und auch die Folgen bei Nichtbeachtung. Und Sie dürfen zum Beispiel in Gefahrenhinweisen keine Passivformulierungen verwenden, weil sich von diesen niemand angesprochen fühlt. Also nicht: »Der Notaustaster muss gedrückt werden« – da denke ich mir: Kann ja jemand anderes machen. Stattdessen muss es heißen: »Drücken Sie den Notaustaster.«

CC: Und wenn Sie die technische Dokumentation für einen Auftraggeber übernehmen, dann übernehmen Sie auch die Verantwortung und die Haftung?

UM: Ja. Im Unternehmen gilt ja das Konzept der Organisationsverantwortung, und wenn jetzt ein Software-Hersteller uns als Dienstleister mit der technischen Dokumentation beauftragt und sich vorher vergewissert hat, dass wir qualifiziert sind und ein Qualitätsmanagement haben, dann hat der Chef oder Verantwortliche damit seiner Organisationsverantwortung nachweislich Genüge getan. Und wenn wir dann einen Fehler im fachlichen Bereich machen, haften wir dafür. Wir mussten aber für so etwas unsere Haftpflichtversicherung noch nie in Anspruch nehmen.

CC: Die Verantwortung und Haftung abzugeben, ist also der Hauptgrund, warum die Leute zu Ihnen kommen?

UM: Einer davon. Der andere Punkt sind auch Kapazitätsengpässe. Wenn eine Branche boomt, dann sind die Leute dort kaum in der Lage, ihre Kernaufgaben zu erfüllen – geschweige denn die Doku zu machen, für die sie nicht ausgebildet sind und zu der sie auch gar keine Lust haben.

CC: Apropos keine Lust: Können Sie Programmierern denn auch die Arbeit der Dokumentation des Codes abnehmen?

UM: Nein, das können wir leider nicht! Dazu sind so tief gehende Kenntnisse des Codes notwendig, das kann nur ein Programmierer selbst.

CC: Aber für eine kontextsensitive Hilfe kann man sich an Sie wenden?

UM: Auf jeden Fall. Aus unserem Redaktionssystem können wir auch in verschiedene Medien exportieren. Wir können also aus einer Quelle Printmedien und Onlinehilfe exportieren, und diese können jeweils auch unterschiedliche Module enthalten. Das erleichtert auch ganz erheblich das Aktualisieren von Softwaredokumentation: Wenn Sie jetzt zum Beispiel ein Dialogfeld ändern, dann müssen Sie nicht Onlinehilfe und Handbuch separat bearbeiten. Es hilft einem auch, eine einheitliche Terminologie einzuführen – also nicht drei verschiedene Benennungen für die gleiche Sache zu verwenden. Und das erleichtert dann wiederum auch die Übersetzung in andere Sprachen.

CC: Verraten Sie unseren Lesern, wie das System heißt?

UM: Wir benutzen *bloXedia*. Das ist von einem kleinen Hersteller, pgx[3], in der Nähe von Stuttgart. Aber es gibt viele dieser Redaktionssysteme auf dem Markt,[4] die uns Technischen Redakteuren die Arbeit sehr erleichtern.

Interview mit Florian Bernard (Explain) zum Thema Präsentationen

Um dem Geheimnis einer guten Präsentation auf die Spur zu kommen, haben wir auch an dieser Stelle einen Experten befragt, der sich täglich mit nichts anderem auseinandersetzt als mit der Frage, wie man seine Ideen ansprechend und überzeugend präsentiert. Dieser Experte ist Florian Bernard von der Explain GmbH[5], einer 40 Leute starken Truppe, die sich auf eine ganzheitliche Betrachtung des Themas Präsentation spezialisiert hat. Unter »ganzheitlich« versteht das Team von Explain dabei die Arbeit an den Inhalten, an der Präsentation selbst und am Menschen, der präsentiert. Selbst bei TEDx[6]-Vorträgen hat Explain schon den Geburtshelfer gespielt.

Im Interview stellte sich heraus: Die Erstellung von Folien hat eigentlich in einem Buch über gutes Schreiben nichts zu suchen, denn Bullet Points oder gar Fließtext sind das Letzte, mit dem man seine Zuhörer irritieren möchte. Das Schreiben kommt dafür an anderer Stelle wieder ins Spiel (aber wir wollen nicht spoilern).

Auf ins Interview!

FB: Mein Name ist Florian Bernard, und ich bin bei der Explain GmbH als Marketing & Sales Director für Kundenberatung, Kundenbetreuung und das eigene Marketing sowie vertriebliche Themen zuständig. Wir beraten Kunden zum wichtigsten Kommunikationsinstrument im B2B-Bereich: der Präsentation.

---

3   *http://www.pgx.de*

4   TIM (*www.tim-rs.de*), GRIPS (*www.star-deutschland.net/produkte/grips*), Noxum (*www.noxum.com/ de/*), um nur einige zu nennen.

5   *www.explain.de*

6   Eine Vortragsreihe, die sich, so sagen es die Veranstalter (*https://www.ted.com/about/programs-initiatives/tedx-program*), den »ideas worth spreading« verschrieben hat, also der allgemeinverständlichen Darstellung neuer oder als besonders wichtig angesehener Ideen aus Wissenschaft und Wirtschaft.

CC: Bitte erzählen Sie doch zuerst etwas zu Ihrem Beratungskonzept: Sie helfen bei der Erstellung von Folien, coachen Ihre Kunden in Körpersprache und so weiter?

FB: Wir beschäftigen uns mit den drei wesentlichen Punkten einer Präsentation: den Inhalten, den unterstützenden Folien und dem Menschen, der präsentiert.

Wir arbeiten so, dass wir unsere Kunden befähigen. Sie sollen nicht nur in der Präsentation besser sprechen können, sondern auch in der Vorbereitung einer Präsentation effizienter sein. Dazu gehört zum Beispiel ein guter Masterfoliensatz.

CC: Sie erstellen also nicht nur Folien für Ihre Kunden, sondern leiten sie auch an, wie sie sie alleine vorbereiten können?

FB: Genau. Bei wichtigen Präsentationen kommen die Kunden zwar nach wie vor zu uns, aber interne Themen, die im Alltag nebenher präsentiert werden, können unsere Kunden auch ohne Weiteres selbst erarbeiten. Wir schulen dazu nicht nur den Umgang mit dem Folienmaster, sondern auch, wie man Inhalte entwickelt und wie man Folien gestaltet.

CC: Wie kann man sich denn so einen Masterfoliensatz vorstellen?

FB: Ein Masterfoliensatz hat erst mal keine Story. Man kann ihn sich vorstellen wie ein Tablett, auf dem noch kein Essen steht. Man gibt Layoutvorlagen vor, die dann natürlich vom Benutzer gefüllt werden müssen. Der Folienmaster sorgt beispielsweise dafür, dass in einem Unternehmen die Marke nicht verwischt wird, indem einer mit Grün arbeitet und einer mit Rot arbeitet. Oder dass Zitierrichtlinien eingehalten werden.

CC: Kommen wir zur wichtigsten Frage: Was sagen Sie denn Ihren Kunden, was eine gute Präsentation ausmacht?

FB: Eine gute Präsentation bewegt Menschen. Sie hat bedeutungsvolle Inhalte, einen beeindruckenden Sprecher und kann bereichernde Folien haben.

CC: Kann?

FB: Man muss nicht grundsätzlich Folien dabeihaben, um eine gute Präsentation zu halten. Eine Präsentation ist Informationslogistik, das heißt, ich möchte meiner Zielgruppe eine Idee oder ein Produkt oder eine Dienstleistung vermitteln. Dazu brauche ich nicht zwingend PowerPoint.

PowerPoint ist lediglich ein mögliches Tool. Natürlich das meistgenutzte weltweit, das wird auch erst einmal so bleiben. Aber es kommt darauf an, auch mit einem gewöhnlichen Tool Ideen kompakt, kurz und vor allem außergewöhnlich zu vermitteln. Mit »außergewöhnlich« meine ich: weg vom Alltäglichen, weg von Zahlen, Daten, Fakten, weg von Bullet Points, weg vom Vorlesen, sondern wirklich hin zum emotionalen Vortragen von spannenden Inhalten.

CC: Ihre Folien sind also sehr bildlastig?

FB: Die Folien sind tatsächlich visuelle Verstärker des Inhalts. Von Text auf Folien bleiben nach aktuellen Erkenntnissen nur zehn bis 15% im Gedächtnis der Menschen hängen. Bei einer Kombination aus gutem Sprecher, starker Visualisierung und Inhalt mit einer Anekdote oder Story kommt man dagegen auf gut 65 bis 70%.

CC: Bullet Points haben also keine Berechtigung mehr, in unseren Präsentationen aufzutauchen.

FB: Sie hatten nie eine Berechtigung!

Bullet Points sind, um es mal platt zu sagen, der größte Quatsch, den man machen kann. Dann lieber gar keine Folie. Bullet Points dienen nur dem Referenten als Lesehilfe. Das Publikum versucht dagegen zu lesen, es versucht zuzuhören, meist klappt dann keins von beiden. Und dann verliert der Sprecher das Publikum, sobald er die nächste Folie aufmacht.

CC: Eine gute Präsentation sieht für Sie also im Prinzip aus wie ein TED-Talk[7]?

FB: Ja, daran kann man sich orientieren. Wobei TED-Talks ja auch strikten Regelungen unterworfen sind. Die Maximaldauer beträgt 18 Minuten – das ist auch für andere Reden ein gutes Maß. Es gab ganz legendäre Reden, die nicht länger gedauert haben. Drei Beispiele: John F. Kennedy, als er damals Amerika mobilisiert hat, die erste Nation auf dem Mond zu sein – das war eine Ansprache von nur 14 oder 15 Minuten.

Martin Luther King hat die ganz bekannte Rede »I have a dream« ebenfalls in 17 Minuten gehalten.

Und die ganz bekannte Abschlussrede, die Steve Jobs vor Stanford-Absolventen gehalten hat, die dauerte auch nur 14 Minuten

Man kann sich tatsächlich gut an TED-Talks orientieren: Es ist eine Story vorhanden, es wird frei gesprochen, es ist emotional, da kommt alles zusammen, was eine gute Präsentation ausmacht. Wobei man aber auch pragmatisch denken muss: Im beruflichen Kontext ist es nicht immer möglich, tagelang zu üben.

CC: Das stimmt. Und kurze Präsentationen muss man nicht nur lange üben, sondern vorher auch lange vorbereiten.

FB: Genau. Kürze und Kompaktheit sind entscheidend für eine gute Präsentation, aber da darf man sich nicht täuschen: Gerade die Kompaktheit macht es schwer. Je kürzer eine Präsentation sein muss, umso schwieriger ist die Konzeption, denn ich muss mich von vielen Themen trennen. Und da kommt einem der »Curse of Knowledge« in die Quere, man möchte möglichst detailreich arbeiten, man möchte alles sagen, was man weiß, und das ist vor allem im IT-Bereich oft sehr viel.

---

7 *https://www.ted.com*

CC: Ja. (Anmerkung: Mehr zum *Curse of Knowledge* in »Der Wissensfluch« in Kapitel 2).

FB: Und dabei läuft man Gefahr, die Zielgruppe mit Daten und Fakten zu überrennen. Das Problem ist schon sehr, sehr lange bekannt, und es gibt auch schon ganz alte Theorien, wie man dem entgegentreten kann. Schon Aristoteles hat gesagt, die perfekte Rede ist aus den drei Teilen Ethos, Pathos und Logos aufgebaut. Ethos bedeutet die glaubwürdige Gesinnung, also: Wie glaubwürdig ist der Sprecher? Pathos sind Geschichten, Anekdoten, Emotionen. Und Logos schließlich die Zahlen und Fakten. Man kann sagen, dass Ethos zu 25 % über den Erfolg der Rede entscheidet, Pathos zu 65 % und Logos nur zu 10 %.

Wenn man sich heute Vorträge oder Vertriebspräsentationen im IT-Bereich anschaut, dann ist dieses Verhältnis überhaupt nicht gegeben!

Oft wird auch nicht berücksichtigt, was sich in welcher Zeit erreichen lässt: In fünf Minuten ein ganzes Unternehmen vorzustellen, ist natürlich schwierig. In unseren Workshops erzählen wir gern die Geschichte von Woodrow Wilson, dem ehemaligen Präsidenten der Vereinigten Staaten, der in den 1920er-Jahren regiert hat, als es noch kein PowerPoint gab. Er wurde gefragt, wie lange er sich auf eine zehnminütige Rede vorbereite. Sieben Tage, hat er geantwortet! Der Fragesteller war verdutzt und hat gefragt, wie lange er dann eine Rede von 15 Minuten vorbereite. Zehn Tage? Nein, drei Tage, sagte Wilson. Für eine halbstündige Rede müsse er sich nur einen Tag vorbereiten. Und wenn er eine Stunde lang reden dürfe – dann müsse er sich überhaupt nicht mehr vorbereiten.

Das zeigt die Schwierigkeit, Komplexität aus einem Thema herauszunehmen – also emotional und kompakt zu präsentieren.

CC: Sie müssen in einer Präsentation ja auch eine Kluft zum Zuhörer überwinden. Den Curse of Knowledge hatten Sie ja schon kurz angesprochen. Welche Tipps geben Sie Ihren Kunden denn dazu?

FB: Der, der vorne präsentiert, muss tatsächlich ein Gespür dafür entwickeln, ob es passt oder ob er die Leute überfährt oder langweilt. Das ist wichtig, und wichtig ist auch, darauf dann flexibel reagieren zu können. Sie sollten also nicht sagen: Meine Präsentation geht 40 Minuten, die kann weder länger noch kürzer gehen. Das ist auch so ein Problem der textlastigen Folien. Wenn Sie die vorlesen, dann sind Sie gebunden.

CC: Das stimmt.

FB: Das heißt, Sie müssen sowohl zeitlich als auch vom Inhalt her flexibel sein. Und das kann man damit lösen, dass man erst mal ein Konzept macht. Wir sagen, auf oberster Flughöhe.

CC: Was bedeutet das?

FB: Das heißt, man stellt die Inhalte zuerst sehr allgemein auf den Folien dar, die Storyline beispielsweise. Und dann ist es die Aufgabe des Referenten, gewissermaßen auf der Tonspur zu seinem Vortrag auf die Bedürfnisse der Zuhörer einzugehen. Das könnte bedeuten, dass man eben nicht mit der Präsentation startet, sondern erst einmal eine grobe Orientierung gibt und dann anhand einer flexiblen Präsentation mit Folien genauere Erklärungen abgibt. Beim nächsten Kunden kann ich mit der gleichen Folie eine etwas andere Thematik behandeln. Die Folien sind also eine Art Fahrspur – man hat trotzdem noch die Möglichkeit, rechts und links ein bisschen abzubiegen.

Unsere Unternehmenspräsentation beispielsweise existiert in ihrer jetzigen Form seit ein, zwei Jahren, ohne dass man sie groß verändern muss – bis auf kleine Updates der Jahreszahlen zum Beispiel. Sie ist komplett flexibel einsetzbar, egal, ob wir vor einem IT-Dienstleister oder einem Pharmakonzern präsentieren.

Dieses Prinzip funktioniert bei vertrieblichen und auch bei Fachvorträgen.

CC: Und im Vorfeld der Präsentation definieren Sie Ihre Zielgruppe so genau wie möglich?

FB: Ja, man muss das Setting herausfinden, so nennen wir das. Der Background ist wichtig – einen Juristen können Sie nicht mit IT-Details überfahren, der IT-Manager dagegen ist an Details sehr interessiert.

Ebenfalls wichtig: die Bedürfnisse der Zielpersonen. Der IT-Manager möchte einfache Prozesse implementieren, der Geschäftsführer möchte das Unternehmen wachsen lassen und Arbeitsplätze sichern. Und da sind IT und Software nur Mittel zum Zweck. Jede Präsentation muss einen Nutzen, also einen Mehrwert, für die Zielgruppe transportieren.

CC: Kommen wir noch einmal kurz zu den berüchtigten Bullet Points zurück: Wie soll der Vortragende seine Notizen denn außerhalb der Folien ausarbeiten? Als Stichpunkte, als Fließtext?

FB: Das ist eine Typfrage. Ich selbst schreibe dazu eine Rede – also Fließtext. Das ist mein Stil. So komme ich dann über die Inhalte zur Struktur. Nicht andersherum, wie es oft gemacht wird: Nicht die Agenda zuerst erstellen und dann mit Inhalten füllen.

So kann man auch gut schon die benötigte Zeit abschätzen: 100 bis 120 Wörter pro Minute.

Man sollte seinen Text aber nicht auswendig lernen – das macht einen unflexibel, was die benötigte Zeit angeht, und die Zielgruppe merkt es auch, wenn etwas auswendig heruntergebetet wird. Das möchte keiner.

Ausgehend vom Redemanuskript kann man sich dann beispielsweise Stichpunkte in der Notizenfunktion zu jeder Folie machen, und diese sehe ich dann in der Referentenansicht meines Vortrags in PowerPoint. Das sieht dann ja außer mir keiner.

CC: Sie sind also ein »Aufschreiber« und dampfen den Fließtext dann in Stichpunkte ein. Und wie schreiben Sie den Fließtext? So, als wenn Sie einen Artikel zu Ihrem Thema schreiben würden? Oder umgangssprachlicher?

FB: Es ist eine ausgearbeitete Rede, wobei das sprachliche Niveau unterschiedlich sein kann, je nach Zielgruppe. Sie können in der gleichen Rede auch alternative Abschnitte haben, die Sie je nach Zielgruppe präsentieren oder auslassen – etwa so, dass Sie konkrete Beispiele an die Branche Ihrer Zuhörer anpassen.

CC: Sehr schön – dann noch eine neugierige Frage: Wie sind Sie denn dazu gekommen, dass Sie Menschen bei Präsentationen und Vorträgen coachen?

FB: Ursprünglich war ich Musiker, von klein auf, und habe in verschiedenen Bands gespielt. Habe dann ein Studium im Bereich Messe-, Kongress- und Eventmanagement gemacht – ich wollte gern solche Veranstaltungen organisieren wie »Rock am Ring«. Im Studium bin ich dann auf das Thema »Messe« und schließlich zu Vorträgen gekommen, weil mich das Thema Bühne so fasziniert. Schließlich kam ich dann zu Explain.

Wir coachen mittlerweile auch Sprecher von TED-Talks. Da gibt es wunderbare Beispiele, an denen man sieht, wie wichtig es ist, mit etwas Unerwartetem zu starten. Der übliche Ablauf begeistert keinen mehr – Agenda, dann Zahlen, Daten, Fakten, dann Standorte, dann Portfolio. Stattdessen müssen wir schon mit einer Anekdote einsteigen, damit die Leute überhaupt aufmerksam werden. Man weiß aus der Neurowissenschaft, dass es nur mit Geschichten geht, sich mit der Zielgruppe zu synchronisieren. Das heißt, bei Sprecher und Zuhörern springen dann die gleichen Hirnregionen an – das passiert nur bei Geschichten. Sie sehen: ein spannendes Feld und ein großes Feld.

Literaturempfehlungen

Dieses Buch ist nur ein kurzer Einstieg in das spannende Feld, in dem sich Sprache und Technologie begegnen. Möchten Sie gleich weiterlesen? Dann haben wir ein paar Empfehlungen für Sie.

Der Linguist und Psychologe Steven Pinker hat zahlreiche spannende Bücher über Sprache, Denken und Kultur geschrieben, von denen beispielsweise dieses schon auf Deutsch vorliegt – und sich unter anderem mit Metaphern, Flüchen und höflichen Lügen beschäftigt:

»Der Stoff, aus dem das Denken ist«, 2014, S. Fischer Verlag (ISBN 978-3100616050).

Die Bücher des Journalisten Wolf Schneider über guten Stil und Sprachgebrauch sind mittlerweile Klassiker, beispielsweise

»Deutsch für Profis«, 2001, Goldmann (ISBN 978-3442161751) und

»Gewönne doch der Konjunktiv«, 2009, rororo (ISBN 978-3499624636).

Unter anderem nimmt er darin genüsslich akademischen (und anderen) Jargon auseinander, bis klar wird, dass dieser nur dürftige Inhalte versteckt; außerdem weist er auf Floskeln hin, die ebenso inhaltsleer sind, sich aber in unseren täglichen Sprachgebrauch eingeschlichen haben.

Der Spaß an Schneiders Büchern wird allerdings, so finden wir, oft durch seinen verbiesterten Tonfall getrübt – und einige seiner Empfehlungen sind durchaus widersprüchlich.

Das Buch »The Inmates Are Running The Asylum«, in dem Alan Cooper erstmals das Konzept der Persona einführt, gibt es leider nicht auf Deutsch – dafür aber den Nachfolger

»About Face«, 2010, mitp Verlag (ISBN 978-3826658884),

in dem es ebenfalls (unter anderem) darum geht, wie Sie Ihre Zielgruppe am besten studieren.

Wenn Sie mehr darüber wissen möchten, wie Sie bei der Recherche (und auch sonst) Ihrer Filterblase entkommen und Ihre privaten Daten schützen, empfehlen wir unser vorheriges Buch:

»Gut gerüstet gegen Überwachung im Web« von den Autoren dieses Buchs und Roswitha Jehle, 2015, Wiley-VCH (ISBN 978-3527760619).

Näheres über die Entwicklung des Geschichtenerzählens lesen Sie im Buch

»The Storytelling Animal« von Jonathan Gottschall, 2012, Houghton Mifflin Harcourt (ISBN 978-0544002340).

Möchten Sie mehr über das technische Schreiben erfahren, als wir in diesem Buch vermitteln konnten, empfehlen wir folgende Werke:

»Technisches Schreiben« von Christoph Prevezanos, 2013, Carl Hanser Verlag (ISBN 978-3446437210),

»Schreiben in technischen Berufen« von Monika Weissgerber, 2011, Publicis (ISBN 978-3895783920) und

»Praxisbuch IT-Dokumentation« von Manuela Reiss und Georg Reiss, 2016, Carl Hanser Verlag (ISBN 978-3446445994).

In diesem Buch behandeln wir keine wissenschaftlichen Texte und keine Werbetexte – diese beiden Kategorien würden den Umfang des Buchs einfach sprengen.

Wenn Sie mehr über wissenschaftliche Texte in der Informatik lernen wollen, empfehlen wir:

»Writing for Computer Science« von Justin Zobel, 2015, Springer (ISBN 978-1447166382).

Auch Forschungsanträge und wissenschaftliche Präsentationen werden dort ausführlich besprochen. Das Buch gibt es leider nicht auf Deutsch; ebenfalls zu empfehlen ist aber:

»Studienarbeiten: Ein Leitfaden zur Vorbereitung, Durchführung und Betreuung von Studien-, Diplom- und Doktorarbeiten am Beispiel Informatik« von Marcus Deininger, Horst Lichter, Jochen Ludewig und Kurt Schneider, 2017, vdf Verlag (ISBN 978-3728138118).

Zum Thema »Wie schreibe ich einen guten Werbetext?« gibt es einen Haufen guter und weniger guter Bücher. Empfehlen können wir beispielsweise diesen Klassiker (leider nicht ins Deutsche übersetzt):

»The Copywriter's Handbook« von Robert W. Bly, 2006, im Selbstverlag (ISBN 978-0805078046).

Ein sehr gutes deutschsprachiges Werk zum Thema Werbetexte, in dem die »Kraft des Wortes« einen geradezu aus den Buchseiten heraus anspringt, ist

»Text sells« von Armin Reins, Veronika Classen und Géza Czopf, 2015, verlag hermann schmidt (ISBN 978-3874398084).

Mehr über gute Präsentationen lernen Sie in

»TED Talks: Die Kunst der öffentlichen Rede« von Chris Anderson, 2017, Fischer Taschenbuch (ISBN 978-3596034840).

Hier noch ein paar Beispiele für Bücher über IT und verwandte Sachgebiete, die uns einfach gut gefallen und Ihnen vielleicht als Inspiration für Ihre eigenen Texte dienen können:

»Java von Kopf bis Fuß« von Kathy Sierra und Bert Bates, 2006, O'Reilly (ISBN 978-3897214484) und andere Titel aus der Reihe »Von Kopf bis Fuß«.

»Weniger schlecht programmieren« von Kathrin Passig und Johannes Jander, 2013, O'Reilly (978-3897215672) – dessen Titel den unseren heftig inspiriert hat, wie Sie sich vermutlich schon gedacht haben.

»IT-Projektmanagement« von Matthias Geirhos, 2016, Rheinwerk Computing (ISBN 978-3836240987).

Index

Über die Autoren

Dr. Christina Czeschik ist Ärztin und Medizininformatikerin und arbeitet als Beraterin und Fachautorin (*www.serapion.de* und *www.intellicore.press*). Sie hat meistens keine Zeit, Gebrauchsanweisungen zu lesen, und findet, dass Glenn Greenwald unrecht hatte, als er PGP-Verschlüsselung »nervig und kompliziert« nannte.

Matthias Lindhorst ist Fachinformatiker für Anwendungsentwicklung und seit vielen Jahren im Chaos Computer Club (CCC) aktiv – unter anderem im Projekt »Chaos macht Schule«, in dem er ehrenamtlich Seminare über digitale Privatsphäre für Schüler und Lehrer durchführt. Zudem hat er auf etlichen Cryptoparties interessierten Laien die Basics von verschlüsseltem Mailen und Chatten und unfallfreiem Surfen nähergebracht.

Kolophon

Der Vogel auf dem Cover von »Weniger schlecht über IT schreiben: Die Schreibwerkstatt für IT-Erklärer« ist ein Gelbwangenkakadu (*Cacatua sulphurea*). Diese auffallend weißen Papageien leben auf wenigen Inseln in Südostasien (Sulawesi, Kleine Sundainseln). Auf dem Kopf thront eine Haube aus gelblichen Federn, die je nach Stimmung des Vogels nach hinten oder nach vorne zeigt oder gesträubt wird. Auch die Wangenfedern sind gelblich, wodurch sich die Vögel von den häufiger vorkommenden Gelbhaubenkakadus unterscheiden. Mit nur 33 Zentimetern sind sie darüber hinaus viel kleiner als diese.

Bei Morgendämmerung werden die Vögel aktiv und fliegen im Pulk zu den Fraßbäumen, wo sie Früchte, Blüten, Samen, Nüsse und Knospen knabbern. Zu sehen sind sie dabei nur schwer, da sie sich bevorzugt in den Baumkronen bewegen. Wie die meisten Dschungelbewohner sind vor allem ihre Rufe zu hören. Abends kehren sie zu den Schlafbäumen zurück. Während der Brutzeit ziehen sich die monogam lebenden Paare in ihre Brutreviere zurück und legen in Baumhöhlen mehrere Eier, die von beiden Elterntieren bebrütet werden.

In Gefangenschaft können Gelbwangenkakadus auch das Sprechen erlernen, doch sind sie darin weniger talentiert als andere Papageienarten. Dafür sind sie sehr verspielt und lernen bereitwillig Kunststücke.

Die Rodung der Wälder Indonesiens für die Palmölherstellung hat viele Lebensräume der Gelbwangenkakadus unwiederbringlich zerstört, und auch der Fang und der Handel mit diesen seltenen Tieren haben dazu geführt, dass sie als »vom Aussterben bedroht« gelistet werden.

Machine Learning kurz & gut

Eine Einführung mit Python, Pandas und Scikit-Learn

Chi Nhan Nguyen, Oliver Zeigermann

Machine Learning – kurz & gut

ISBN Print: 978-3-96009-052-6
April 2018, 184 Seiten, komplett in Farbe
Print:14,90 € (D), E-Book: 11,99 € (D)

Machine Learning erreicht heute beinahe alle Bereiche der Technik und der Gesellschaft. Dieses Buch bietet Interessierten, die einen technischen Hintergrund haben, die schnellstmögliche Einführung in das umfangreiche Themengebiet des maschinellen Lernens und der statistischen Datenanalyse. Nach der Lektüre dieses Buchs haben Sie einen Überblick über das gesamte Thema und können Ansätze einordnen und bewerten. Das Buch vermittelt Ihnen eine solide Grundlage, um Ihre ersten eigenen Machine-Learning-Modelle zu trainieren und vertiefende Literatur zu verstehen.